Excel 사용자를 위한 R 프로그래밍

Excel 사용자를 위한 R 프로그래밍

초판 인쇄일 2018년 12월 19일
초판 발행일 2018년 12월 26일

지은이 콘래드 칼버그
옮긴이 최다은
발행인 박정모
등록번호 제9-295호
발행처 도서출판 혜지원
주소 (10881) 경기도 파주시 회동길 445-4(문발동 638) 302호
전화 031)955-9221~5 **팩스** 031)955-9220
홈페이지 www.hyejiwon.co.kr

기획 · 진행 박민혁
표지 디자인 김보리
본문 디자인 전은지
영업마케팅 김남권, 황대일, 서지영
ISBN 978-89-8379-976-0
정가 20,000원

이 도서의 국립중앙도서관 출판예정도서목록(CIP)은 서지정보유통지원시스템 홈페이지(http://seoji.nl.go.kr)와 국가자료공동목록시스템(http://www.nl.go.kr/kolisnet)에서 이용하실 수 있습니다.(CIP제어번호 : CIP2018039353)

Excel 사용자를 위한 R 프로그래밍

콘래드 칼버그 지음 **최다은** 옮김

혜지원

감사 인사

Charlotte Kughen과 Michael Turner에게 감사의 말을 전합니다. Charlotte는 과거에 제 책을 집필하도록 이끌어 주었고, Michael은 단순하면서도 명쾌한 기술 제안을 해 주었습니다. 하나가 아닌 두 개의 응용 프로그램을 다루는 책이므로 약간은 까다로운 작업이었지만, 이 책을 만들기 위해 이들 모두가 함께 일한다는 것을 알게 되어 기뻤습니다. 마지막으로, Trina MacDonald에게도 이 모든 작업을 함께 해 주셔서 감사하다는 말을 전합니다

소개글

아버지는 한때 학계에서 벌어지는 일을 두고 나이프는 아주 날카로운데 스테이크가 매우 작다는 말씀을 하셨다. 여러 대학 교수들 사이에 일어나는 사소한 논쟁들을 가리키는 비유적인 표현이였다. 그 이후에도 오랫동안 관찰해온 이야기들을 여러 관점에서 언급하시곤 하였다. 필자는 R과 Microsoft Excel이라는 두 응용 프로그램에 대한 사람들의 시선을 조사하고 있을 때 이 이야기를 떠올렸다. 기분이 한껏 고조되는 느낌이었다.

만약 필자가 R과 Excel 중 하나에 편향되었다면, 당신은 아마 Excel을 선호한다고 생각할 것이다. 필자는 1980년대 후반부터 Excel을 사용하여 정량 분석 작업을 해 왔는데, 재무 분석에 있어서는 Excel 기능에 매우 만족해 왔으며 통계적 추론 분야에서도 그 기능에 상당히 만족하고 있다. 주로 컨설턴트로서의 삶을 살아 오면서, 고객들이 Excel을 사용하고 있고 대체로 그 사용법에 익숙하다는 점은 내게 많은 가치가 있다.

또한 Excel은 통계 분석의 많은 세부 사항을 표시할 수 있다. 즉, 진행되고 있는 내부의 프로세스를 확인할 수 있다. 고객은 원시 데이터에서 최종 확률 보고서에 이르는 모든 데이터의 흔적을 원하지는 않는다. 그러나 경우에 따라 추적이 필요하다는 것 또한 알고 있다.

뿐만 아니라 Excel은 강력한 학습 도구가 될 수 있다. Excel의 워크 시트 함수와 해 찾기(Solver)를 사용하여 이항 로지스틱 회귀 분석을 만들 수 있다.

무엇보다도, 통계 분석을 처음부터 결합하여 사용하는 대신 먼저 이해하는 것이 가장 좋은 방법이다.

하지만 보다 기술적인 관점에서 볼 때 Excel이 이상적인 통계 응용 프로그램이 아니라는 점은 분명하다(또한 Excel은 결코 통계 기능을 의도하여 만들어진 것이 아님을 기억하자). Excel의 통계 기능은 처음 출시된 후 30년이 지났지만 SAS, SPSS, Stata, Minitab 등에서는 볼 수 없는 성가시고 명백한 오류를 여전히 포함한다.

시간이 지남에 따라 Microsoft는 통계 기능에서 많은 문제를 해결하고 수정해 왔다. 그러나 LINEST() 함수에서 상수가 0인 문제를 수정하고 기존 행렬 대수 역변환을 QR 분해로 전환하는 데 너무 오래 걸렸다. Excel 2016의 새로운 분석을 살펴볼 때 이런 종류의 문제는 여전히 있다.

Excel은 통계 분석에 당연히 사용할 수 있으며 네이티브 워크시트 함수와 VBA를 사용하여 정렬할 수 있는 추가 기능을 함께 사용할 때 더욱 유용하다. 반면 Excel의 통계적 도달 범위에는 한계가 있다. 손익 계산서 및 대차대조표 분석에 익숙한 Excel 사용자인 경우 다중 회귀 분석과 같은 초 · 중급자 단계까지의 원만한 습득이 가능하며, 대부분은 이 정도를 원할 것이다. 또한 이것은 Excel이 지원할 수 있는 범위의 한계이기도 하다.

R은 다르다. R에서 실행되지 않는 분석을 찾는 것이 더 어려울 수 있으며, 무료이므로 가격도 부담이 없다. 그러나 사용하는 방법을 알아내는 것은 또 다른 문제이다. 사용자와 R의 주요 상호 작용은 매우 빈약한 메뉴 구조를 가지는 명령행 인터페이스(Command-line Interface)로 이루어진다(몇 가지 프론트 엔드 GUI가 R용으로 제공되지만 필자가 보기에 만족스럽지는 않다). 다음은 R의 특성 중 일부이다.

- R 언어는 대소문자를 구분하므로 대소문자를 올바르게 사용했는지 확인하는 것은 사용자의 몫이다. Anova 함수와 anova 함수를 예로 들 수 있다. 두 함수 모두

분산 테이블 분석(따라서 같은 두문자어(Acronyms))을 반환하지만 둘 중 하나만 셀마다 다른 수의 관측치를 가진 요인 설계를 적절하게 처리할 수 있다.

또는 XLGetRange 함수는 열린 Excel 워크시트에서 직접 R로 데이터를 가져와서 분석할 수 있다. 그러나 xlgetrange 타입은 없으므로 R은 xlgetrange 객체를 찾을 수 없다고 알려 준다.

- 숫자 형식을 관리하는 직접적인 규칙은 없다. 일부 함수에서는 함수 인수에 결과로 표시할 소수점 자릿수를 지정해야 한다. 다른 함수를 사용하면 별도의 options 문이나 print 문에 해당 정보를 제공해야 한다. 경우에 따라 정수에서 천 단위 구분 기호로 사용할 문자를 지정할 수 있지만 소수 값이 포함된 숫자의 경우 다시 입력해야 한다.
- 백 슬래시는 파일 주소 지정에서 예상대로 동작하지 않는다. 사용자는 아래와 같이 입력하여 csv 파일 경로를 지정하는 데 익숙할 수 있다.

```
C:\Users\Fred\Desktop\jr.csv
```

그러나 R의 read.csv 함수를 사용하여 해당 파일을 열면 오류 메시지가 나타난다.

R은 백 슬래시를 하위 폴더에서 폴더를 분리하는 수단으로 해석하지 않고 이스케이프 문자로 해석한다. 파일의 경로를 지정하려면 더블 백 슬래시로 사용해야 한다.

```
C:\\Users\\Fred\\Desktop\\jr.csv
```

또는 슬래시를 대신 사용할 수도 있다.

```
C:/Users/Fred/Desktop/jr.csv
```

이러한 동작은 '오류' 또는 '버그'보다는 '불필요한 기능(Annoyances)' 정도의 표현이 더 어울릴 것 같다. 이들은 LINEST()에서 회귀 계수를 반환하는 순서 및 CORREL()과 PEARSON()이 정확히 동등한 함수라는 Excel의 문제와 유사하다. 그럼에도 불구하고, 이들은 R에서 통계 분석의 수행 방법을 성공적으로 학습하는데 장애가 된다.

여기서 필자가 언급한 문제는 단지 하나의 예이다. 그렇다면 무료 응용 프로그램의 장점을 활용하는 방법, 광범위한 기능을 갖춘 응용 프로그램의 고유 특성에 얽매이지 않고 활용하는 방법은 무엇일까? 필자가 아는 유일한 방법은 연습에 연습, 그리고 연습이다.

그러나 통계 분석을 위해 Excel을 사용해 왔다면 지금까지 실행해 온 분석 유형을 알 수 있다. 평균, 표준 편차, 중앙값, 신뢰구간과 같은 추론통계 등의 기술통계를 활용해 왔으므로 데이터의 분산 특성을 더 잘 이해할 수 있다. 이러한 분석을 얻기 위해 AVERAGE()와 같은 워크시트 함수 및 데이터 분석 추가 기능과 같은 도구도 함께 적용해 왔을 것이다.

단순 상관관계 및 숫자 변수의 요인 수준별 분석과 같은 이변량 분석 또한 실행해 왔을 것이다. 이들은 Excel에서 일반적으로 CORREL(), 추세선이 있는 분산형 차트 및 피벗 테이블과 같은 워크시트 함수를 의미한다.

여러 변수가 있는 레코드 표본에 접근할 수 있는 경우 다중 회귀 분석을 사용하여 분석할 수 있다. TREND() 및 LINEST()와 같은 Excel 함수와 데이터 분석 추가 기능의 회귀 도구는 이러한 종류의 통계적 추론을 수행하는 유용한 방법이다.

요인 수준에 따른 숫자 변수의 단순한 설명을 넘어서서 데이터가 발생한 모집단에 대한 추론이 필요할 때가 있다. 이 경우 분산 분석(ANOVA)을 사용할 수 있다. 표준 워크시트 함수를 사용하여 ANOVA를 조합할 수 있지만, 데이터 분석 추가 기능의 도구를 사용하여 도움을 받을 수도 있다.

또는 Product Line 같은 요인이나 Time on Page 같은 공변량의 함수로 이항결과(예를 들어 Buys/Doesn't Buy) 확률을 더 자세히 살펴볼 수 있다. 그 후 이항결과를 예측하는 방정식을 나타내기 위해 해 찾기(Solver)와 함께 LN()과 EXP()를 사용하여 필자가 앞서 소개한 것처럼 로지스틱 회귀(Logistic Regression)를 배치하였을 수도 있다.

Excel에서 통계 분석의 경계를 확장하고 상관 행렬에서 주성분을 추출하는 VBA 코드를 선택하는 것도 가능하다. 이는 너무 많은 관측변수를 실용적으로 다루기 위해 데이터 집합을 줄이고, Excel 통합 문서에서 이미 접근할 수 있는 변수 안에서 나타나는 잠재변수로 축소하기 위한 표준 방법이다.

Excel에서 작업할 때 일상적으로 실행하는 몇 가지 추가 통계 분석이 더 있을 수 있지만 방금 설명한 내용은 사용자가 Excel에서 적용하는 대다수를 포함한다. 이 사실은 R을 탐구하기 위한 이상적인 출발점으로 사용자를 안내한다.

먼저 Excel에서 처리하는 것과 동일한 작업을 수행하는 R의 함수에 초점을 맞추면서 시작한다고 가정한다. 그 다음 Excel에서 익숙하게 수행하던 것처럼 R에서도 가장 유사한 5~10개의 절차에 중점을 둘 수 있다. 사용자는 두 응용 프로그램의 결과를 비교할 수 있으며, Excel에서와 같이 R 함수에서 5~10개 정도의 특성에 익숙해질 수 있다.

나아가야 할 방법을 아는 것만으로도 학습 속도가 상당히 빨라질 것이다. 다음 단계로 나아가기 위한 경계 또한 확장할 수 있다. 데이터 집합에는 두 개 이상의 요인 및 셀당 동일하지 않은 관측치의 수, 또는 공분산 분석을 통해 분석하려는 요인과 공변량이 모두 포함되어 있을 수 있다. 엄격한 프로세스도 수행할 수 있지만, Excel에서 이러한 상황을 처리할 수 있으며 거기엔 합당한 이유가 있다.

그러나 균형 요인 설계에 적용된 R의 ANOVA 함수를 이미 실험해 본 적이 있다면, 불균형 설계를 원하는 방향으로 분석될 수 있도록 설정 옵션을 확인하기만 하면 된다. 그 다음, 공분산 분석에서 공변량 상호 작용을 통해 요인을 테스트하는 방법으로 다음 단계로 나아갈 수 있다. Excel은 분석 내에서 실제로 무엇이 일어나는지를 확인하는 훌륭한 응용 프로그램이지만 세부 사항을 명확하게 설정하는 과정은 지루할 수 있다. 바로 이때, R은 서로 상반되는 모든 설정과 함께 매력적으로 보이기 시작한다.

이것이 필자가 이 책에서 취한 접근법이다. 통계 분석을 위해 Excel을 사용했다면, 앞에서 논의되었던 일반적인 분석 중 일부에 이미 익숙할 것이다. 예를 들어, 단변수 기술통계(Univariate Descriptive Statistics), 이변수 분석(Bivariate Analysis), 단순 및 다중 회귀(Simple and Multiple Regression), 분산 및 공분산(Variance and Covariance) 분석, 로지스틱 회귀(Logistic Regression) 및 주성분 분석(Principal Components Analysis) 등이 있다.

Excel에서 이러한 분석을 수행하는 방법을 소개 또는 검토 목적으로 설명한다. 또한 설치할 패키지와 접근 방법을 포함하여 R을 사용하여 정확하게 동일한 결과를 얻는 방법을 보여 준다. 그 다음 특정 상황에서 어떤 응용 프로그램을 사용할지 결정할 수 있다. Excel은 분석에 대한 단계별 설명이 필요한 사용자에게, R은 Excel을 잘 이해하지 못하는 상황에서 회의에 빠진 사용자에게 적합할 수 있다.

1장은 이전에 R을 접해 보지 못한 독자를 위해 새로운 기능과 차이점에 대한 논의로 시작한다.

목차

Part 1

이행하기

많은 Excel 사용자들이 R을 시작하는 이유는 다양하다. 아마도 제품 라인을 비교하거나 웹 사이트 조회수, 병원 환자수 예측하기, 유권자 설문 조사를 성별 및 정치적 소속에 따라 분류하여 비교하는 작업 등을 Excel로 처리할 것이다. Excel은 이런 통계 분석 작업을 거의 잘 수행하는 편이다.
또한 Excel은 수치 분석 후 결과를 얻기에 편리하다. 대부분의 회사나 교육기관, 정부 조직에서 Excel이 설치되지 않은 컴퓨터나 이 프로그램의 사용법을 모르는 사람을 찾기는 어려울 것이다.
하지만 여전히 Excel로 수행할 수 없는 통계 작업 또한 존재한다. Excel은 일반적인 분석 패키지이며 통계 응용 프로그램에 있는 모든 기능을 포함하지는 않는다.

예를 들어, 다변량 분석(Multivariate Analyses)은 종종 상관관계 행렬(Correlation Matrix)에서 주성분 추출 작업이 필요할 수 있다. Excel로 이를 수행하려면 VBA 서브 루틴의 외부 도움이 필요하다. 때로는 분산 분석(ANOVA)에 따라 일반적인 t나 F 분포 대신 q 분포에 접근해야 하는 다중 비교 절차 실행이 필요할 수 있다. 대부분의 상황에서 Excel은 이 작업을 도울 수 없다. 범위, 중앙값 및 분계선과 같이 보다 '강력한' 통계를 사용하기를 원한다면 Excel로는 부족하다. 피벗 테이블에서 평균값은 쉽게 계산하여 표시할 수 있지만 제1사분위 수는 전혀 다른 문제이다.

많은 회사에서 관련 응용 프로그램을 다룬다는 점에서, R에서 통계 분석을 수행할 수 없는 작업자에게 문제는 더욱 복잡해질 수 있다.

Chapter 01

기대치 조정하기

단언컨데 Excel 도구 상자에 R을 추가하는 것은 쉽지 않다. R은 다음과 같이 Excel과 여러 가지 측면에서 다르다.

- 일반적으로 우리는 메뉴 기반 응용 프로그램(예 : Office 제품군의 모든 응용 프로그램)에 익숙하므로 R 사용자 인터페이스가 기존 방법에서 완전히 벗어난 것처럼 보일 수 있다. R은 명령줄에서 사용자 명령어가 입력되기를 기다린다. R 콘솔에서 해당 명령줄을 찾아 보자. 그림 1-1은 R을 연 직후의 콘솔창이다.

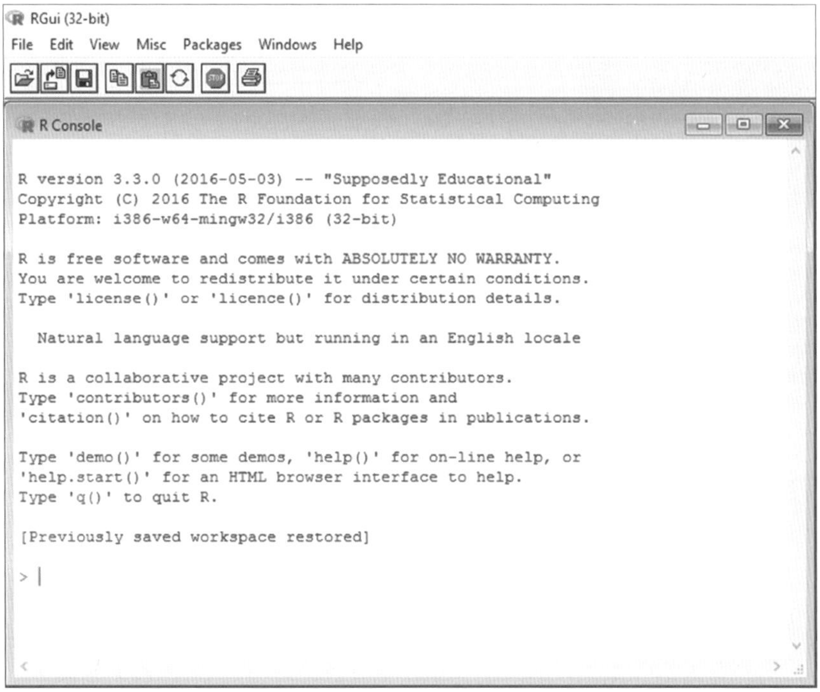

그림 1-1
보다 큰 기호(>)는 명령 프롬프트를 나타낸다. 프롬프트 바로 오른쪽에 명령을 입력한다.

- Excel은 수식을 셀에 저장하고 결과를 워크시트에 표시하므로 선례가 바뀔 때 자동 재계산이 가능하다. R은 정적 결과를 보여 준다. 즉, 해당 사례가 변경되는 경우 종속성을 다시 계산해야 한다.
- Excel에서 함수 이름 및 인수는 대소문자를 구분하지 않는다. '=average(A1:A10)'이나

'=AVERAGE(A1:A10)' 또는 '=AvErAgE(A1:A10)'을 입력하여 동일한 결과를 얻을 수 있다. 그러나 R은 'DescTools'는 인식하지만 'desctools'는 인식하지 못한다.

따라서 익숙한 Excel 또는 메뉴 기반 응용 프로그램에서 R로 이동하려는 경우 기존 사용 습관을 근본적으로 바꿔야 한다. 필자는 독자에게 R의 새로운 유저 인터페이스를 필요할 때마다 설명과 함께 계속 언급할 것이다.

Sheet 1 데이터 분석 : 패키지

R은 base 및 stats와 같은 이름의 몇 가지 기본 패키지를 제공한다. 이 패키지는 다양한 함수(예 : mean)를 포함하므로 사용자는 많은 통계 기능을 사용할 수 있으며, 기본 패키지로 부족할 경우 기본 응용 프로그램의 기능을 확장하는 광범위한 제공 패키지도 사용할 수 있다. R은 독자가 알고 있는 것보다 더 많은 수천 개의 패키지를 포함한다.

예를 들어, 기본 패키지 중 하나인 'DescTools'의 Desc 기능을 사용하면 명목상 또는 수치 척도로 측정된 개별 변수에 대한 배포 정보를 신속하게 얻을 수 있다. 다음과 같은 이변량 분석을 얻을 수도 있다.

- 숫자 변수 간의 상관관계(선택적으로 분산형 차트 제공)
- 명목 변수에 의한 숫자 변수의 파기(R은 종종 인수를 의미함)
- 어떤 기준에 따라 분류된 크로스탭(Crosstab) 혹은 분할표(Contingency Tables)

R이 기본 응용 프로그램에서 이러한 종류의 정보를 제공할 것으로 기대할 수 있지만 DescTools 패키지는 Pearson 상관관계뿐만 아니라 Spearman의 r과 Kendall의 tau까지 좀 더 자세하게 리포팅한다. 순위별로 Kruskal–Wallis 편도 분석, 피어슨(Pearson)의 카이제곱(chi–square) 이외에 분할표에 대한 우도비(Likelihood Ratio)가 있다.

Sheet 2 데이터 저장 및 정렬 : 데이터 프레임

R은 데이터 프레임이라는 용어에 크게 의존한다. Oracle, DB2 또는 SQL Server와 같이 널리 사용되는 데이터베이스 관리 시스템에 익숙하다면 데이터 프레임이 데이터베이스의 테이블과 매우 흡사하다는 것을 알 수 있다. 데이터 프레임은 직사각형이므로 각 행에는 같은 수의 열이 있고 각 열에는 같은 수의 행이

있다. 이런 형태는 데이터 프레임에 배치할 수 있는 구조의 종류를 제한한다. 때문에 통계 보고서를 반드시 데이터 프레임에 저장할 필요는 없다. 일반적으로 데이터 프레임에는 원시 데이터를 저장한다.

데이터 프레임은 데이터 값 자체보다 많은 정보를 전달한다. 즉, 사용자가 제공할 수 있는 변수의 이름을 알고 있으며, 적어도 기본적으로 제공되는 변수의 이름을 알고 있다. 변수는 일반적으로 텍스트, 숫자 및 논리(즉, 불 값 TRUE 및 FALSE)와 같이 각 변수에 포함된 데이터 값 유형을 자동으로 인식한다.

데이터 프레임은 일반적으로 R의 기본 시스템이나 제공 패키지에 관계없이 R의 통계 프로시저에서 사용하는 데이터 소스이다. 데이터 프레임을 만드는 다양한 방법이 있으며, R 콘솔에서도 작업할 수는 있지만 시간이 가장 많이 걸리는 지루한 방법이다. Access 또는 Excel과 같은 응용 프로그램에서 작성한 CSV(쉼표로 구분된 값) 파일에서 R로 데이터를 가져올 수도 있다. 또한 XLGetRange와 같은 R 기능을 사용하면 열려 있는 Excel 워크시트에서 직접 데이터를 가져올 수 있다.

Note

이 책에서 언급하는 다양한 함수들은 특정 제공 패키지에 속한다. 따라서 제공 패키지를 설치 후 현재 R 인스턴스에 로드하지 않는 한 R은 이 함수들의 이름을 인식하지 못한다. 예를 들어 XLGetRange 함수를 사용하기 위해 library(DescTools)의 XLGetRange를 사용해야 한다. XLGetRange 함수가 DescTools 패키지에만 정의되어 있기 때문이다.

R 기본 시스템과 제공 패키지에는 주어진 분석에서 얻은 결과와 문서가 기대하는 결과를 비교하는 데 사용할 수 있는 데이터 프레임이 포함되어 있다.

Chapter 02

사용자 인터페이스

R과의 상호 작용은 대부분 콘솔에서 이루어진다(그림 1-1 참조). 콘솔을 탐색하는 데 더 능숙할수록 더 효율적으로 시간을 활용할 수 있다. R 콘솔에도 메뉴 구조(파일, 편집, 보기 등)가 있지만 기능이 매우 미미하다. R에 보내는 대부분의 명령어는 콘솔에 직접 입력하는 방식으로 이루어진다.

R 명령어는 잘못 입력하기 쉽다. 한 가지 예로, 대소문자에 민감하여 mean 대신 Mean을 입력하여 오류를 발생시킬 수 있다. 사용자는 잘못 입력한 명령어를 수정 후 복사하여 명령 프롬프트로 돌아가 붙여 넣는 방식으로 오류를 수정할 수 있다.

이 방법은 경우에 따라 실행하려는 명령이 아직 콘솔에서 스크롤되지 않은 경우 특히 유용하다. 그러나 더 좋은 방법은 명령 프롬프트 옆에서 오류가 있는 명령어가 다시 나타날 때까지 위쪽 화살표 키를 누르는 것이다. 왼쪽 화살표 키를 사용하거나 클릭하여 수정해야 하는 지점으로 이동한 후 커서가 아직 명령어의 중간에 있더라도 엔터를 누른다. 커서가 명령어의 중간에 있을 때 엔터 키는 캐리지 리턴* 대신에 명령을 그대로 실행하도록 R에 지시하는 역할을 한다.

R 세션 중에는 일반적으로 데이터 프레임, 목록, 벡터, 그리고 변수에 저장하도록 정렬한 통계 분석 결과까지 객체로 생성하여 메모리에 저장한다. 종합적으로, 이 객체들은 R에서 workspace(작업 공간)라 불리는 영역에 저장된다.

R 세션을 종료하면 실제로 닫히기 전에 workspace를 저장할지 여부를 묻는다. '예'라고 응답하면 해당 workspace의 이미지가 작업 디렉터리에 저장된다. R을 다시 시작할 때 이 workspace가 열리며, 여기에 저장된 객체들이 사용 가능하게 된다.

---

*캐리지 리턴(Carriage Return) 또는 간단히 리턴(Return)은 문자의 새 줄을 시작하는 데 쓰이는 제어 문자나 그 구조를 가리킨다(출처:위키백과).

R은 콘솔에서 작업 공간을 다루는 데 도움이 되는 많은 기능을 가지고 있다. 다음은 가장 유용한 몇 가지 예이다. 일부는 콘솔 메뉴에서 사용할 수 있지만 명령 프롬프트(www.statmethods.net/interface/workspace.html 참고)에서도 각 콘솔을 호출할 수 있다.

- getwd() : 작업 디렉터리의 경로를 반환한다.
- [File - Change Dir] 또는 setwd("파일 경로 및 이름") : 작업 디렉터리를 변경한다.
- Misc, List Objects 또는 ls() : 작업 공간 콘텐츠의 목록을 반환한다.
- history() : 현재 세션의 명령 목록을 별도의 창에 표시한다.
- [File - Save History] 또는 savehistory() : 현재 세션의 명령을 작업 디렉터리에 파일명.Rhistory 파일로 저장한다.
- [File - Load History] 또는 loadhistory() : 파일명.Rhistory 파일의 명령을 콘솔에 로드한다.
- [File - Save Workspace] 또는 save.image() : 작업 디렉터리의 사본(이미지)을 작업 디렉터리에 저장한다. workspace는 파일명.Rdata 파일로 저장된다.
- [File - Load Workspace] 또는 load("파일명.Rdata") : 이전에 저장한 workspace를 로드한다.

Chapter 03

특수 문자

R은 물결표(~) 및 보다 작음 기호(〈)와 대시(–)의 조합을 자유롭게 사용한다. 물결표는 아마도 문자 조합에 비해 더 쉽게 계산될 수 있을 것이다.

Sheet 1 물결표 사용하기

R에 사용되는 물결표의 의미를 풀이하면 '~의 함수'라는 뜻이다. 다음은 그 몇 가지 예이다.

DescTools 패키지를 사용하면 두 변수를 한 번에 분석할 경우가 많다. 피자를 배달하는 데 걸리는 시간과 배달될 때 피자의 온도 사이에 Pearson, Spearman 및 Kendall 상관관계의 분석이 필요할 수 있다(DescTools 패키지에는 수백 개의 피자 가게에 대한 운영 데이터가 포함된 d.pizza라는 데이터 프레임이 포함되어 있다).

DescTools 패키지를 사용하여 분석을 실행하려면 패키지의 Desc 함수를 사용하는 아래의 명령을 사용하면 된다.

```
Desc(temperature ~ delivery_min, d.pizza)
```

그림 1–2와 같은 결과가 나온다.

그림 1-2

Desc(plotit)의 추가 인수는 두 변수의 분산형 차트를 제공한다.

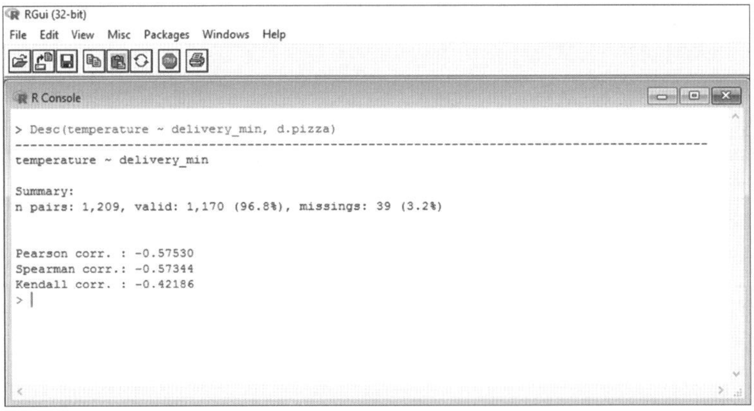

```
RGui (32-bit)
File Edit View Misc Packages Windows Help
R Console
> Desc(temperature ~ delivery_min, d.pizza)
------------------------------------------------------------------------------------------
temperature ~ delivery_min

Summary:
n pairs: 1,209, valid: 1,170 (96.8%), missings: 39 (3.2%)


Pearson corr. : -0.57530
Spearman corr.: -0.57344
Kendall corr. : -0.42186
> |
```

여기서 Desc 함수에 d.pizza라는 데이터 프레임의 두 변수 이름을 제공한다. 물결표는 Desc에게 온도가 배달 시간의 함수로 여겨져야 함을 알려 준다. 두 변수가 숫자이기 때문에 Desc는 그림 1–2에 나와 있는 세 가지 상관 계수로 응답한다.

피자를 다른 지역이 아닌 한 지역으로 배달하는 것이 훨씬 더 오래 걸리는지에 관심이 있다고 가정해 보자. 이 경우 다음 명령을 사용할 수 있다.

```
Desc(delivery_min ~ area, d.pizza)
```

결과는 그림 1–3과 같다.

그림 1-3

Kruskal-Wallis는 평균의 차이보다는 중간값의 차이를 검정한다.

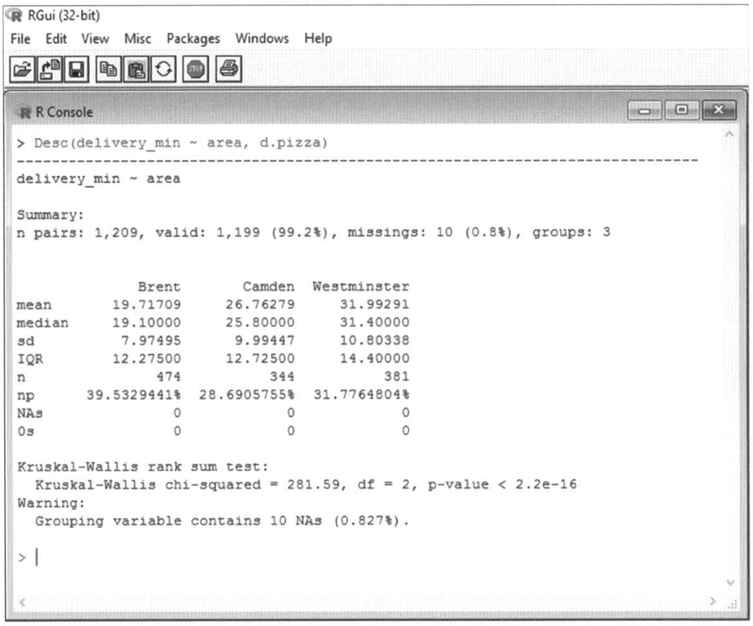

```
RGui (32-bit)
File Edit View Misc Packages Windows Help
R Console
> Desc(delivery_min ~ area, d.pizza)
------------------------------------------------------------------------------------------
delivery_min ~ area

Summary:
n pairs: 1,209, valid: 1,199 (99.2%), missings: 10 (0.8%), groups: 3


              Brent       Camden  Westminster
mean       19.71709     26.76279     31.99291
median     19.10000     25.80000     31.40000
sd          7.97495      9.99447     10.80338
IQR        12.27500     12.72500     14.40000
n               474          344          381
np      39.5329441%  28.6905755%  31.7764804%
NAs               0            0            0
0s                0            0            0

Kruskal-Wallis rank sum test:
  Kruskal-Wallis chi-squared = 281.59, df = 2, p-value < 2.2e-16
Warning:
  Grouping variable contains 10 NAs (0.827%).

> |
```

여기서 물결표는 Desc에 delivery_min을 area의 함수로 인식하도록 지시하고, 결과로 d.pizza 데이터 프레임의 세 영역에 대해 각각 배달 시간의 평균값과 중간값을 보여 준다. 분석 결과는 그림 1-2와 다르다. 그 이유는 그림 1-2에서와 같이 물결표의 왼쪽 변수는 숫자이지만 물결표 오른쪽의 변수는 문자 값이기 때문이다. Desc 함수는 R에 공유된 수차례의 통계 작성을 통해 area가 문자 값으로 사용된 것을 알아챘다. 데이터 프레임은 각 변수에 있는 데이터 값의 종류를 이미 알고 있으며, Desc와 같은 함수는 해당 정보를 사용할 수 있다.

마지막으로, d.pizza 데이터 프레임에 있는 두 개의 문자 변수인 area(Brent, Camden, Westminster)와 quality(low, medium, high)에 관한 명령을 살펴보자. 명령은 다음과 같다.

```
Desc(quality ~ area, d.pizza)
```

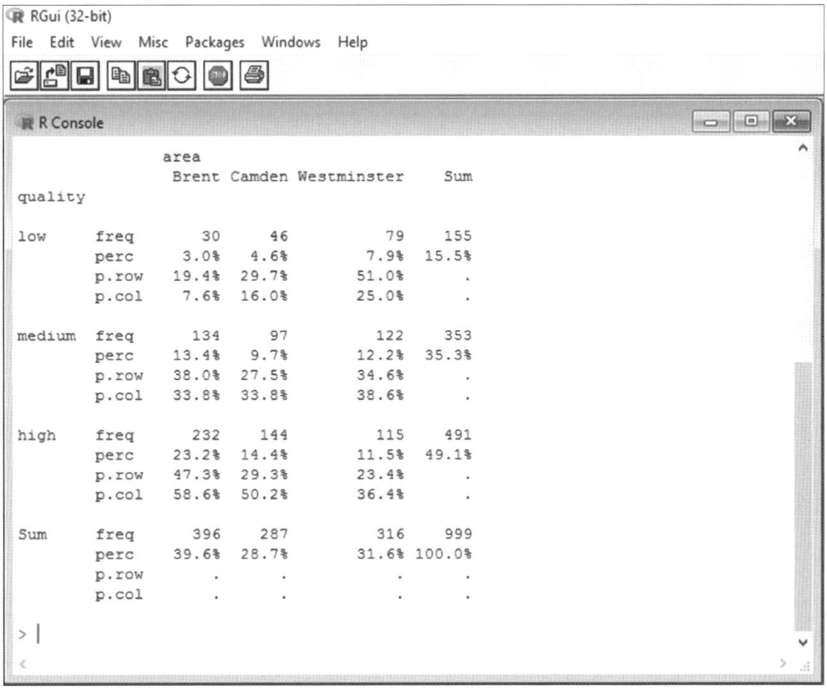

그림 1-4
변수들 사이의 연관성 테스트는 분할표를 동반한다.

그림 1-4와 같이 두 변수의 교차표(Cross Tabulation)를 제공한다.
이 경우 Desc는 변수의 순서와 물결표를 통해 quality를 area의 함수로 간주한다.

여기까지 살펴봤으면 단순히 두 변수 사이에 물결표를 붙이는 것이 이들 사이의 인과 관계를 나타내지 않는다는 것은 명확할 것이다. 또한 두 숫자 변수의 이름 순서에서 두 번째 변수가 첫 번째 변수의 요인임을 의미하지 않는다는 것도 알 수 있다. 그러나 R을 새롭게 접하는 사용자는 물결표가 두 변수에 대해 하나의 변수를 마치 다른 하나의 변수의 함수인 것으로 여기고 분석한 결과를 나타낸다고 생각하는 것이 편리하다. 이 경우 R은 두 변수의 측정 척도에 적합한 이변량 분석을 반환한다.

Sheet 2 대입 연산자 <- 사용하기

Excel의 대입 연산자는 등호이다. 따라서 셀 C3에 =A2/2 수식을 입력하면 등호를 사용하여 수식 A2/2를 셀 C3에 할당한다.

하지만 R에는 아래와 같이 5개나 되는 대입 연산자가 있다.

- <-
- ->
- <<-
- ->>
- =

R의 공식 문서 및 관련 글에서 이러한 연산자를 자주 볼 수 있으며, 연산자의 오른쪽에 있는 것을 왼쪽에 놓으라고 지시하는 방법이다. 그림 1-5는 그 예이다.

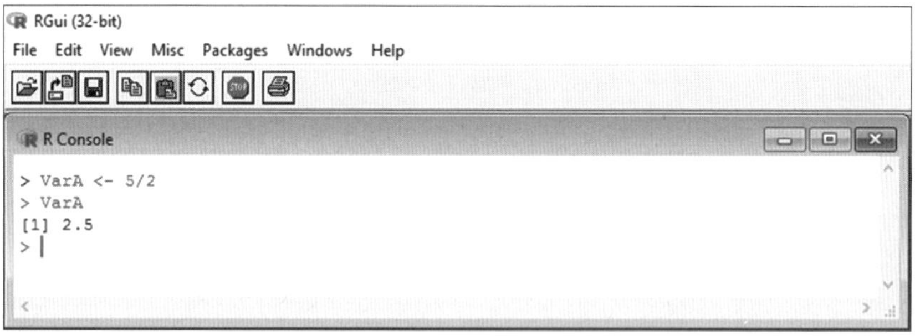

그림 1-5
수식의 결과는 VarA에 할당된다.

첫 번째 명령문은 <- 연산자를 사용하여 수식 5/2의 결과를 변수 VarA에 지정한다. 변수는 간단하게 명령문에서 사용하여 선언된다. VarA에 넣은 내용에 따라 VarA는 스칼라(단일 값), 벡터, 값 목록 또는 행렬이 될 수 있다. R 콘솔에서 변수 또는 다른 객체의 내용을 확인하는 한 가지 방법은 명령줄에 이름을 입력하고 엔터를 누르는 것이다. 이 경우 VarA는 [1] 항목으로 식별되는 하나의 값만 포함한다.

> **Note**
>
> R에서 벡터의 모든 값은 일반적으로 문자, 숫자 또는 논리 값과 같은 측정 척도를 공유해야 한다. 하나의 리스트는 서로 다른 척도로 측정된 값을 혼합할 수 있다.

R에서 등호는 연산자와 같은 방식으로 할당을 처리한다. 등호 오른쪽에 있는 것이 무엇이든 왼쪽에 있는 것에 할당된다. 일반적으로 인수 리스트에서 이 사용법을 볼 수 있다. 예를 들어 scores 인수 옵션을 TRUE로 설정하려면 scores = TRUE를 사용한다.

> **Note**
>
> 일반적으로 함수 인수 TRUE와 FALSE를 T와 F로 간략하게 표시하여 약간의 시간을 절약할 수 있다.

원한다면 그림 1-6에서와 같이 -> 대입 연산자를 사용하여 되돌릴 수 있다.

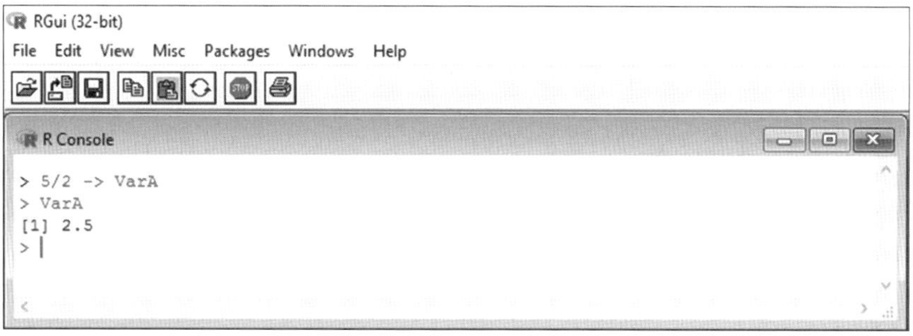

그림 1-6
결과는 그림 1-5와 같다.

필자는 위와 같은 -> 연산자 사용은 R에서만 보았음을 단언한다. 익숙하지 않은 사용법으로, 연산자의 방향이 항상 오른쪽에서 왼쪽으로 향하는 FORTRAN이나 BASIC 같은 프로그래밍 언어의 영향으로 인해 R에서도 역시 ->보다는 <-를 선호하게 되는 것 같다. 아래의 예를 살펴보자.

```
StDev = Var^(0.5)
```

이것은 물론 필자의 생각이며, 위키피디아 편집자는 동의하지 않을 수도 있다. 그럼에도 불구하고 다른 언어의 <- 연산자는 특정 상황에만 사용하도록 제한되어 있는 반면, R에서는 자유롭게 할당이 가능하다는 점에서 이에 대한 언급을 자주 볼 수 있을 것이다.

필자는 이런 특징이 사물을 지나치게 단순화시키는 것 같다고 여긴다. 그림 1-7을 참고해 보자.

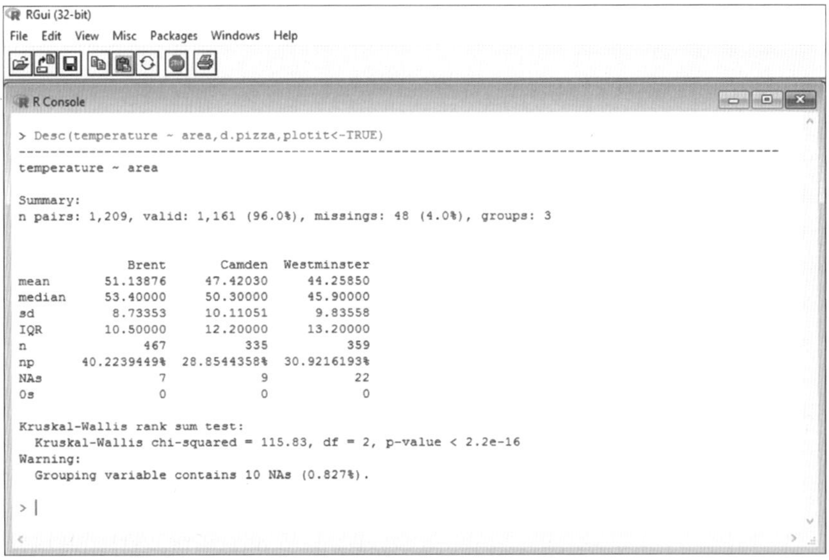

그림 1-7

Desc 함수는 대입 연산자에 따라 다르게 응답한다.

Chapter 2에서 볼 수 있듯이 Desc 함수(DescTools 제공 패키지에 포함)를 사용하여 두 개의 숫자 변수를 분석할 때 plotit 인수를 포함시켜 두 변수의 분산형 차트(LOESS smoother 포함)를 호출할 수 있다. 데이터 분석에 이 명령을 사용한다고 가정해 보자.

```
Desc(temperature ~ area, d.pizza, plotit = TRUE)
```

그림 1-7의 결과와 같이 분산형 차트를 얻을 수 있다. 이 명령문은 함수 설명서에서 권장하는 방법이기도 하다.

그러나 아래 구문을 사용하는 경우,

```
Desc(temperature ~ area, d.pizza, plotit <- TRUE)
```

등호 연산자에 〈- 연산자를 대입하면 분산형 차트 대신 그림 1-7에 표시된 결과만 얻을 수 있다. 연산자를 대체해도 오류 메시지가 나타나지는 않지만 등호를 사용한 결과와 같지는 않다.

이러한 경우가 필자가 언급했던 '지나친 단순화'이다. 사용자가 원하는 때에 언제든 〈- 할당 연산자를 사용할 수 있지만 어디에서나 동일한 결과를 얻을 수는 없다.

이 책은 통계 분석을 위해 Excel을 사용하는 독자들을 대상으로 하며, 필요한 경우 R을 사용하여 적용 범위를 확장하고자 함에 목표를 둔다. 필자는 독자들에게 주어진 패키지 및 함수에 대한 문서와 사용 예제에 각별히 관심을 기울일 것을 권한다. 특히 연산자와 대소문자의 구분에 주의하여 제안된 구문을 사용하자.

필자가 제안하는 R 사용법을 따라 간다면 '여러분은 필요한 때에 언제든지 〈− 할당 연산자를 사용할 수 있다'와 같은 미사여구보다는 잘못 사용할 확률이 훨씬 떨어질 것이다.

마지막으로 〈〈− 및 −〉〉 연산자는 일반적으로 R 콘솔에 사용되는 명령에서는 찾을 수는 없으며, Desc나 mean과 같이 R 개발자가 정의한 코드의 함수에서만 나타난다.

실용적인 관점에서 보자면, 〈− 및 등호를 사용하는 데 익숙해져야 한다. 이 두 가지 기호는 R에서 통계 분석을 실제 수행하기 위해 유일하게 필요한 구문이기 때문이다.

Chapter 04

R 프로그램 다운로드 및 설치방법

독자의 시스템에 R을 설치하기 위해 어렵거나 힘든 점은 없다. 다운로드, 설치 및 사용은 모두 무료이다. 설치 파일을 다운로드하기 위한 70MB와 확장 파일을 포함하기 위한 200MB 정도의 디스크 공간이 필요하다.

윈도우 운영체제를 사용하는 경우 시작하기 전에 다음 사항을 확인해야 한다.

64비트 시스템에서만 사용할 수 있는 파일들이 있으므로 컴퓨터가 64비트 시스템을 운영 중인지 미리 확인해야 한다. 이 파일들은 32비트 시스템을 운영하는 것보다 훨씬 많은 메모리를 처리할 수 있다. 따라서 R 설명서는 64비트 시스템을 사용 중일 경우 이 파일들을 다운로드하라고 권장한다.

윈도우 10에서 실행 중인 시스템을 확인하려면 다음 단계를 수행해야 한다.

① 시작 메뉴를 클릭한다.
② 메뉴의 왼쪽 하단에 있는 설정을 클릭한다.
③ 설정 창에서 시스템을 클릭한다.
④ 탐색 바의 정보를 클릭한다.

64비트 또는 32비트 여부를 포함하여 시스템 정보 요약을 볼 수 있다.

Note

윈도우 8에서는 참바(Charms Bar)로 시작하여 제어판으로 가야 하지만 이후 순서는 비슷하다.

32비트 또는 64비트 시스템 사용 여부를 확인했다면 이제 R 설치파일을 다운로드할 준비가 되었다. 시작을 위해 브라우저에서 아래 사이트를 연결한다. 'cran'은 Comprehensive R Archive Network의 약자이다.

https://cran.r-project.org/

이 페이지의 상단에는 Linux 시스템, Mac 시스템, 윈도우 시스템용의 세 가지 다운로드 링크가 있다. 세 가지 링크를 통해 사용자는 자신의 운영체제에 맞춰 다운로드 받으면 된다. 이 책에서는 윈도우 사용자를 예로 들어 설명한다. 윈도우용 R 다운로드 링크를 클릭하면 처음에 R 설치 링크가 새 페이지로 표시된다. 이 링크를 클릭하면 윈도우용 R 3.3.0 다운로드 링크가 있는 다른 페이지로 이동할 수 있다. 필자가 이 글을 쓰고 있는 시점의 윈도우용 최신 버전은 3.3.0이지만, 이 책이 출간될 시점에는 더 최신의 버전이 출시될 수 있다.

다음은 R을 다운로드 받은 후 설치하는 단계이다.

① 브라우저가 아닌 다른 응용 프로그램은 종료한다.
② 윈도우용 R 3.3.0 다운로드 링크를 클릭하여 다운로드를 시작한다.
③ 파일을 저장하라는 메시지가 나타난다. 파일 저장을 클릭하면 저장하려는 위치로 이동할 수 있다. 여기서 다운로드 후 저장하는 것은 설치 파일이며, 설치 절차가 완료된 후 삭제할 수 있다.
④ Save를 클릭한다. 다운로드가 시작된다.
⑤ 다운로드가 완료되면(매우 빠르게 진행된다) 파일을 저장한 위치로 이동하여 파일 아이콘을 더블클릭한다. 이후 설치 과정이 시작된다.

설치 시 바탕화면에 R 바로가기를 배치할지 여부와 같은 선택 사항이 제공된다. 대부분의 경우, 아마도 모든 선택 사항에는 신규 사용자로서 함께 이용할 수 있는 기본 기능이 포함된다. 한 가지 예외는 64비트와 32비트를 구분해야 한다는 점이다. 자신의 컴퓨터 사양에 맞춰 64비트나 32비트 파일을 선택해야 하며, 원할 경우 둘 다 선택할 수 있다.

설치가 완료되면 바탕화면의 R 바로가기를 더블클릭하여(설치 마법사에서 해당 옵션을 수락했다고 가정) R을 시작한다. 또는 시작 메뉴에서 R을 시작할 수도 있다. 어느 쪽이든 그림 1-1(14페이지)과 비슷한 창을 볼 수 있다.

Chapter 05

제공 패키지

제공 패키지를 R로 가져오는 것은 Excel에 추가 기능을 넣는 절차와 매우 흡사하다. Excel의 데이터 분석 추가 기능을 사용하려면 로컬 또는 공유 서버에 설치하여 컴퓨터에서 사용할 수 있도록 준비한다(이전에는 Excel을 구입할 때 받은 CD에서 추가 기능 옵션을 선택하여 설치할 수 있었으나 이제 전체 응용 프로그램 설치 절차는 기술 서비스 부서 또는 Microsoft 웹 사이트에서 진행되는 추세이다).

추가 기능이 설치되어 Excel에 접근할 수 있게 되면 Data Analysis 명령이나 Solver 명령이 리본의 데이터 탭에 나타나 설치되었음을 알린다. Excel 추가 기능 설치 프로세스는 버전에 따라 다르므로 최근 배포 버전에서는 파일 탭 클릭 후 옵션을 선택하여 프로세스를 시작한다는 점을 제외하고는 이 책에서는 다루지 않겠다.

마찬가지로 컴퓨터에 설치된 R 패키지를 제공하려면 사용 가능한 미러 사이트 중 하나에서 다운로드해야 한다. DescTools 설치 전 단계에서 사용을 원한다고 가정해 보자. 다음 단계를 수행할 수 있다.

① R의 Packages 메뉴에서 Install Packages를 선택한다.
② R은 미러 사이트를 선택하도록 요청한다. https 또는 http 사이트 중 하나를 선택할 수 있다(일부 R 문서에서는 보안을 위해 https 미러 사용을 권장한다). 네트워크의 부하를 줄이기 위해 지리적으로 사용자의 위치와 가장 가까운 사이트를 선택하는 것이 좋다.
③ 미러 사이트를 선택하면 수천 개의 제공 패키지 이름이 있는 목록 상자가 나타난다. 아래로 스크롤하여 원하는 것을 찾은 다음 클릭한다. 적어도 알파벳순으로는 되어 있지만 이름이 항상 용도를 분명하게 나타내지 않고 수천 개의 패키지가 분류되어 있지도 않기 때문에 까다로운 작업일 수 있다. 다행히도 주어진 패키지에 대해서 한 번만 작업한다.
④ 이후 패키지 이름을 선택한 후 확인을 클릭한다. CRAN 사이트는 사용자 설치 단계에서 압축 파일을 인계받아 다운로드 후 압축을 풀고 체크섬(Checksum) 테스트*까지 완료한 후 R 콘솔에 제어권을 반환한다.

Note

필자는 최근 구입한 새 노트북에 제공 패키지 중 일부를 다운로드하였으나 알 수 없는 이유로 지정한 경로에 설치되지 않아 거의 미칠 지경까지 갔었다.

새 노트북에는 다운로드하려는 패키지를 설치하지 못하도록 막는 바이러스 진단 패키지가 포함되어 있었고, 바이러스 프로그램의 '실시간 검사' 기능을 꺼야 한다는 것을 깨달았다. 알고 보면 단순한 문제였다. 또한 시작 메뉴에서 R을 시작할 때 관리자 권한으로 실행해야 했다(R의 점프 목록을 클릭한다. 시작 메뉴에서 더 보기를 선택한 다음 관리자 권한으로 실행을 선택한다).

이 두 가지 조건이 충족된 후에야 필자가 원하는 경로에 패키지를 설치할 수 있었다. 엄밀히 말해서 이 상황이 R의 잘못은 아니었다. 보다 나은 설치 가이드를 제공하려는 배포 채널의 지나친 사용자 간섭이 문제였다.

패키지 다운로드 및 설치를 완료 한 후에도 아직 해야 할 작업이 남아 있다. 이 단계는 최근 설치된 추가(Add-in) 기능을 Excel에 추가하는 과정과 유사하다.

① Excel의 파일 탭을 클릭한다.
② 탐색 모음에서 옵션을 클릭한다.
③ 탐색 모음에서 추가 기능(Add-Ins)을 클릭한다.
④ Excel 추가 기능 확인을 위해 창 아래쪽을 클릭한다.
⑤ Excel 리본에 나타낼 모든 추가 기능의 체크박스에 표시한다.

DescTools가 관심있는 패키지라고 가정할 때 이제 여러분이 할 일은 아래 명령문을 입력하는 것 뿐이다.

```
library(DescTools)
```

다음 R 세션에서 다운로드 및 설치 단계를 건너 뛰고 라이브러리를 사용하면 된다. 명령문을 사용하여 패키지를 로드한다. 제공된 패키지를 언로드하려면 다음 명령을 입력한다.

```
remove.packages("cp")
```

여기서 cp는 제공 패키지의 이름이다. R의 현재 세션에서 패키지를 로드하려면 큰 따옴표 없이 다음과 같은 명령어를 사용한다.

---

*체크섬(Checksum) 테스트 : 중복 검사의 한 형태

```
library(DescTools)
```

그러나 작업 공간에서 패키지를 제거하려면 다음과 같이 큰 따옴표와 함께 입력한다.

```
remove.packages("DescTools")
```

이와 같이 R은 독특한 문법을 사용하는 언어 중 하나이며, 익숙해져야 하는 부분이다.

Note

설치된 패키지의 목록을 얻으려면 library() 명령을 사용한다.
현재 세션에 로드된 패키지 목록을 얻으려면 search() 명령을 사용한다.

Chapter 06

스크립트 실행하기

필자는 R을 사용할 때마다 몇 가지 명령문을 실행하려는 경향이 있다. 명령문이 길면서 복잡하고 실행 단계별로 중첩된 괄호까지 있을 경우 잘못된 결과를 얻기 쉽다. 이때 스크립트를 사용하면 상황을 매우 편하게 만들 수 있다.

예를 들어, DescTools 패키지에서 Desc 함수를 사용하고자 할 때(Part 2에서 좀 더 자세히 설명한다), 사용하는 숫자 포맷을 변경하고 싶다고 가정하자.

가급적이면 과학적 표기법(즉, 지수법)은 최후의 수단으로만 사용하고 싶다. 필자는 보통 소수 둘째 자리면 충분하며 세 자릿수는 사용이 복잡하다는 편견이 있다. 또한 미국 출신으로서 아포스트로피나 마침표 대신 천 단위의 구분 기호로 쉼표를 사용하는 것이 익숙하다.
그리고 library 명령어를 통해 DescTools를 불러오는 것도 빼먹으면 안 된다.

필자는 이와 같은 상황에 이용할 수 있도록 메모장으로 작성된 작은 텍스트 파일을 가지고 있으며, 그림 1-8에 보이는 바와 같이 해당 작업을 수행하는 데 필요한 R 명령이 들어 있다.

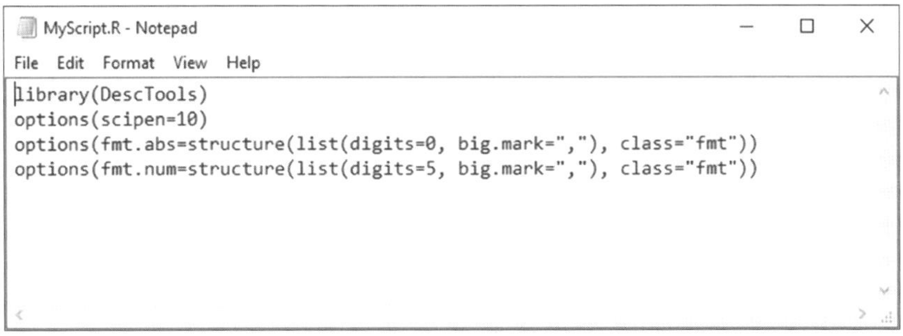

그림 1-8
이 명령문들은 R 콘솔에 입력되는 것처럼 하나씩 실행된다.

이 스크립트 파일이 직접 입력하는 것과 실제로 큰 차이를 만들지는 않는다. 중요한 점은 명령문이 복잡할 경우에도 재입력 없이 정상적으로 실행되도록 한다는 것이다(참고로 스크립트의 library 명령은 DescTools를 로드한다. scipen 키워드와 함께 사용된 명령어는 과학적 표기법으로 표기하도록 제어한다. 이후의 두 포맷 명령어는 정수 및 부동소수점의 천 단위 구분 기호와 소수 자릿수를 제어한다).

메모장과 같은 텍스트 편집기에 명령을 입력하면 파일을 다음과 같은 사용하기에 편리한 위치에 저장한다.

C:\Users\ellen\Documents\R

myscript.txt와 같은 파일 이름을 지정한다(파일 이름은 George.txt나 Jean.R일 수도 있다. 다른 제공 패키지의 요구 사항에 맞게 여러 개의 스크립트 파일이 있을 수도 있다. 이 경우 이름이 DescTools.txt이거나 stats.txt일 수도 있다).

이제 모두 준비되었다. R을 시작하고 다음 명령을 콘솔에 입력한다.

```
source("C:/Users/ellen/Documents/R/myscript.txt"))
```

DescTools 패키지 로드와 특정 서식 지정 옵션을 설정하는 명령이 자동으로 실행된다.
R의 파일 메뉴에서 Source R code를 선택하여 스크립트 파일을 실행할 수 있으며, 결과를 콘솔에서 보기 위해 스크립트에 print 명령을 포함시킬 수 있다.

source 명령어를 사용할 때 다음 두 가지 사항을 염두에 둔다.

- 경로 및 파일 이름은 따옴표로 묶는다.
- 폴더 이름을 구분하는 슬래시는 백 슬래시(\)가 아닌 포워드 슬래시(/)이다. 텍스트 상수를 해석할 때조차 R은 하나의 백 슬래시를 이스케이프 문자로 해석한다. 이 문제를 해결할 수 있는 한 가지 방법은 예시처럼 포워드 슬래시(/)를 사용하는 것이다. 또한 백 슬래시 하나 대신에 두 개의 연속되는 백 슬래시(\\)를 사용할 수도 있다.

*역자 주 : 이스케이프 문자는 많은 프로그래밍 언어, 데이터 형식 및 통신 프로토콜 구문의 일부로서, 문자로 표현하기 어려운 용어를 \b, \n, \t 등으로 나타낸다.

Chapter 07

Excel에서 R로 데이터 가져오기

다양한 이유로 Excel 워크시트에 있는 데이터를 R의 데이터 프레임에 복사하고자 하는 경우가 종종 있을 것이다. 그림 1-9와 같은 워크시트에 테이블 또는 간단한 목록이 있다고 가정하자.

그림 1-9

두 개의 인접한 열과 11개의 연속된 행으로 구성된 단일 범위.

	A	B	C	D
1	Variable A	Variable B		
2	73	55		
3	12	50		
4	3	13		
5	47	80		
6	57	56		
7	44	73		
8	0	24		
9	74	96		
10	11	87		
11	83	19		
12				
13				

데이터를 R로 직접 가져오는 쉬운 방법을 곧 설명하려고 한다. 그러나 필자는 다른 방법도 보여 주고 싶은데, 언젠가 필요할 수도 있고 얼마나 쉬운지 알 수 있을 것이다.

독자들 중 일부는 CSV Method를 이용하는 것이 어렵다고 생각할 수 있다. 그림 1-9에 표시된 워크시트를 활성화하고 파일을 CSV 파일로 저장한다.

① 파일 탭을 클릭한 다음 탐색 모음에서 다른 이름으로 저장을 클릭한다.

② 찾아보기 링크를 클릭하고 임시로 파일을 저장할 위치로 이동한다. 위치가 C:\라고 가정하자.

③ 다른 이름으로 저장하기 창에서 파일 형식 드롭 다운 리스트를 연다. CSV(쉼표로 분리)를 선택한다.

④ 일부 기능이 CSV 파일에 유지되지 않을 수도 있다는 경고가 표시된다. 그대로 저장한다. 파일의 이름이 mydata.csv라고 가정한다.

⑤ 전체 파일 경로와 파일 이름을 기재한다. 파일 탐색기 등을 사용하여 저장된 CSV 파일을 찾아 마우스 오른쪽 단추로 클릭한 다음 바로가기 메뉴에서 속성을 선택한다.

⑥ 속성 창에서 파일의 위치를 드래그한다. 이 예제에서는 C:\이다. Ctrl + C를 사용하여 선택한 텍스트를 복사한다.

⑦ R 콘솔로 전환하고 명령 프롬프트에서 다음 텍스트를 입력한다.

```
mydf<-read.csv(file="
```

⑧ Ctrl + V를 사용하여 방금 복사한 경로를 붙여 넣는다.

⑨ 경로에서 기존 모든 백 슬래시 문자에 백 슬래시를 추가하거나 기존 백 슬래시(\)를 포워드 슬래시(/)로 변경한다(R은 하나의 백 슬래시를 이스케이프 문자로 해석한다).

⑩ 붙여 넣은 경로의 끝에 다음을 입력한다.

```
\ mydata.csv", headercodeTRUE)
```

이제 R의 명령 프롬프트 다음에 이 명령이 나타난다.

```
mydf<-read.csv(file="C:\\mydata.csv", header = TRUE)
```

또는 포워드 슬래시를 선호하는 경우 :

```
mydf<-read.csv(file="C:/mydata.csv", header = TRUE)
```

인수 header = TRUE를 포함하면 R은 CSV 파일의 첫 번째 행에 있는 데이터를 변수 값이 아닌 변수 이름으로 해석한다.

⑪ Enter 키를 누른다.

다른 명령 프롬프트가 나타난다. R은 이제 CSV 파일의 내용을 읽고 mydf라는 데이터 프레임에 넣는다(R은 이 프로세스를 '강제 변환(coercing)'이라고 부르며 데이터를 데이터 프레임으로 강제 변환한다).

명령 프롬프트에서 아래처럼 입력한다.

```
mydf
```

R은 이제 mydf 데이터 프레임으로 복사된 CSV 파일의 내용을 나열하여 응답한다. 그림 1-10을 참조한다.

그림 1-10

헤더와 데이터 모두 데이터 프레임에 배치된다.

```
RGui (32-bit)
File  Edit  View  Misc  Packages  Windows  Help

R Console
> mydf<-read.csv(file="C:\\mydata.csv", header = TRUE)
> mydf
   Variable.A Variable.B
1          73         55
2          12         50
3           3         13
4          47         80
5          57         56
6          44         73
7           0         24
8          74         96
9          11         87
10         83         19
> |
```

지금까지 파일 경로와 이름을 R로 미리 설정하는 방법을 살펴 보았다. 여기서 두 가지 문제점을 알 수 있다.

- 경로의 모든 인스턴스를 \\ 또는 / 중 하나로 변경해야 하는 것을 쉽게 잊는다.
- 경로가 너무 길어 파일 경로와 이름을 복사하여 속성 창에 붙여 넣어야 한다. 예제처럼 C 드라이브에 바로 CSV 파일을 저장하는 단순한 경로일 경우 윈도우 보안 설정에서 벗어날 수 있다.

또 다른 잠재적 문제가 있다. 그림 1-11의 셀 F13과 같이 CSV 파일에 임의의 값이 있다고 가정해 보자.

그림 1-11

Excel에서는 어느 작업을 수행하던 관계없이 일반적으로 F13의 값을 문제 삼지 않는다.

F13 | fx 32

	A	B	C	D	E	F	G
1	Variable A	Variable B					
2	73	55					
3	12	50					
4	3	13					
5	47	80					
6	57	56					
7	44	73					
8	0	24					
9	74	96					
10	11	87					
11	83	19					
12							
13						32	
14							

뜻밖의 난관은 read.csv로 CSV 파일을 가져올 때 발생한다. 그림 1-12는 R에서 이 문제와 관련된 예를 보여 준다.

그림 1-12

사용자는 F13 값과 함께 입력된 NA의 값을 원하지 않을 것이다.

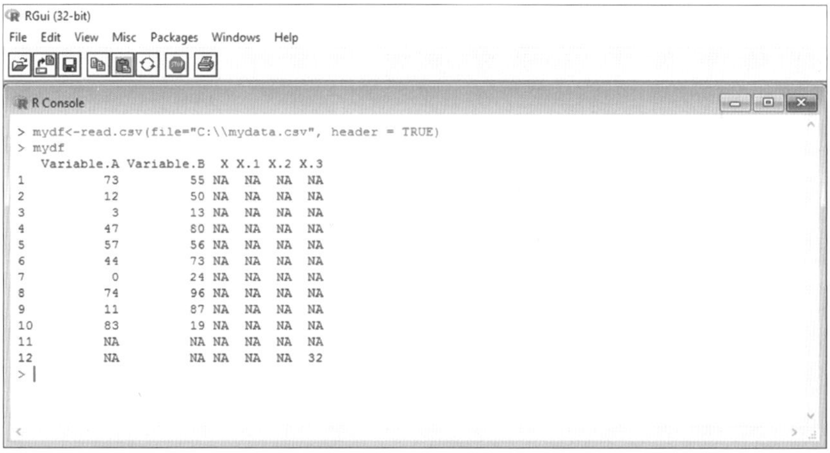

R은 열 C에서 F까지의 모든 빈 셀을 NA 값으로 바꾼다. 가장 좋은 방법은 Excel로 다시 전환하여 F13에서 아마도 사용자가 원치 않았을 값을 제거하고, CSV 파일로 다시 저장 후 R로 전환하여 파일을 다시 가져오는 것이다.

지금까지 보여준 이유로 인해 필자는 더 이상 Excel(또는 CSV 파일을 작성하는 모든 응용 프로그램)에서 R로 데이터를 가져오기 위해 read.csv를 사용하지 않고 RDCOMClient 패키지를 호출하는 DescTools 패키지를 사용한다. 이 방법을 사용하면 파일 경로 또는 파일 이름을 지정할 필요가 없다.

DescTools 패키지는 XLGetRange 함수를 사용하여 RDCOMClient를 호출한다. 가져오기를 준비하려면 다음 단계를 수행해야 한다.

① R의 Packages 메뉴를 사용하여 DescTools 패키지와 RDCOMClient 패키지를 설치한다(이 작업은 한 번만 수행하면 된다).

② library 명령을 통해 DescTools 패키지가 R에 접근하도록 한다. DescTools는 자동으로 RDCOMClient를 사용할 수 있도록 한다.

③ Excel로 전환해 가져올 데이터 범위를 선택한다. 해당 범위의 워크시트를 활성 상태로 두고 Excel 통합 문서를 열어 둔다. 그림 1-13의 워크시트와 같다.

그림 1-13

E14의 값은 가져오지 않는다.

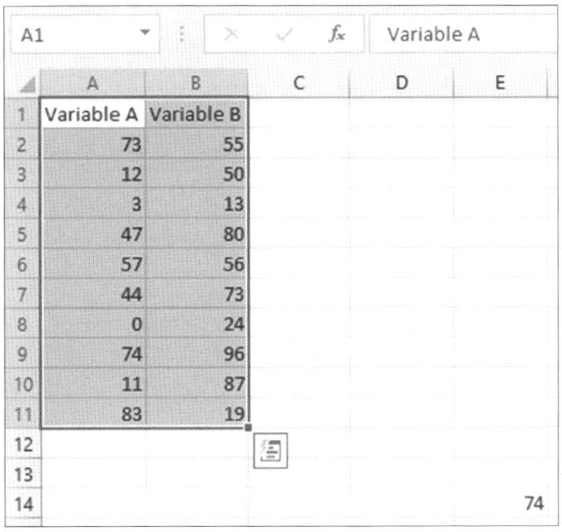

④ R로 전환하고 다음 명령을 입력한다.

```
mydf<-XLGetRange(header=TRUE)
```

Note

이 글을 쓰는 시점에서 RDCOMClient 패키지는 Mac이나 Linux에서는 사용할 수 없다. 이러한 시스템 중 하나를 사용하는 경우 Excel과 같은 외부 소스에서 R 데이터 프레임으로 데이터를 가져오는 방식을 써야 한다.

R은 선택한 데이터 범위를 가져온다. 그림 1-14는 Excel에서 선택한 셀만 R로 가져온 것을 볼 수 있다. 또한 이와 같은 직접 가져오기 방법을 사용하면 헤더가 변경되지 않는다. 그림 1-12의 csv 방법은 헤더의 공백 대신에 마침표를 삽입한다(그림 1-11과 그림 1-12를 비교하면 헤더의 명칭이 Variable A와 Variable.A로 다른 것을 확인할 수 있다).

그림 1-14

단일 범위의 셀을 선택하여 시작하면 단일 데이터 프레임을 얻을 수 있다.

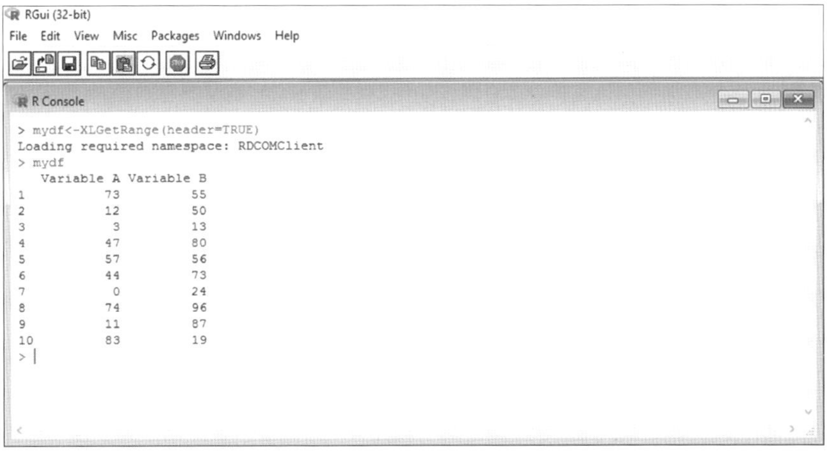

Excel에서 다중 선택으로 시작한 경우 XLGetRange 함수를 사용한 결과는 그림 1-14와 다르다. 필자는 이 함수를 권하는 것은 아니다.
독자가 Excel에 익숙하고 무엇보다 이미 워크시트의 데이터를 재정렬할 수 있다고 가정한다. 다음은 불필요하게 문제를 일으킬 수 있는 하나의 예이다. 그림 1-15를 참조한다.

그림 1-15
여기서 사용자는 다중 선택으로 시작한다.

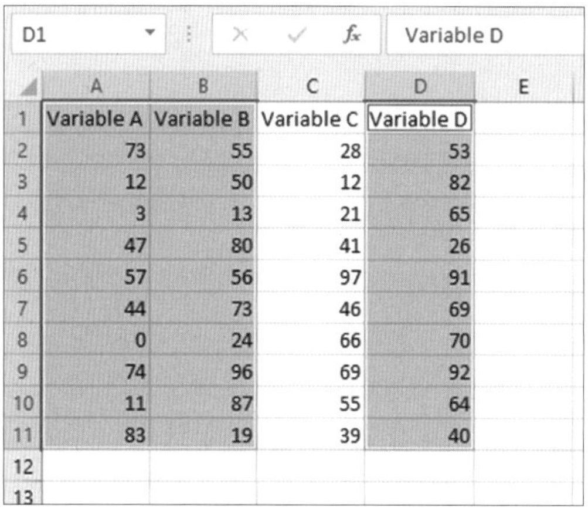
D1 | Variable D

	A	B	C	D	E
1	Variable A	Variable B	Variable C	Variable D	
2	73	55	28	53	
3	12	50	12	82	
4	3	13	21	65	
5	47	80	41	26	
6	57	56	97	91	
7	44	73	46	69	
8	0	24	66	70	
9	74	96	69	92	
10	11	87	55	64	
11	83	19	39	40	
12					
13					

이 경우 사용자는 마우스 포인터로 드래그하여 A1:B11을 선택한 다음 Ctrl 키를 누른 상태에서 D1:D11을 드래그하여 여러 셀을 다중으로 선택한다.

이제 사용자가 R로 전환한 후 library 명령으로 DescTools 패키지가 로드된 상태에서 XLGetRange 함수를 다음과 같이 사용한다고 가정해 보자.

```
multsel<-XLGetRange(header=TRUE)
```

여기서 'multsel'은 '다중 선택'을 나타낸다.

결과적으로 활성 Excel 워크시트의 다중 선택이 multsel이라는 데이터 프레임에 '강제 변환'된다. 데이터 프레임의 내용을 보려면 명령 프롬프트에 multsel이라는 이름을 입력하면 된다. 그 결과는 그림 1-16에 표시되어 있다.

그림 1-16

이 데이터 프레임은 Excel 열 이름이 지정된 두 개의 구성 요소를 가진다.

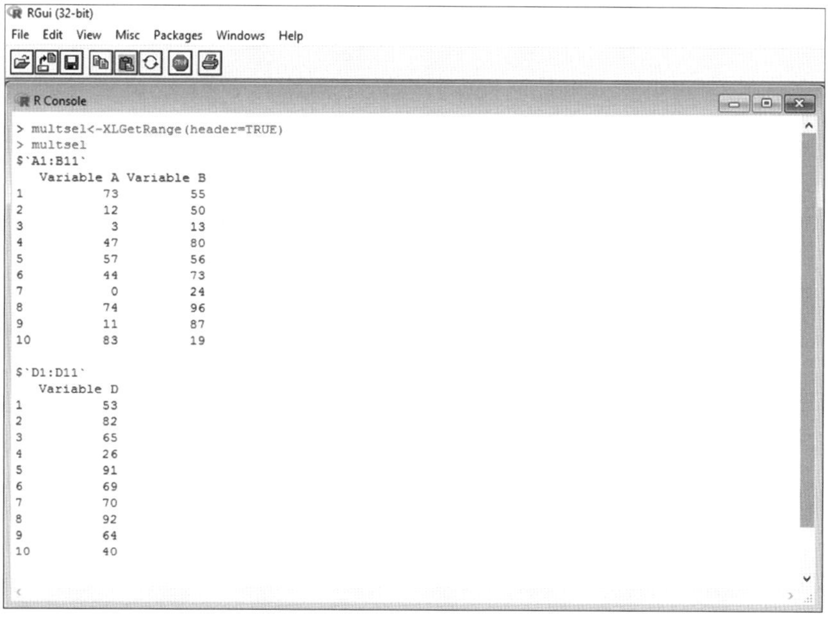

다시 말해, Excel 워크시트의 여러 항목을 선택하면 R의 데이터 프레임에 'A1:B11'과 'D1:D11'이라는 두 개의 구성 요소가 생성된다. 예를 들어 Excel 열 D에서 반환된 내용을 보려면 R 콘솔에 다음을 입력할 수 있다.

```
multsel$'D1:D11'
```

그 결과는 그림 1-17과 같다.

그림 1-17

두 번째 데이터 프레임의 두 구성 요소.

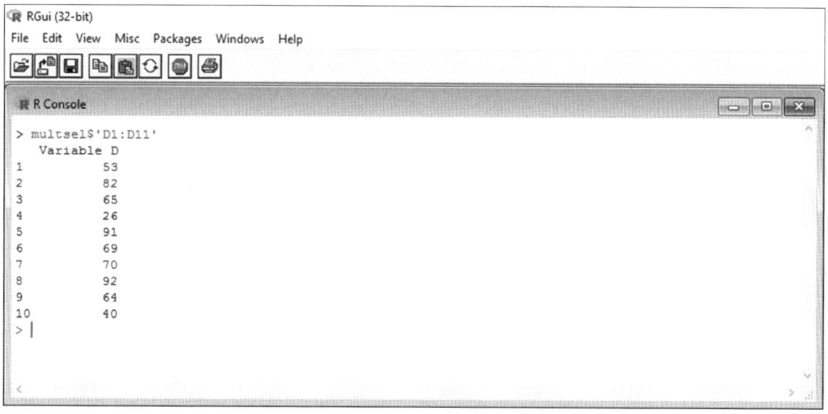

R은 달러 기호를 사용하여 데이터 프레임의 이름인 multsel을 구성 요소 이름인 'D1:D11'에서 분리한다. 통계 분석에서 해당 구성 요소를 사용할 수 있지만 먼저 약간의 작업이 필요하다.
예를 들어 R의 기본 시스템에는 함수 평균이 포함된다. 'D1:D11'과 함께 mean 함수를 사용하려고 하면 NA 값, 즉 누락된 값을 얻게 된다. mean 함수가 텍스트 값으로 실행되면 다음 단계로 진행할 수 없다.

Note

기본 시스템에서 mean함수는 na.rm=TRUE와 같은 na.rm 인수를 사용한다. 이 함수는 평균을 계산하기 전에 R에 NA 값(데이터 누락)을 제거하도록 지시한다. 하지만 'D1:D11'과 'Variable D'의 두 가지 구성 요소 헤더가 붙어 있는 현재의 인스턴스에서는 적용되지 않는다.

따라서 문제를 해결하기 위해 조금 더 완벽하게 준비해야 한다. 또 다른 $ 연산자를 사용하여 'Variable D' 구성 요소를 'D1 : D11' 구성 요소에서 분리한다.

mean(multsel$'D1:D11'$'Variable D')

이 명령은 그림 1-15의 셀 D2:D11에 있는 값의 평균인 65.2를 반환한다.
유사하게 DescTools 패키지에서 Desc 함수를 사용하려면 이 일련의 단계별 과정을 따라야 한다. 다음은 이미 DescTools를 설치했으며 데이터 프레임 multsel이 현재 세션에서 작성되었거나 load 명령을 사용하여 R에 로드되었다고 가정한다.

```
load("C:/Users/ellen/Desktop/multsel.rda")
```

로드된 데이터 프레임에는 오직 두 단계만 존재한다.

① library(DescTools)는 제공 패키지 DescTools를 R에 로드한다. R이 찾을 수 있는 패키지를 이미 다운로드하여 설치했으므로 패키지 이름 이외의 다른 것을 지정할 필요는 없다. 다만 이름에서 대소문자를 구분한다는 점은 기억하자.

② Desc(multsel$'D1:D11'$'Variable D')는 DescTools 패키지에 속한 Desc 함수를 호출한다. 다중 셀 데이터 프레임의 Variable D 구성 요소에서 데이터를 선택하고 여러 통계 결과를 반환한다.

통계는 평균, 평균의 표준 오차, 중간값, 최댓값, 범위, 변동 계수를 포함하여 Variable D 구성 요소에 있는 10개의 숫자 값을 기반으로 한다. Part 2에서는 독자 예상보다 훨씬 활용 범위가 넓은 Desc 함수에 대해 더 자세히 살펴볼 것이다.

요약하자면 R은 Excel 워크시트에서 여러 선택 항목을 직접 기반으로 하는 데이터 프레임을 처리할 때 다소 어려움이 있다. 가능한 경우 작업 시트의 데이터를 다시 정렬하여 R이 가져올 모든 데이터를 단일 선택으로 가져올 수 있도록 해야 한다. 그렇게 하면 워크시트 주소를 기반으로 하는 구성 요소 이름을 처리할 필요가 없으며, 이러한 주소는 R 데이터 프레임에서 별다른 이점도 없다.

그럼에도 불구하고 다중 선택을 이용하여 R로 가져오고자 한다면, $ 연산자에 의해 구분된 일련의 구성 요소를 묶어 처리할 수 있는 방법이 있다.

Chapter 08

R에서 Excel로 데이터 내보내기

CSV 파일을 사용하여 Excel에서 R로 데이터를 가져오는 방법(이전 섹션에서 왜 이 방법이 가장 좋은 방법이 아닌지 확인했다)과 마찬가지의 방법으로 R에서 Excel로 데이터를 내보낼 수 있다.

R 데이터 프레임의 원시 데이터를 Excel 통합 문서로 이동하는 경우를 생각해 볼 수 있지만 실제 이런 경우는 드물다. Excel 응용 프로그램과 해당 통합 문서의 인스턴스를 모두 설치하면 보통 사용자들은 데이터 통합 프레임보다 Excel 통합 문서에 훨씬 더 많은 데이터를 저장한다. 따라서 원시 R 데이터를 Excel로 가져오는 것보다 Excel 데이터를 R로 가져오는 빈도가 훨씬 잦다.

그러나 R로 실행한 분석 결과를 Excel에 복사하려는 경우가 생길 수도 있다. 이 경우 데이터 프레임의 원시 데이터를 Excel 워크시트로 내보내는 다소 긴 절차의 방법이 있긴 하다. 짧은 예제 이후 다시 다루겠다.

이번 Part의 앞 부분에서 설명한 DescTools 패키지에는 d.pizza라는 데이터 프레임이 들어 있다. 상당히 많은 수의 레코드(약 1,200개), 숫자, 명목 및 논리적 값을 포함한 약 15개의 변수와 누락된 값까지 포함되어 있어 분석 패키지가 이를 얼마나 잘 다룰 수 있는지 테스트할 수 있어 유용하다. 필자는 여기서 d.pizza를 사용하여 R에서 CSV 파일을 통해 데이터를 내보내는 방법과 직접 Excel로 내보내는 방법을 보여 주려고 한다(Part 2에서 d.pizza를 좀 더 많이 다룰 것이다).

그림 1-18은 d.pizza의 레코드와 축약된 부분 집합을 보여 준다.

그림 1-18

head 명령을 사용하여 데이터 프레임의 처음 몇 레코드에 대한 세부 정보를 검토한다.

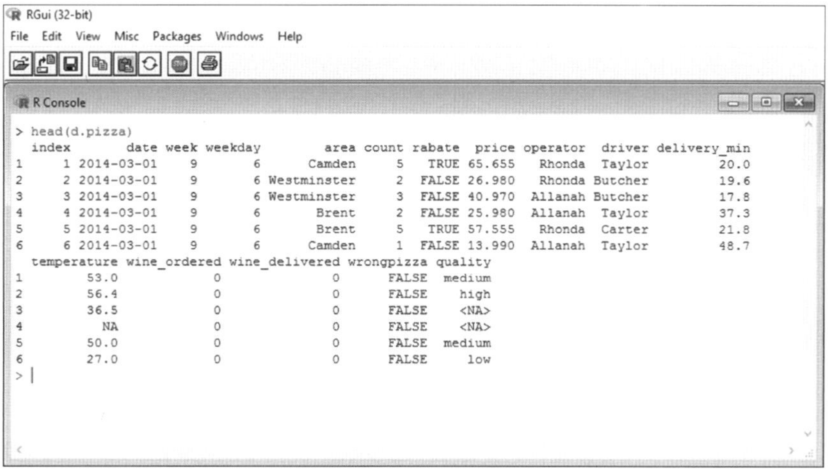

Sheet 1 CSV 파일을 통해 내보내기

전체 데이터 프레임을 CSV 파일로 저장하려면 아래 write.csv 명령을 사용할 수 있다.

```
write.csv(d.pizza,file"C:/Users/ellen/desktop/pizza.csv",na=")
```

데이터 프레임은 ellen이라는 사용자에게 속한 데스크톱에서 pizza.csv라는 CSV 파일에 저장된다. R에서 NA로 표시되는 누락된 값은 빈 셀로 CSV 파일로 저장된다.

Note

write.csv 명령에서 na 인수를 생략하면 Excel 파일에 빈 셀이 생긴다. 이 방법으로 na를 지정할 수 있다.

```
write.csv(d.pizza,file="C:/Users/ellen/desktop/pizza.csv",na="#N/A")
```

Excel 워크시트에서 표준 #N/A 오류 값을 가져온다.

CSV 파일을 두 번 클릭하거나 Excel 사용자 인터페이스에서 열 수 있다. 최신 Excel 버전에서는 CSV 파일이 열리고 쉼표 구분 기호로 정의된 열에 데이터가 저장된다(이전에는 Excel의 텍스트 나누기(text-to-columns) 유틸리티를 사용하여 A열에서 데이터를 분리하고 필요한 만큼 많은 열에 데이터를 분산시켜야 했다). 그림 1-19는 처음 몇 가지 예에 대한 결과를 보여 준다.

그림 1-19

빈 셀은 누락된 데이터를 나타낸다.

	A	B	C	D	E	F	G	H	I	J	K	L	M	N	O	P	Q
1		index	date	week	weekday	area	count	rabate	price	operator	driver	delivery_mi	temperatur	wine_order	wine_delive	wrongpizza	quality
2	1	1	3/1/2014	9	6	Camden	5	TRUE	65.655	Rhonda	Taylor	20	53	0	0	FALSE	medium
3	2	2	3/1/2014	9	6	Westminste	2	FALSE	26.98	Rhonda	Butcher	19.6	56.4	0	0	FALSE	high
4	3	3	3/1/2014	9	6	Westminste	3	FALSE	40.97	Allanah	Butcher	17.8	36.5	0	0	FALSE	
5	4	4	3/1/2014	9	6	Brent	2	FALSE	25.98	Allanah	Taylor	37.3		0	0	FALSE	
6	5	5	3/1/2014	9	6	Brent	5	TRUE	57.555	Rhonda	Carter	21.8	50	0	0	FALSE	medium
7	6	6	3/1/2014	9	6	Camden	1	FALSE	13.99	Allanah	Taylor	48.7	27	0	0	FALSE	low
8	7	7	3/1/2014	9	6	Camden	4	TRUE	89.442	Rhonda	Taylor	49.3	33.9	1	1	FALSE	low
9	8	8	3/1/2014	9	6	Brent				Allanah	Taylor	25.6	54.8			FALSE	high
10	9	9	3/1/2014	9	6	Westminste	3	FALSE	40.97	Allanah	Taylor	26.4	48	0	0	FALSE	high

CSV 파일을 사용하여 내보내는 방법은 이 장의 앞부분에서 설명한 방법과 비슷하지만 그 프로세스만큼 복잡하지는 않다. 하지만 다음 섹션에 설명하는 직접 내보내기 방법만큼 유용한지는 독자의 판단에 맡기겠다.

Sheet 2 직접 내보내기 사용하기

DescTools 패키지에는 앞에서 설명한 XLGetRange 함수 외에도 데이터 프레임을 Excel에 직접 내보내는 XLView 함수가 있다. 프로세스가 완벽하게 직접적이지는 않기 때문에 '직접' 따옴표로 묶어 CSV 파일을 만드는 과정이 포함되지만, 파일 내용을 검토하는 등의 작업은 필요하지 않다.

library 명령을 통해 DescTools 패키지를 로드한다. RDCOMClient 패키지 역시 다운로드 후 설치해야 하며, 나머지는 DescTools가 처리하므로 사용자가 직접 로드할 필요는 없다. 이 작업이 처리되면 다음 명령을 사용하여 d.pizza 등의 데이터 프레임을 Excel로 내보낼 수 있다.

```
XLView(d.pizza)
```

데이터 프레임은 CSV 형식의 새 Excel 통합 문서로 저장된다. 그림 1-20에서 결과를 보여 준다.

그림 1-20

실제 레코드는 2행에서 시작된다.

	A
1	index;"date";"week";"weekday";"area";"count";"rabate";"price";"operator";"driver";"delivery_min";"t
2	1;2014-03-01;9;6;"Camden";5;TRUE;65.655;"Rhonda";"Taylor";20;53;0;0;FALSE;"medium"
3	2;2014-03-01;9;6;"Westminster";2;FALSE;26.98;"Rhonda";"Butcher";19.6;56.4;0;0;FALSE;"high"
4	3;2014-03-01;9;6;"Westminster";3;FALSE;40.97;"Allanah";"Butcher";17.8;36.5;0;0;FALSE;
5	4;2014-03-01;9;6;"Brent";2;FALSE;25.98;"Allanah";"Taylor";37.3;;0;0;FALSE;
6	5;2014-03-01;9;6;"Brent";5;TRUE;57.555;"Rhonda";"Carter";21.8;50;0;0;FALSE;"medium"
7	6;2014-03-01;9;6;"Camden";1;FALSE;13.99;"Allanah";"Taylor";48.7;27;0;0;FALSE;"low"
8	7;2014-03-01;9;6;"Camden";4;TRUE;89.442;"Rhonda";"Taylor";49.3;33.9;1;1;FALSE;"low"
9	8;2014-03-01;9;6;"Brent";;;;"Allanah";"Taylor";25.6;54.8;;;FALSE;"high"
10	9;2014-03-01;9;6;"Westminster";3;FALSE;40.97;"Allanah";"Taylor";26.4;48;0;0;FALSE;"high"
11	10;2014-03-01;9;6;"Brent";6;TRUE;84.735;"Rhonda";"Carter";24.3;54.4;1;1;FALSE;"medium"

그림 1-20의 워크시트에 대해 몇 가지 주의할 사항이 있다.

- 데이터 값은 모두 2열에서 시작하여 세미콜론으로 구분된 A열에 있다.
- 모든 변수 이름은 셀 A1에 있으며 세미콜론으로 구분된다.
- 2행에서 시작하는 각 행의 첫 번째 숫자는 원본 데이터 프레임 d.pizza에서 Index 변수에 기록된 각 레코드 번호이다.

데이터 프레임에 d.pizza의 Index와 같은 변수가 없으면 레코드 ID를 워크시트에 기록할 수 있다. XLView 함수에는 col.names 인수와 row.names 인수가 있다. 이들은 XLView가 열에 변수 이름을 쓰고 행에 레코드 ID를 기록할지 여부를 제어한다.

이 변수들의 효과는 사용자의 기대와 완전히 일치하지는 않는다. 다음은 가능한 조합과 결과이다.

- XLView(d.pizza, col.names = TRUE, row.names = TRUE) : 데이터 프레임에서 첫 번째 변수 왼쪽에 삽입된 숫자를 기록한다. 변수 이름은 Excel 워크시트의 첫 번째 행으로 삽입된다. 변수 이름은 셀 B1에 들어간다. 값은 1열 아래인 A열에 들어간다.
- XLView(d.pizza, col.names = FALSE, row.names = FALSE) : 레코드 번호 또는 변수 이름이 삽입되지 않는다. 첫 번째 레코드는 A1 셀에 들어간다.
- XLView(d.pizza, col.names = TRUE, row.names = FALSE) : 레코드 번호가 삽입되지 않는다. 변수 이름은 셀 A1에 삽입된다. TRUE 및 FALSE는 col.names 및 row.names의 기본값이며 그림 1-20과 같은 레이아웃을 생성한다.
- XLView(d.pizza, col.names = FALSE, row.names = TRUE) : 첫 번째 변수의 왼쪽에 레코드 번호가 삽입된다. 변수 이름은 삽입되지 않는다. 첫 번째 레코드의 값은 B1 셀에 있다.

따라서 TRUE를 row.names 인수에 할당하면 Excel 워크시트의 첫 번째 행에 있는 데이터는 사용자가 주로 예상하는 셀 A1이 아닌 셀 B1에 있다.

필자는 항상 변수 이름을 생성한다. 그러나 d.pizza 데이터 프레임과 같이 사용하는 데이터 프레임에 이미 레코드 ID가 있는 경우, 이 데이터를 그대로 두려고 한다. 그래서 d.pizza와 함께 XLView 함수형태를 사용하는 편이다.

```
XLView(d.pizza,col.names=TRUE,row.names=FALSE)
```

또는 같은 의미로

```
XLView(d.pizza,row.names=FALSE)
```

또는 아래와 같이 간단하게 나타낼 수 있다.

```
XLView(d.pizza)
```

두 단계인 CSV 파일 경로 대신 직접 내보내기 방법을 사용할 때의 단점을 들자면, 열 A에서 섞인 모든 데이터와 모든 변수 이름을 셀 A1 또는 B1로 가져와 함께 실행한다는 것이다. Excel의 텍스트 나누기 기능이 이를 처리할 수 있지만 여전히 직접 호출해야 한다. 그림 1-20의 레이아웃을 사용하면 다음과 같이 바뀐다.

① 셀 A1을 선택한다.
② Ctrl 및 Shift 키를 누른 상태에서 아래 화살표 키를 눌러 A열의 나머지 레코드를 선택한다.
③ Excel 데이터 탭에서 텍스트 나누기 링크를 클릭한다. 3단계 마법사가 시작된다.
④ 구분된 옵션 단추가 선택되어 있는지 확인 후 다음을 클릭한다.
⑤ 세미콜론 옵션 상자를 제외한 모든 구분 기호의 확인란을 지운다. 마법사의 세 번째 단계를 사용하여 특수 포맷을 적용하려면 마침을 클릭하거나 다음을 클릭한다.

그림 1-21

빈 셀을 대체하는 NA 값.

	A	B	C	D	E	F	G	H	I	J	K	L	M	N	O	P
1	index	date	week	weekday	area	count	rabate	price	operator	driver	delivery_t	temperatu	wine_ord	wine_deli	wrongpizz	quality
2	1	3/1/2014	9	6	Camden	5	TRUE	65.655	Rhonda	Taylor	20	53	0	0	FALSE	medium
3	2	3/1/2014	9	6	Westmins	2	FALSE	26.98	Rhonda	Butcher	19.6	56.4	0	0	FALSE	high
4	3	3/1/2014	9	6	Westmins	3	FALSE	40.97	Allanah	Butcher	17.8	36.5	0	0	FALSE	
5	4	3/1/2014	9	6	Brent	2	FALSE	25.98	Allanah	Taylor	37.3	#N/A	0	0	FALSE	
6	5	3/1/2014	9	6	Brent	5	TRUE	57.555	Rhonda	Carter	21.8	50	0	0	FALSE	medium
7	6	3/1/2014	9	6	Camden	1	FALSE	13.99	Allanah	Taylor	48.7	27	0	0	FALSE	low
8	7	3/1/2014	9	6	Camden	4	TRUE	89.442	Rhonda	Taylor	49.3	33.9	1	1	FALSE	low
9	8	3/1/2014	9	6	Brent				Allanah	Taylor	25.6	54.8			FALSE	high
10	9	3/1/2014	9	6	Westmins	3	FALSE	40.97	Allanah	Taylor	26.4	48	0	0	FALSE	high
11	10	3/1/2014	9	6	Brent	6	TRUE	84.735	Rhonda	Carter	24.3	54.4	1	1	FALSE	medium

Warning

XLView를 사용하여 행 이름은 놔둔 채 열 이름(즉, 변수 이름)을 제외하려면 다음과 같은 명령어를 사용한다.

XLView(d.pizza,col.names=FALSE, row.names=TRUE)

실제 데이터의 첫 번째 행은 셀을 변수 이름으로 바꾼다. 일반적으로 열 이름과 행 이름을 호출할 때 B1을 사용한다. 나머지 데이터 레코드는 위에서 설명한 대로 A열에서 시작한다. 텍스트 나누기(text-to-columns) 유틸리티를 실행할 필요가 있다.

Part 2

기술 통계법

사용자가 특정 데이터 집합에 어떤 종류의 분석법을 사용하든 분포에 대한 이해가 먼저 필요하다. 변수에 불가능한 수치를 입력하는 흔한 실수부터 서로 다른 차이를 수반하는 다양한 표본 크기에 대한 기술적인 문제까지 여러 상황이 발생할 수 있기 때문이다.

데이터 출처가 매출 장부인지, 멋지게 설계된 의료 실험 또는 정치적 성향에 따른 연구인지에 관계없이 예기치 못한 상황이야 언제든 일어날 수 있다. 원인이 무엇이든 간에 데이터 집합에 예기치 않은 값이 포함되어 있다면 그에 대해 알고 있어야 한다. 그 다음 실수로 입력한 데이터를 수정하거나 필요한 경우 의사 결정 규칙을 조정하고, 방법론에 문제가 있어 보일 때 해당 실험을 다시 시행할 수도 있다.

중요한 점은 Varimax 회전 또는 Cox 비례 위험 회귀 분석(Proportional Hazards Regression)을 포함한 복잡한 다변수 분석이 수요일 아침에 환자의 체온을 98.6℉가 아닌 986℉로 입력했을 때 이를 경고하지 않는다는 것이다. 이 경우 복잡한 분석 결과가 잘못될 수 있지만, 그게 소수점 누락 때문이라고 의심되는 특별한 원인은 찾지 못할 것이다.

데이터 집합을 기반으로 한 기술 통계를 미리 검토한다면 이후의 수고는 많이 줄일 수 있다. 관측값의 범위가 평균값인 경우 또는 표준 편차 결과가 비정상적으로 보일 경우, 더 늦기 전에 데이터 수집 후 입력 및 저장하기까지의 과정을 검증해야 한다.

Chapter 01

Excel에서의 기술 통계법

통계 초기 작업 또는 주요 수치 응용 프로그램으로 Excel을 사용하여 데이터를 분석하는 경우, 이러한 종류의 작업을 수행하는 한 가지 방법은 데이터 집합에서 Excel의 다양한 워크시트 함수를 사용하는 것이다. MIN()은 일련의 값에서 최솟값을 얻으며 MAX()는 최댓값을 얻고, MAX() − MIN()은 범위를 가져온다. COUNT()는 숫자 값의 개수를 세고 AVERAGE()는 평균을 반환하며 STDEV.S() 또는 STDEV.P()는 표준 편차를 얻는다.

Excel은 데이터 분석(Data Analysis)의 추가 기능(Analysis ToolPak 또는 ATP라고도 함)에 기술 통계 도구를 포함한다. 기술 통계 도구가 있다는 점은 나름의 장단점이 있다.

장점은 기존 데이터 집합에서 이 도구를 사용하면 최대 16개의 기술 통계를 얻을 수 있으며 워크시트에 단일 함수를 입력할 필요가 없다는 것이다. 그림 2-1을 살펴보자.

그림 2-1

한 번에 여러 변수를 분석할 수 있다.

	A	B	C	D	E	F	G	H
1	MPG	IPS			*MPG*		*IPS*	
2	28	0.41						
3	17	0.61			Mean	26	Mean	0.52
4	24	0.18			Standard Error	2.63	Standard Error	0.07
5	32	0.24			Median	28	Median	0.43
6	22	1			Mode	28	Mode	0.42
7	33	0.78			Standard Deviation	8.72	Standard Deviation	0.24
8	28	0.73			Sample Variance	76	Sample Variance	0.06
9	11	0.43			Kurtosis	-0.67	Kurtosis	0.09
10	17	0.42			Skewness	-0.20	Skewness	0.62
11	40	0.42			Range	29	Range	0.82
12	34	0.51			Minimum	11	Minimum	0.18
13					Maximum	40	Maximum	1
14					Sum	286	Sum	5.73
15					Count	11	Count	11
16					Largest(3)	33	Largest(3)	0.73
17					Smallest(3)	17	Smallest(3)	0.41
18					Confidence Level(95.0%)	5.86	Confidence Level(95.0%)	0.16

그림 2-1은 A1:B12 범위에서 서로 다른 두 변수의 11가지 값을 보여 준다.

MPG라는 변수의 단변수 분석(Univariate Analysis)은 E3:F18 범위에 나타나며 IPS 변수에도 유사한 분석이 G3:H18에 나타난다. 보고된 각 통계는 하나의 변수에만 적용된다. 예를 들어 MPG와 IPS에 상관관계가 있거나 MPG의 특정 값에 따라 IPS 평균을 보고하는 통계는 없으며, 보고된 통계는 배타적으로 단변수 분석 통계법을 사용한다.

Excel에서 레코드 표본의 표준 편차를 보고하는 STDEV.S() 함수나 네 번째 행에 보고된 표준 오차(Standard Errors)가 각 변수의 평균값 표준 오차임을 몰라도 바로 결과를 얻을 수 있다.

이러한 통계 기법은 데이터 집합에 익숙해지면 특히 유용하다. 더 많은 지식을 얻어 가길 원하는 독자에게 여기가 좋은 출발점이 될 것이다.

단점은 보고된 통계가 정적 값을 나타낸다는 것이다. 예를 들어, 그림 2-1에서 F3 셀에는 다음 수식 대신 26이라는 값이 들어 있다.

```
=AVERAGE(A2:A12)
```

따라서 레코드를 추가 또는 삭제하거나 기존 값을 편집하여 A1:A12의 입력 값을 변경하려는 경우 어떤 통계값도 변경되지는 않는다. 워크시트 수식은 값이 변경될 때 다시 계산하지만 기술 통계 도구로 계산된 결과는 아니다. 다시 말해 단지 숫자일뿐이므로 어떤 의미를 가지지는 않는다.

Sheet 1 기술 통계법 도구 사용

이 도구는 처음 접하는 사용자도 충분히 활용할 수 있다. 활성 워크시트에 그림 2-1의 A 및 B열에 표시된 것과 같은 하나 이상의 목록 또는 표가 있어야 한다. Excel 리본의 데이터 탭으로 이동하여 분석 그룹에서 데이터 분석 링크*를 찾는다. 클릭하면 그림 2-2와 같은 목록 상자가 나타난다.

*역자 주 : 데이터 분석 링크가 보이지 않을 경우 파일-옵션-추가 기능-Excel 추가 기능-이동을 선택한 후 열리는 팝업 창에서 '분석 도구', '분석 도구 - VBA'를 추가한다)

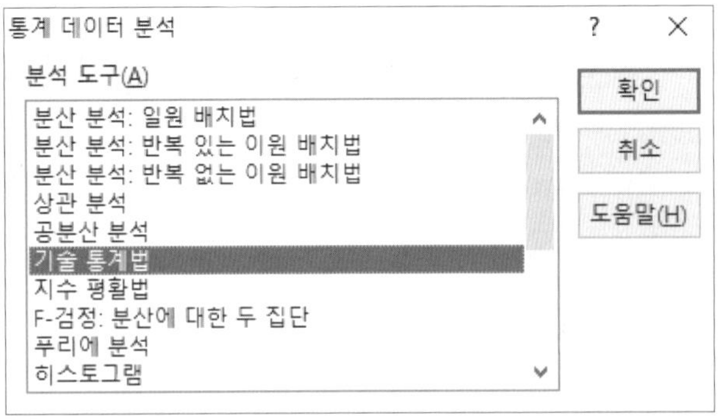

그림 2-2
목록 상자에 보이는 기술 통계법은 앞으로 사용할 분석 도구이다.

기술 통계법을 선택한 후 확인을 누르면 그림 2-3과 같은 대화 상자가 나타난다.

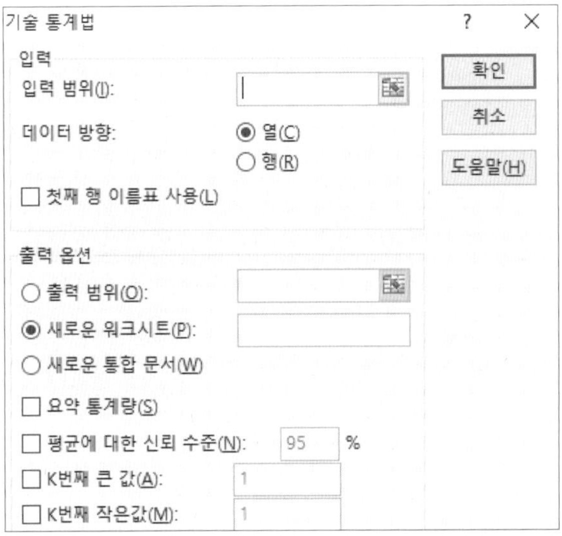

그림 2-3
일반적으로 현재 사용 중인 워크시트에 출력을 유지하는 것이 가장 좋다.

그 다음 아래 단계를 따른다.

① 입력 범위 상자를 클릭 후 데이터가 표시되는 범위를 드래그한다.
그림 2-1에서는 A1:B12의 범위에 해당한다. 하나의 변수가 있는 경우 범위는 A1:A25 이거나 세 개의 변수가 있는 경우 범위는 B1:D85일 수 있다. 변수의 레코드 수가 다르지만 비어 있는 셀은 비워 두고 빈 셀에는 #N/A를 사용하지 않는다.

② 데이터 방향은 선택된 기본값인 열로 둔다.

③ 입력 범위의 첫 번째 행에 변수 이름을 나타내는 레이블이 있으면 첫째 행 이름표 사용 체크박스에 표시한다. 입력 범위에 숫자가 아닌 데이터가 포함된다는 오류 메시지를 표시하며 Excel에서 레이블을 데이터 값으로 처리하지 않도록 지시한다.

④ 새 통합 문서 또는 새 워크시트*에 결과를 기록하지 않으려면 출력 범위 옵션 버튼을 클릭한다. 출력 범위 옵션 버튼을 클릭하면 입력 범위 상자가 다시 활성화되고 다음에 클릭하는 셀이나 범위로 채워진다. 먼저 출력 범위 편집 상자를 클릭한 다음 출력이 시작할 위치를 지정한다.

⑤ 그림 2-1의 행 3에서 행 15에 표시된 통계를 원하면 요약 통계량 체크박스에 표시한다.

⑥ 평균값 주변에 신뢰 구간을 두려면 평균에 대한 신뢰 수준 체크박스에 표시하고, 편집 상자에서 원하는 신뢰도를 입력한다. 종종 90, 95 또는 99로 지정하며 퍼센트 단위로 표시된다.

⑦ K번째 큰 값과 K번째 작은 값 체크 박스에 표시한 후 각 K값을 입력한다. 즉, 다섯 번째로 큰 값을 원할 경우 체크 상자에 표시한 후 편집 상자에 5를 입력한다.

⑧ 확인을 클릭한다. 몇 초 이내에 그림 2-1의 E열부터 H열까지 표시된 결과가 나타난다.

그림 2-1에 있는 몇 가지 통계를 자세히 살펴 보겠다. 이들 대부분은 독자에게 유용한 기능일 것이다[평균(Mean), 중앙값(Median), 최빈값(Mode), 범위(Range), 최솟값, 최댓값, 합(Sum), 관측 수(Count), K번째 큰 값 및 K번째 작은 값]. 다음 섹션에서 좀 더 알아보자.

Sheet 2 결과 이해하기

✚ 평균의 표준 오차

그림 2-1에서 A2:A12에 있는 11개의 값이 모집단의 표본이며, 여기서 비슷한 수의 11개 레코드를 수백 또는 수천 가지로 추출했다고 가정한다. 각 표본은 그림 2-1의 셀 F3에 표시된 것과 같은 자체 평균값을 갖는다. 이렇게 모든 평균값의 표준 편차를 계산한 경우 평균 표준 오차라는 통계를 이용할 수 있다. 그림 2-1에서 셀 F4의 값은 이 표준 오차 값을 추정하므로 실제 수백 또는 수천 개의 추가 표본은 필요하지 않다. 다음 수식을 사용하여 예상치를 계산할 수 있다.

$$S_{\overline{X}} = S/\sqrt{n}$$

- $S_{\overline{X}}$는 평균의 표준 오차이다.
- S는 표본의 표준편차이다.
- n은 표본의 레코드 수(관측 수)이다.

---

*역자 주 : Excel 영어 버전에는 Worksheet Ply라고 표시되며 이는 워크시트의 옛 용어라고 필자는 소개하고 있다.

평균의 표준 오차는 가지고 있는 표본 평균과 가설값(Hypothesized Value) 차이를 검증할 때 특히 유용하다. 이 또한 표본 평균을 중심으로 분포하는 신뢰 구간의 필수 요소이다.

✚ 표준 편차

Excel(및 일반 통계 필드)은 두 가지 유형의 표준 편차를 제공한다.

- 사용자 데이터가 모집단을 구성한다. 예를 들어 몰드(Mold)가 손상된 후 특수 생산 라인에서 100개의 모집단 항목을 가질 수 있다.
- 사용자 데이터가 표본을 구성한다. 1년에 수백만 개의 제품을 생산하는 과정에서 무작위로 추출한 100개의 표본 항목을 가질 수 있다.

값의 전체 모집단을 가진 첫 번째 경우에서 표준 편차의 공식은 분모에 값의 실제 개수 n을 사용한다. 두 번째 경우에는 표본을 기준으로 모집단의 표준 편차를 추정하며 분모에서 n 대신 n−1을 사용한다.

Excel은 데이터가 모집단일 때 워크시트 함수 STDEV.P()를 사용하고 표본이 있을 때는 STDEV.S()를 사용한다. 그러나 기술 통계 도구는 모집단보다 표본을 가지고 있는 경우가 훨씬 많으므로 STDEV.S() 함수를 사용한다.

✚ 표본 분산

분산은 표준 편차의 제곱이며 표준 편차와 동일한 조건이 적용된다. 즉, 분산은 모집단 형태(n)와 표본 형태(n-1)를 갖는다. 기술 통계 도구는 분산의 표본 형태를 반환한다.

✚ 비대칭도

비대칭도는 값의 분포에서 대칭을 측정한다. 비대칭 분포는 비대칭성의 정도를 나타낸다. 비대칭도를 계산하는 일반적인 방법 중 하나는 세제곱 표준 점수(z−score)의 평균을 내는 것이다.

$$\sum_{i=1}^{n} z^3/n$$

Excel에서 사용하는 수식은 n이 증가함에 따라 세제곱 z−점수 값에 근접한다.

$$n\sum_{i=1}^{n} z^3/((n-1)(n-2))$$

대칭 분포는 왜곡도가 0일 것으로 예상된다.

✚ 첨도

첨도(Kurtosis)는 점수의 분포가 너비에 비해 더 크거나 더 평평한 정도를 측정한다. 다음은 한 교과서에서 첨도를 정의한 내용이다.

$$\left(\sum_{i=1}^{n} z^4/n\right)-3$$

이것은 z-점수가 세제곱 대신 네제곱으로 증가하는 것을 제외하고 비대칭도의 정의와 매우 유사하다. 정규 곡선과 같은 분포는 3의 4승으로 증가한 평균 z-점수를 가지므로 공식에서 3을 빼서 정규 곡선의 첨도는 0이 된다.

비대칭도와 마찬가지로 Excel의 Kurtosis 공식은 약간 다르며 모집단을 기반으로 첨도 계산에서 편차를 제거하려고 한다.

$$\text{Kurtosis} = \frac{n(n+1)}{(n-1)(n-2)(n-3)} n\sum_{1}^{n} z^4 - \frac{3(n-1)^2}{(n-2)(n-3)}$$

Excel이 아닌 R의 비대칭도 및 첨도에서 다른 값 반환 여부를 대조해야 하는 경우 이 수식을 사용한다.

✚ 신뢰 수준

기술 통계 도구의 결과는 흔히 신뢰 구간 값의 신뢰 수준이라고 언급되지만(그림 2-1의 셀 E18 참조) 정확한 표기법은 아니다. 신뢰도는 모집단 평균을 낼 것으로 예상되는 표본 신뢰 구간의 백분율로, 일반적으로 90%, 95% 또는 99%이다.

반대로 기술 통계 도구는 신뢰 구간에 도달하기 위해 계산된 평균에 더하고 빼는 수치를 보고한다. 이 수치는 Excel 함수 구문을 사용하여 다음과 같이 계산된다.

```
=T.INV.2T(0.05,10)*F4
```

여기서 셀 F4는 평균의 표준 오차를 포함한다. Excel의 T.INV.2T() 워크시트 함수는 t-분포에서 영역의 일부 비율을 잘라내어 나머지 비율을 두 꼬리 간에 균등하게 나누어 주는 양수 t값을 반환한다. 그래서 아래 함수를 사용하면 2.23을 반환한다.

```
=T.INV.2T(.05,10)
```

그 의미는 다음을 참조한다.

• 일반 곡선과 매우 비슷하지만 중심이 약간 더 평평하고 꼬리가 약간 더 두꺼운 t 분포를 사용한다. 이 모양은 부분적으로 분포를 만드는 데 사용된 표본의 관측 수이다. 이 예에서 관측 수는 11이므로 자유도는 10이다.
• t-분포의 평균은 0이다. 분포를 -2.23 및 +2.23의 두 지점에서 자른 경우 곡선 아래 영역의 95%가 두 자르기 사이에 있음을 알 수 있다.
• 물론 5%는 자르기 바깥쪽에 있으며, 오른쪽 꼬리는 2.5%, 왼쪽 꼬리는 2.5%이다.

그러나 여기서 1보다 약간 큰 표준 편차를 가지는 t값으로는 작업하지 않는다.

Note

t-분포의 표준 편차는 다음 공식에 의해 주어진다.

$\sqrt{v/(v-2)}$

여기서 v는 자유도이므로 크기가 5인 표본을 기반으로 한 t-분포에서 자유도는 4이고 표준 편차는(4/2)의 제곱근 또는 1.414이다. 표본 크기가 커짐에 따라 표준 편차가 줄어들기 때문에 크기 11의 표본 위에 구축된 t-분포는 1.12의 표준 편차를 갖는다.

대신 그림 2-1에서 MPG가 어떤 값을 가지던 표준 오차 2.63의 척도로 작업하고 있다. 따라서 각 꼬리에서 분포의 2.5%를 줄이기 위해 ±2.23에 2.63을 곱한다(±5.86). 그림 2-1의 셀 F4에 표시된 26의 평균에 ±5.86을 더하면 95.1% 신뢰 구간이 20.14에서 31.86으로 나타난다. 다시 설명하자면 2.23 표준편차만큼 평균값에서 올라가길 원한다는 의미이다.

이 척도에서 표준 편차는 2.63 단위이므로 평균에서 2.63에 ± 2.23 단위까지 올라가고, 여기서는 같은 범위만큼 평균값에서 내려간다. 결과값 범위는 이 데이터에 대한 95% 신뢰 구간이다.

신뢰 구간은 다음과 같이 해석된다. 동일한 집단의 무작위 표본 100개를 추출하여 100개의 표본 평균에 대해 95%의 신뢰 구간을 두면 해당 신뢰 구간의 95개가 전체 모집단의 평균을 나타낸다.

여기서 구축한 신뢰 구간이 모집단 평균을 포착하는 95 중 하나라고 가정하는 것이 더 합리적이다. 신뢰 구간을 통해 실제 모집단의 평균 추정을 95% 확신할 수 있다는 의미이다.

Sheet 3 R의 Pizza 파일에 Excel 기술 통계 도구 사용하기

Excel의 기술 통계 도구가 R의 피자 배달 데이터베이스의 수치 변수를 어떻게 다뤄야할지 살펴보겠다. 첫 번째 단계는 해당 데이터베이스를 Excel에서 사용할 수 있도록 내보내는 것이다. 다음 단계를 따른다.

- R을 시작한다.
- 다음 R 명령을 사용하여 DescTools 패키지를 로드한다.
  library(DescTools)
- 다음 명령을 입력하여 d.pizza라는 데이터 프레임을 내보낸다.
  write.csv(d.pizza, file="C:/Users/Jean/Desktop/pizza.csv")

원하는 대상 이름과 해당 경로를 파일에 사용할 수 있다. 쉼표로 구분된 값의 파일 또는 CSV 파일 형식으로 되어 있으므로 파일 확장명으로 csv를 사용할 수 있다. 또한 파일 경로에서 백 슬래시(\) 대신 포워드 슬래시(/)를 사용한다. R은 백 슬래시를 이스케이프 문자로 해석한다. 대신 슬래시(/) 또는 두 개의 연속되는 백 슬래시(\\)를 사용할 수 있다.

R 인터페이스로 돌아가면서 1, 2초 만에 R은 종료되고 Excel이 시작된다. 저장된 위치에서 CSV 파일을 연다. 그림 2-4의 워크시트와 비슷할 것이다.

그림 2-4
Excel에서 열리는 CSV 파일에는 Excel 통합 문서에서 보았던 통화 형식과 같은 포맷 요소가 없다.

	A	B	C	D	E	F	G	H	I	J	K	L	M	N	O	P	Q
1		index	date	week	weekday	area	count	rabate	price	operator	driver	delivery _min	temperature	wine _ordered	wine _delivered	wrongpizza	quality
2		1	3/1/2014	9	6	Camden	5	TRUE	65.655	Rhonda	Taylor	20	53	0	0	FALSE	medium
3		2	3/1/2014	9	6	Westminster	2	FALSE	26.98	Rhonda	Butcher	19.6	56.4	0	0	FALSE	high
4		3	3/1/2014	9	6	Westminster	3	FALSE	40.97	Allanah	Butcher	17.8	36.5	0	0	FALSE	NA
5		4	3/1/2014	9	6	Brent	2	FALSE	25.98	Allanah	Taylor	37.3	NA	0	0	FALSE	NA
6		5	3/1/2014	9	6	Brent	5	TRUE	57.555	Rhonda	Carter	21.8	50	0	0	FALSE	medium
7		6	3/1/2014	9	6	Camden	1	FALSE	13.99	Allanah	Taylor	48.7	27	0	0	FALSE	low
8		7	3/1/2014	9	6	Camden	4	TRUE	89.442	Rhonda	Taylor	49.3	33.9	1	1	FALSE	low
9		8	3/1/2014	9	6	Brent	NA	NA	14.22	Allanah	Taylor	25.6	54.8	NA	NA	FALSE	high
10		9	3/1/2014	9	6	Westminster	3	FALSE	40.97	Allanah	Taylor	26.4	48	0	0	FALSE	high
11		10	3/1/2014	9	6	Brent	6	TRUE	84.735	Rhonda	Carter	24.3	54.4	1	1	FALSE	medium
12		11	3/1/2014	9	6	Westminster	3	FALSE	66.41	Allanah	Miller	11.7	28.8	1	1	FALSE	low
13		12	3/1/2014	9	6	Brent	5	TRUE	62.955	Rhonda	Carter	19.5	51.3	0	0	FALSE	medium
14		13	3/1/2014	9	6	Camden	4	TRUE	46.764	Allanah	Taylor	32.7	24.05	0	0	FALSE	low
15		14	3/1/2014	9	6	Camden	1	FALSE	49.95	Rhonda	Carter	38.8	35.7	1	1	FALSE	low
16		15	3/1/2014	9	6	Brent	6	TRUE	73.746	Rhonda	Carter	23	53.6	0	0	FALSE	medium
17		16	3/1/2014	9	6	Westminster	5	TRUE	57.555	Rhonda	Miller	30.8	51.3	0	0	FALSE	NA
18		17	NA	NA	NA	Brent	2	FALSE	26.98	Allanah	Carter	27.7	51	0	0	FALSE	high
19		18	3/1/2014	9	6	Brent	2	FALSE	27.98	Rhonda	Butcher	29.7	47.7	0	0	FALSE	medium
20		19	3/1/2014	9	6	Brent	3	FALSE	41.97	Rhonda	Carter	9.1	52.8	0	0	FALSE	medium
21		20	3/1/2014	9	6	Westminster	1	FALSE	11.99	Rhonda	Miller	37.3	20	0	0	FALSE	low

그림 2-4에서 값 사이에 NA 값이 곳곳에 있는 것을 확인한다. NA 값은 사용할 수 없음을 의미하며, 숫자로 예상되는 영역에 문자가 있으므로 기술 통계 도구가 값을 다루는 데 어려움이 있다.

Excel의 워크시트 기능을 사용하면 이 문제는 좀 더 쉽게 해결된다. SUM()이나 AVERAGE() 또는 STDEV.S()와 같은 함수는 NA 같은 텍스트 값을 무시한다. 몇 가지 예를 그림 2-5에서 볼 수 있다.

그림 2-5

Excel은 CORREL()같은 상관함수에서 레코드를 한 쌍씩 무시한다.

A13 =AVERAGE(A2:A11)

	A	B	C	D	E	F	G	H
1	temperature			delivery_min	temperature		delivery_min	temperature
2	53			20	53		20	53
3	56.4			19.6	56.4		19.6	56.4
4	36.5			17.8	36.5		17.8	36.5
5	NA			37.3	NA		21.8	50
6	50			21.8	50		48.7	27
7	27			48.7	27		49.3	33.9
8	33.9			49.3	33.9		25.6	54.8
9	54.8			25.6	54.8		26.4	48
10	48			26.4	48		24.3	54.4
11	54.4			24.3	54.4			
12								
13	46.00000000			-0.74494935				-0.74494935
14	=AVERAGE(A2:A11)			=CORREL(D2:D11,E2:E11)			=CORREL(G2:G10,H2:H10)	
15								
16	46.00000000							
17	=AVERAGE(A2,A3,A4,A6,A7,A8,A9,A10,A11)							

DescTools의 피자 데이터베이스에 있는 처음 10개의 레코드는 그림 2-5의 A2:A11 셀에 나타나며 여기에 배달 온도가 기록된다. 아래 수식은 셀 A13에 입력된다.

```
=AVERAGE(A2:A11)
```

수식의 인수에는 셀 A5의 텍스트값 NA가 포함된다. 수식은 결과 46.00을 반환한다.

아래 수식은 A16 셀에 입력된다.

```
=AVERAGE(A2,A3,A4,A6,A7,A8,A9,A10,A11)
```

두 번째 AVERAGE 수식에는 A5를 제외한 A2:A11의 모든 셀이 포함된다. 두 AVERAGE() 수식 모두 46.00의 같은 결과를 반환한다. Excel 워크시트 함수인 AVERAGE() 및 SUM()이 실행될 때 NA와 같은 텍스트 값은 무시된다.

그림 2-5에서 D2:E11 범위에는 A2:A11과 동일한 레코드가 포함되어 있지만 온도와 분이 모두 표시된다. 이러한 레코드를 기반으로 두 변수 간의 상관관계를 계산하는 경우 Excel은 변수 중 하나에 누락 값이 있으므로 전체에서 네 번째 레코드는 무시하여 누락된 데이터를 관리한다. D2:D11과 E2:E11 및

−0.7449의 값 사이의 상관 계수를 확인한다. 이 값은 다음 공식으로 반환된다.

```
=CORREL(D2:D11,E2:E11)
```

범위 G2:H10에서 한 개의 누락 값으로 레코드를 생략했다. 해당 데이터 범위에 대한 상관 계수를 계산하는 공식은 다음과 같다.

```
=CORREL(G2:G10,H2:H10)
```

두 수식 모두 동일한 결과를 반환하므로 두 값 중 하나가 텍스트인 경우 CORREL() 함수는 전체 레코드를 무시한다는 것을 알 수 있다.

따라서 피자 데이터베이스 같은 데이터 집합에서 워크시트 함수로 요약 통계를 사용한다면 좋은 결과를 얻을 수 있지만 Excel의 데이터 분석 추가 기능에서 기술 통계 도구를 사용하기로 결정한 경우 이 문제는 쉽지 않다.

텍스트 데이터가 포함된 워크시트 범위에서 기술 통계 도구를 가리키면 범위에 텍스트 데이터가 포함되어 있다는 오류 메시지가 반환된다. 그림 2-6을 참고한다.

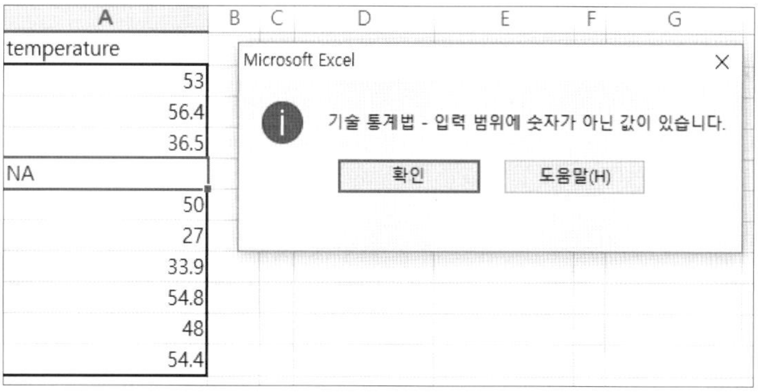

그림 2-6

모든 워크시트 함수가 텍스트 값에도 잘 작동하지만 기술 통계 도구는 그렇지 않다.

기술 통계 도구를 사용하여 데이터를 처리하려면 텍스트 데이터를 다른 것으로 바꿔야 한다. 임의의 숫자를 만들어 NA 값 대신 입력할 수는 없지만 텍스트 값을 빈 셀로 바꾸면 관리할 수 있다.

Note

워크시트 함수는 텍스트 값을 무시하는 것처럼 빈 셀을 무시하므로 둘 중 하나를 사용하여 누락된 값을 나타낼 수 있다. 빈 셀 또는 텍스트 값 대신 #N/A 오류 값이나 NA() 함수를 사용할 수 있지만 이 경우 해당 인수의 셀을 가지는 워크시트 함수가 #N/A 오류 값을 반환한다.

따라서 NA 값을 빈 값으로 전체 변경하려면 찾기 및 바꾸기 대화 상자에서 찾을 내용 상자에 NA를 입력하고 바꿀 내용 입력란은 빈 값으로 둔다. Excel은 빈 셀을 누락된 데이터로 처리하고 AVERAGE()및 SUM() 등의 함수는 숫자 값이 있는 셀에 대해 올바른 요약 값을 반환한다.

불행히도 NA 값으로 가득찬 데이터(가령 R의 피자 데이터 집합)가 빈 셀로 교체되는 경우 또 다른 문제를 일으킨다. 워크시트에 1209개의 레코드를 분석할 때 라벨(예를 들어 그림 2-4의 M1)을 클릭 후 Ctrl 키를 누른 상태에서 아래쪽 화살표를 클릭하여 해당 변수를 선택할 수도 있다. 첫 활성 셀부터 마지막 활성 셀 아래에 비어 있지 않은 셀까지 모든 셀을 선택한다.

하지만 이 작업은 데이터 세트에서 10개 정도의 레코드만을 남길 것이다. M5를 빈 셀로 만들어 NA 값을 대체하자마자 열의 실제 최종 값을 찾는 작업은 M4에서 끝이 난다.

예로 들 수 있는 적절한 해결 방법은 입력 범위 상자에 M:M과 같이 열 머리글을 클릭하여 전체 열을 선택하는 것이다(그림 2-3 참조). 이 경우 처리 속도가 느려지지만 데이터 열에서 빈 셀을 모두 찾기 위해 한 번씩 아래쪽 화살표를 누르며 선택하는 것보다는 낫다.

또 다른 방법은 숫자 필드에서 텍스트 값을 처리하도록 설계된 워크시트 함수를 사용하는 것이다. AVERAGEA()는 텍스트 값을 적합한 0값으로 처리하지만 평균값에서는 누락값과 0값의 차이가 있다. 아래 공식은 2.4를 반환한다.

```
=AVERAGEA(1,2,"NA,"4,5)
```

NA를 0으로 처리하면 합계가 12이고 개수가 5이므로 결과는 2.4이다. 이후 결과가 NA 값을 완전히 무시하면 합계는 12이지만 카운트는 4가 되고 결과는 3이 된다.

Excel에서 이러한 문제에 대해 완전히 만족스러운 해결책은 없다. 선택 영역의 맨 위 행을 기반으로 이름을 정의하고 입력 범위 편집 상자에서 워크시트 주소 대신 정의된 이름을 사용할 수 있다. 그러나 Excel은 해당 방법을 사용하여 명명된 범위의 일부로 열 머리글을 포함하지 않으므로, 기술 통계는 결과에서 변수의 레이블을 표시할 수 없다. 편의성의 관점에서만 본다면 이 경우 R은 아마 Excel보다 더 나을 것이다.

Chapter 02

R의 DescTools 패키지 사용하기

R에는 DescTools라는 패키지가 있으며 독자가 쉽게 접근할 수 있는 기본 분석부터 좀 더 까다로운 고급 분석까지 다양한 기능을 제공한다

예를 들어, 둘 이상의 그룹 평균을 비교할 때 들 수 있는 한 가지 어려움은 Behrens–Fisher 문제이다. 그룹 평균에서 통계적 유의성을 검증하려는 경우 어려움이 발생한다.

두 그룹의 관측 수가 동일하지 않고 분산도 동일하지 않은 경우 다음 두 가지 결과 중 하나가 나올 수 있다.

- 큰 그룹일수록 분산이 커진다. 두 그룹의 분산을 풀링(Pooling)하는 프로세스는 큰 그룹이 풀링된 분산에 더 큰 영향을 주면서 인위적으로 t-검정의 분모를 증가시켜 t-분포보다 더 보수적(Conservative)인 것으로 믿도록 한다. 이 테이블은 그룹 크기와 그룹 분산 사이의 릴레이션으로 인해 알파 수준이 실제 0.005와 같을 때 귀무가설을 기각할 확률이 0.01이라는 것을 알 수 있다.
- 큰 그룹은 더 작은 분산을 가진다. 이 경우 더 큰 그룹은 더 많은 레코드가 있기 때문에 풀링된 분산에 더 큰 영향을 발휘한다. 그러나 이 경우 결과는 반대이다. 인위적으로 t-검정의 분모를 줄이면 기대했던 것보다 더 자유로운 t-검정이 된다. 다시 말해 명목 알파 수준이 0.01이면 실제 알파 수준은 0.05일 수 있다. 사용자는 사실상 이 귀무가설을 기각할 것이다.

이것은 t–검정을 실행하기 전에 알아야 할 사항이다. 동일하지 않은 그룹 크기의 원인에 따라 적합한 레코드를 추가하거나 제거하여 두 그룹이 동일한 수의 관측치를 갖도록 할 수 있다[그룹 크기가 같을 때 이분산(Unequal Variances)은 통계적 검정(Statistical Test)에 문제를 일으키지 않는다]. 또는 Behrens–Fisher 문제에 대해 완전히 만족스러운 해결책은 아니지만 Welch의 보정(Correction)을 사용하기로 결정할 수도 있다.

중요한 점은 R의 DescTools 패키지는 분석 과정에서 초기에 실행하려는 검정 종류를 만드는 데 필요한 도구를 제공한다는 점이다. 2015년 이전에는 대부분의 도구가 여러 패키지에 분산되어 있었다. 이로 인해 특정 초기 분석을 완료하기 위해 많은 시간이 소요되었지만, 이제 하나의 DescTools 패키지만 로드하여 접근할 수 있다.

Chapter 03

유용한 명령어 입력하기

DescTools은 Part 1에서 Excel 기술 통계 추가 기능을 설명하기 위해 사용한 피자 데이터 프레임을 갖추고 있다. 따라서 이 섹션에서는 피자 데이터 프레임을 사용하여 R의 기능을 설명한다. 다른 응용 프로그램이나 표준 쉼표로 구분된 값 ASCII 형식에서 데이터를 가져오는 단계는 필요 없다.

DescTools에는 매우 유용한 Desc 기능이 포함되어 있다. 이 기능을 사용하여 다음 중 하나에 대한 기술 통계를 얻을 수 있다.

- 단일 숫자 변수
- 명목(또는 범주형) 변수
- 상관관계를 얻기 위한 두 개의 숫자 변수
- 명목 변수 개별 수준에 따라 숫자 변수 평균값을 얻기 위한 명목 변수와 숫자 변수
- 분할표 테이블을 얻기 위한 두 개의 명목 변수

이 방법으로 Desc 함수를 사용하여 피자 데이터 프레임의 온도 변수에서 단일 숫자 변수에 대한 단일 변수 통계를 얻을 수 있다.

```
Desc(d.pizza$temperature)
```

Caution

글자를 더 쉽게 읽을 수 있도록 Temperature 같은 변수 이름은 대문자로 표시했다.
피자 데이터 프레임은 대문자로 표시하지 않으므로 R 사용자 인터페이스에서 명령어를 입력할 때 주의해야 한다. 예를 들어 R 구문은 대소문자를 구분하므로 true가 TRUE와 같지 않은 것처럼 Temperature가 temperature 변수를 식별하지 못한다.

Sheet 1 표기법 제어하기

대상 그룹의 가중평균을 찾으면서 R이 1.49e+02로 보고하는 값을 확인하는 것은 성가신 일이다. 1.49e+02가 149를 나타내는 것을 모두가 알고 있고 weight 평균을 구하는 정도의 일에서는 크게 문제될 것이 없지만, 다른 데에서는 심각한 문제를 야기할 수도 있다.

DescTools 패키지는 기본적으로 제곱은 표시할 때 'e'를 통해 표시하는 기수법을 사용하여 결과를 보고한다. 이것은 큰 수를 표현하는 편리한 방법이 될 수 있지만, 유효 숫자가 무엇인지 모호하게 만들기도 한다. 그러므로 필자는 보통 DescTools 패키지를 사용할 R 세션의 초기에 다음 명령을 입력한다.

```
options(scipen = 10)
```

이 경우 scipen 키워드는 10으로 설정된다(이 옵션은 DescTools에만 속하지는 않는다). 이 옵션은 penalty(scipen의 pen 부분)를 함수 결과에 적용하여 과학적(scientific, scipen의 sci 부분) 표기법을 149.41과 같은 고정된 10진수 표기법으로 대체한다. 이 경우 DescTools는 고정된 10진수 표기법의 자리수가 10자리를 넘어가기 전까지는 기수 표기법으로 전환되지 않는다.

그림 2-7과 2-8은 scipen 옵션 사용 유무에 다른 결과 차이를 보여 준다.

그림 2-7
요약 데이터의 기본 숫자 형식이 보기에 좋지 않다는 것을 알 수 있다.

	A	B	C	D	E	F	G
1							
2	> library(DescTools)						
3	> Desc(d.pizza$temperature)						
4	--						
5	d.pizza$temperature (numeric)						
6							
7	length	n	NAs	unique	0s	mean	meanSE
8	1.00E+03	1.00E+03	4.00E+01	4.00E+02	0	4.79E+01	2.91E-01
9							
10	0.05	0.1	0.25	median	0.75	0.9	0.95
11	2.67E+01	3.33E+01	4.22E+01	5.00E+01	5.53E+01	5.88E+01	6.05E+01
12							
13	range	sd	vcoef	mad	IQR	skew	kurt
14	4.55E+01	9.94E+00	2.07E-01	9.19E+00	1.31E+01	-8.42E-01	5.06E-02
15							
16	lowest :	1.93E+01	1.94E+01	2.00E+01	2.020e+01 (2e+00)	2.04E+01	
17	highest:	6.38E+01	6.41E+01	6.46E+01	6.47E+01	6.48E+01	

그림 2-8
scipen 옵션을 비교적 큰 값으로 설정하면 기본 기수법을 무시한다.

	A	B	C	D	E	F	G	H
1	> options(scipen=10)							
2	> Desc(d.pizza$temperature)							
3	--							
4	d.pizza$temperature (numeric)							
5								
6		length	n	NAs	unique	0s	mean	meanSE
7		1'209	1'170	39	375	0	47.937	0.291
8								
9		0.05	0.1	0.25	median	0.75	0.9	0.95
10		26.700	33.290	42.225	50.000	55.300	58.800	60.500
11								
12		range	sd	vcoef	mad	IQR	skew	kurt
13		45.500	9.938	0.207	9.192	13.075	-0.842	0.051
14								
15	lowest :	19.3	19.4	20	20.2 (2)	20.35		
16	highest:	63.8	64.1	64.6	64.7	64.8		

고정 10진수 표기법으로 기수 표기법을 무시하면 확실히 문제가 개선되지만 아직 문제가 해결되지 않았다. 결과의 첫 번째 행에 있는 1000단위 구분 기호는 아포스트로피지만 미국에서는 쉼표를 사용하는 것이 일반적이다. 다음 명령을 사용하여 결과의 정수 필드(길이, n, NAs, 고유 및 0)에서 쉼표를 호출할 수 있다.

```
options(fmt.abs=structure(list(digits=0, big.mark=","),
class="fmt"))
```

값이 모두 정수이기 때문에 digit이라고 하는 소수점 이하 자릿수를 0으로 지정했다. 1000단위 구분 기호는 big.mark이며 여기서는 쉼표로 설정된다.

R을 설명하기 위한 좀 더 빠른 길로 가보겠다. 그림 2-7과 2-8에서 처음 5개의 값은 각각의 관측 수이며 따라서 정수로 나타낸다. 레이블의 의미는 다음과 같다.

- Length : d.pizza 데이터 프레임의 레코드 수
- N : 가변 온도(Temperature)에 적합한 값의 수
- NAs : 가변 온도(Temperature)에 적용할 수 없는 값의 수
- Unique : 온도(Temperature)의 고유 값 수
- 0s : 온도(Temperature)에 0값이 나타나는 횟수

big.mark 옵션을 정수 변수의 쉼표로 설정하면 결과가 그림 2-9와 같이 나타난다.

그림 2-9

1000단위 구분 기호는 이제 쉼표로 나타난다.

	A	B	C	D	E	F	G	H
1	>options(fmt.abs=structure(list(digits=0,big.mark=","),class="fmt"))							
2	>Desc(d.pizza$temperature)							
3	--							
4	d.pizza$temperature(numeric)							
5								
6		length	n	NAs	unique	0s	mean	meanSE
7		1,209	1,170	39	375	0	47.937	0.291
8								
9		0.05	0.1	0.25	median	0.75	0.9	0.95
10		26.700	33.290	42.225	50.000	55.300	58.800	60.500
11								
12		range	sd	vcoef	mad	IQR	skew	kurt
13		45.500	9.938	0.207	9.192	13.075	-0.842	0.051
14								
15	lowest :	19.3,	19.4,	20.0,	20.2 (2),	20.35		
16	highest:	63.8,	64.1,	64.6,	64.7,	64.8		

Options문은 정수 변수(십진법이 아니며 현재 1000단위 구분 기호를 쉼표로 표시)에 설정되었지만 척도를 통한 평균이나 5개의 가장 작은("lowest") 그리고 가장 큰("highest")통계 값에는 영향을 미치지 않는다.

이는 Options문이 정수 형식에만 적용되었기 때문이다. fmt.abs 인수는 정수 변수에만 영향을 미치는 것으로 범위가 제한된다. 정수의 Options문에서 소수점 이하를 0자리로 설정했지만(digits=0) 소수점이 여전히 세 자리로 표시되고 있는 것을 볼 수 있다. 이를 변경하려면 DescTools에서 numeric이라 부르는 숫자 변수(mean, meanSE 등)에 대한 별도의 옵션이 필요하다. 부동소수점(Floating Point) 또는 배정밀도(Double−precision)로 고려할 수 있는 numeric 변수의 형식을 제어하려면 fmt.abs 대신 fmt.num을 지정해야 한다. 숫자 값이 1000단위 구분 기호로 쉼표를 사용하고 소수점 이하 5자리로 사용하기를 원한다고 가정해 보자.

DescTools에서 다음 명령을 사용할 수 있다.

```
options(fmt.num=structure(list(digits=5, big.
mark=","), class="fmt"))
```

그림 2-10

숫자 통계는 이제 소수점 다음 다섯 자리를 표시한다.

	A	B	C	D	E	F	G	H
1	>options(fmt.num=structure(list(digits=5,big.mark=","),class="fmt"))							
2	>Desc(d.pizza$temperature)							
3	--							
4	d.pizza$temperature(numeric)							
5								
6		length	n	NAs	unique	0s	mean	meanSE
7		1209	1170	39	375	0	47.93667	0.29055
8								
9		0.05	0.1	0.25	median	0.75	0.9	0.95
10		26.70000	33.29000	42.22500	50.00000	55.30000	58.80000	60.50000
11								
12		range	sd	vcoef	mad	IQR	skew	kurt
13		45.50000	9.93820	0.20732	9.19212	13.07500	-0.84187	0.05058
14								
15	lowest:	19.3,	19.4,	20.0,	20.2 (2),	20.35		
16	highest:	63.8,	64.1,	64.6,	64.7,	64.8		

이제 요약 통계를 확인할 수 있으므로 그림 2-10을 자세히 살펴보겠다. DescTools의 Desc 함수를 사용하여 이러한 통계를 호출할 수 있다.

✚ 평균

변수에 들어 있는 숫자 값의 평균이므로 R은 계산에서 NA 값을 생략한다. 피자 데이터 프레임에서 R로 계산한 Temperature 변수의 평균은 Excel에서 계산한 평균과 0.000000000000071만큼 차이가 난다.

✚ 평균의 표준 오차(meanSE)

이번 Part에서는 이미 이 함수의 의미와 사용법을 언급했다. 필자의 견해로 보자면, R은 모집단 버전이 아닌 표준 편차의 표본 버전을 사용하여 표준 오류를 적절하게 계산해 낸다. 사용자가 모집단 값에 중점을 둔다면 표준 오차와 같은 추론 통계(Inferential Statistic)를 계산할 필요가 없다. 표준 오차에 대한 Excel의 계산과 R의 계산은 소수점 14자리에서 달라진다.

✚ 7개의 분위수(Quantile)

Desc 함수로 분석된 숫자 변수에 대한 통계의 둘째 행을 차지하는 일곱 개의 값을 종합적으로 분위수(Quantile)라고 한다. 그들은 변수 분포의 백분위수로 각 5, 10, 25, 50, 75, 90 및 95번째에서 발견된 값을 나타낸다.

예를 들어, 그림 2-10은 Desc 함수가 26.70000을 ".05."라는 레이블이 붙은 5번째 백분위수로 반환함을 보여 준다. 통계를 확인하려면 다음 단계를 따른다.

① Temperature 변수는 1,170개의 적합한 숫자 레코드 n(또는 count)을 가진다.
② 1,170건의 레코드 중 5%를 구한다. 1170의 0.05배이므로 58.5가 된다.
③ Temperature의 레코드를 오름차순으로 정렬한다.
④ 정렬된 레코드의 58번째와 59번째 값은 모두 26.7이다.
⑤ 따라서 온도값 분포의 5 백분위수는 26.7이다.

마찬가지로, 1,170건의 90번째 백분위수 순위는 1,053번째 레코드(1,170건의 0.9배)이다. 데이터 집합에서 Temperature로 정렬한 1,053번째 레코드에는 Desc 함수에서 보고한 것처럼 58.8의 Temperature 값이 있다.

Desc의 결과에 나타나는 분위수 강조는 DescTools 패키지의 '견고한' 통계 기능을 보여 준다. 이 맥락에서 견고함의 의미는 가정 위반에 대한 분산 분석(Analysis of Variance) 같은 추론 분석의 견고함과는 거리가 멀다. 여기서 견고함이란 값의 분포가 변할 때 통계량이 변치 않는 것과 관련이 있다.

이러한 특징을 가장 잘 보여 주는 예는 분포 범위이다. 해당 분포에서 최댓값 및 최솟값을 제외한 어떤 값(들)도 변경할 수 있으며, 그 범위는 고정된 채로 변하지 않는다.

Desc가 보고하는 분위수도 반드시 같은 것은 아니지만 결과는 비슷하다. 예를 들어 5 백분위수 값을 변경하려면 해당 백분위수 아래에 새 값을 추가하거나 그 백분위 아래 지점을 값 위로 이동해야 한다.

필자의 개인적인 의견으로, 이런 특성을 '견고한' 것으로 언급하는 것은 솔직히 불편한 일이다. 이 용어는 일반적으로 바람직한 특성을 의미한다.

확실히 분산 순위의 사소한 변화가 분산 특성에 영향을 미치지 않았으면 할 때가 있다. 그러나 여러 이유로 단일 레코드가 이동할 때 자동으로 변경되는 분산 또는 상관관계와 같은 통계가 선호되는 경우도 많다. 이 문제에 대한 자세한 내용은 이번 Part 뒷부분에서 중위절대편차(Median Absolute Deviation) 또는 MAD를 참고하기 바란다.

Desc 함수를 다음과 같이 plotit 인수로 자주 호출할 것이다.

```
Desc(d.pizza$temperature, plotit = TRUE)
```

위와 같이 단변수 통계를 반환하면 plotit 인수는 그림 2-11에 보이는 차트를 호출한다.

그림 2-11
차트는 변수 분포의 특성을 판단하는 편리한 방법이다.

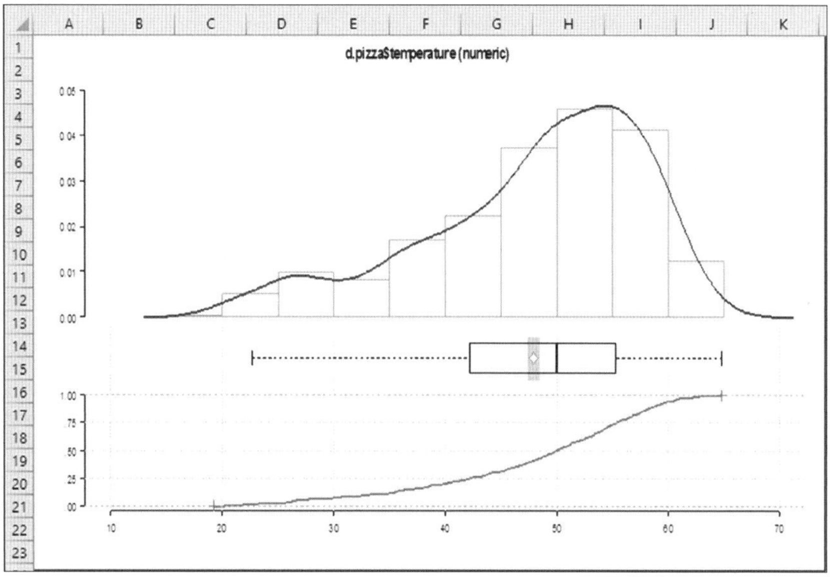

그림 2-11은 네 개의 차트를 보여 준다.

- 다른 관측치(Observations)의 상대적 빈도를 막대 그래프 위에 겹쳐서 표시하는 선형 차트
- 박스 앤 위스커(Box-and-Whisker) 플롯
- 누적 도수(Cumulative Frequency) 라인 차트

겹쳐지는 선형 차트와 막대그래프는 Temperature 범위가 5도인 관측 그룹을 기반으로 한다. 이 차트는 Excel에서 온도를 5도 단위로 그룹화한 피벗 차트를 삽입한 결과를 조합형 컬럼-라인 차트(Column-Line Chart)로 작성하여 얻을 수 있는 결과와 동일하다.

박스 앤 위스커 플롯은 좀 더 설명이 필요하다. 중앙 상자의 양 끝부분은 John Turkey가 Hinges라 명명한 부분으로, 각각 첫 번째와 세 번째(즉, 25 백분위수와 75 백분위수)를 나타낸다.

위스커의 끝점은 더 복잡하다. 박스-위스커 플롯 아이디어를 창안한 Turkey는 위스커를 1사분위에서 3사분위까지의 거리인 사분위 간 범위(Interquartile Range, IQR)의 1.5배 이하로 확장할 것을 권장했다. Desc(및 R의 다른 기능과 R이 아닌 다른 기능)는 권장 사항을 지키기 때문에 Desc에서 구현한 위스커의 끝점은 다음 규정을 따른다.

- 중앙값에서 한쪽 또는 다른 쪽까지 가장 멀리 떨어져 있음
- 상자 측면에서 IQR의 1.5배 이하

따라서 그림 2-11에서 하단 위스커의 끝점은 22.6이고 상단 위스커의 끝점은 64.8이다. 그림 2-12는 이러한 끝점을 계산하는 방법을 보여 준다.

그림 2-12

끝점 뒤 계산은 복잡하지는 않지만 이해하기 힘들다

F2 =QUARTILE(A2:A1171,1)

	A	B	C	D	E	F	G	H	I	J	K
1	temperature		Quartile	Percentile	Percentile's rank	Percentile's value	IQR	IQR * 1.5	Q1 - (IQR * 1.5)	Q3 + (IQR * 1.5)	Max value
2	19.3		Q1	25%	292.5	42.225	13.075	19.613	22.6125		
3	19.4		Q3	75%	877.5	55.300				74.913	64.8
4	20										
5	20.2										
6	20.2										
7	20.35										
8	20.4										

그림 2-12를 이해하기 위해 위아래의 끝점을 계산하는 방법은 다음과 같다.

① 상자의 아래쪽과 위쪽 가장자리(Hinges)는 셀 C2와 C3에 있는 1사분위(Quartile 1)와 3사분위(Quartile 3)에 해당한다. 또한 이 4분위 수는 셀 D2, D3에 표시된 25번째 및 75번째 백분위수에 해당한다.

② 셀 E2와 E3은 25%와 75%의 퍼센트를 차지하는 레코드의 순위를 보여 준다. Temperature 순서로 정렬된 레코드의 경우 해당 순위는 292.5와 877.5이다.

③ 순위 292와 293은 같은 Temperature 값을 가지며, 순위 877의 값과 878의 값도 같다. 따라서 실제 Temperature 값을 첫 번째와 세 번째 사분위 수 또는 차트 상자의 Hinges를 정의하는 데 사용할 수 있다. 이러한 실제 값은 F2와 F3 셀에 표시된다.

④ 사분위 간 범위(IQR)는 셀 G2에 표시되며, 1사분위와 3사분위의 Temperature 값 차이이다. IQR에 1.5를 곱하면 19.613이 되며 셀 H2에 표시된다.

⑤ 거의 끝나간다. 1사분위의 Temperature값에서 IQR*1.5(19.613)를 빼면 하단 위스커 끝점을 얻을 수 있다. 셀 I2는 계산 결과가 22.6125임을 보여 준다. 이를 그림 2-11과 비교해 보자.

⑥ 마지막으로 3사분위의 Temperature 값에 IQR*1.5(19.613)를 더하면 셀 J3에 있는 74.913을 얻을 수 있다. 그러나 이 값은 온도에 대한 최대 관측 값보다 크므로, 관찰된 최댓값을 상단 위스커의 끝점으로 사용한다. 셀 K3에 표시된 것처럼 최댓값은 64.8이다.

계산된 위스커 종단점 밖에 있는 관측 값이 존재할 때, R은 이 값들을 가려내어 이상치(Outliers)라고 명명한다.

Note

Excel의 박스 앤 위스커 플롯도 위스커의 끝점을 계산하고 이상치를 표시할 때 동일한 방법을 사용한다.

✚ 범위(Range)

범위(Range)는 분석 중인 변수의 정당한 수치에서 최대치와 최소치의 차이이며, 값들의 다양성에 대한 매우 정적인(혹은 견고하다고도 표현한다) 척도이다. 범위를 변경하지 않고 최솟값과 최댓값을 제외한 집합의 모든 값을 변경할 수 있다.

역사적으로 범위는 연산 능력이 제한적인 공장 환경에서 통계 프로세스를 제어하기 위한 가변성의 유용한 척도였다. 연필과 종이를 사용하여 범위를 기준으로 제어 한계를 빠르게 예측할 수 있다. 최근에는 컴퓨터를 쉽게 사용할 수 있어 이 한계를 제거했으며, 데이터 입력 때 발생하는 오류를 찾아내기에는 편리한 방법이다. 만약 환자의 체온 범위가 98.0°F에서 990.0°F로 적용되어 있으면 누군가가 소수점을 잘못 적을 가능성이 높다.

✚ 표준 편차(SD)

Desc 함수가 반환하는 표준 편차는 표본 버전이다. 즉, 데이터 집합이 모집단의 표본을 구성한다고 가정하고 모집단의 표준 편차를 추정하기 위해 자유도 또는 (n−1)로 나눈다. 이것은 이 장의 앞부분에서 논의한 평균의 표준 오차 계산과 일치한다. 피자 데이터 집합의 Temperature 변수의 경우 Excel과 R은 소수점 열네 번째 자리까지 동일한 표준 편차 값을 반환하며, 그 아래로는 둘 다 0을 반환한다.

✚ 변동 계수(Vcoef)

단변량 분석에서 변동 계수는 변수의 표준 편차와 평균의 비율이다. 결과 자체에 특별한 의미는 없지만 두 가지 변수가 얼마나 다른 변동성을 가지고 있는지 여부를 알 수 있다. 표준 편차와 평균은 동일한 단위를 사용하여 측정되기 때문에 표준 편차를 평균으로 나눔으로써 측정 척도의 효과를 제거하고 변수로 측정된 분산의 고유한 양을 표시한다.

비율이 1보다 작을 경우는 작업 빈도를 줄이기 위해 100을 곱하는 것이 일반적이다.

2010년과 비교한 1990년의 컴퓨터 프로그래머 급여의 변동성을 조사한다고 하자. 1990년 평균 급여는 40,000달러였고 표준 편차는 4,000달러였다. 2010년 평균은 60,000달러, 표준 편차는 6,000달러였고 변동 계수는 여전히 10이다. 이 측정에 따르면 표준 편차가 4,000달러에서 6,000달러로 증가했지만 변동성은 20년 동안 변하지 않았다. 여기서 달러의 구매력에 해당하는 척도는 수년에 걸쳐 변화했다.

동일한 접근법이 때로는 변수 대신 단위로 사용된다. 예를 들어 회사에서 내연기관용 피스톤을 제조한다고 가정한다. 자동차 엔진을 위한 피스톤 하나와 2행정 기관을 위한 더 작은 피스톤을 생산한다. 더 큰 엔진의 피스톤 링 직경은 75mm이고 표준 편차는 0.01mm이다. 2행정 피스톤의 직경은 평균 30mm이고 표준 편차는 0.007mm이다. 변동 계수는 자동 엔진 피스톤 링의 경우 0.01 / 75 = 0.0001이며, 자동 엔진 피스톤 링의 경우 0.007 / 30 = 0.0002이다.

따라서, 자동차 엔진 링 직경이 2행정 기관 엔진 링보다 큰 표준 편차를 가지더라도, 측정 단위의 효과가 비교에서 제거되면 2행정 기관 엔진 링의 직경이 더 큰 본질적 변동을 가진다.

변동 계수의 사용에 대한 다양한 주의 사항과 그에 따른 해결 방법이 있다. 일반적으로 평균 또는 비율의 절댓값을 취하여 변동 계수에 음의 값을 피하는 것이 좋으며, 0으로 나누거나 변동 계수 값이 너무 커지지 않도록 평균값이 0이거나 0에 가까운 변수도 피하는 것이 좋다.

✚ 중앙 절대 편차(MAD)

중앙 절대 편차 또는 MAD는 연속된 값에서 변동성을 추정하는 하나의 방법이다. 일반적인 접근법은 개별 값과 중심 경향 척도의 편차에 절댓값을 취하는 것이다.

분산 및 표준 편차와 같은 표준 변동성 측정 값은 제곱의 합계(Sums of Squares)에 대한 축약이며, 제곱된 편차(Sums of Squared Deviations)의 합을 줄인 값이다. 예를 들어 임의의 10개 값 평균에 대한 편차의 합은 값이나 값의 개수에 관계없이 항상 0으로 나타난다. 따라서 평균 편차는 변동성의 척도로서 이용가치가 없다.

합계를 기준으로 한 접근 방식은 이런 어려움을 극복하기 위해 합계를 계산하기 전에 편차를 제곱한다. 숫자의 제곱은 항상 양의 값을 가지므로 숫자에 어떤 변화가 있을 경우 변화가 커질수록 제곱의 합이 커진다.

제곱의 합을 값의 수로 나누면 분산이 된다. 분산은 편차 제곱의 평균이므로 관측 수와 무관하다. 그리고 분산에 제곱근을 취하면 표준 편차가 된다.

그러나 편차를 제곱하면 편차가 과대평가될 수 있다. 하나의 이상치는 큰 편차를 야기할 수 있고, 그렇게 큰 편차를 제곱하면 이후의 표본에서 나타나지 않는 분산의 추정을 야기할 수 있다. 제곱을 하지 않으면서도 양수 값을 가져오는 대안으로 절댓값을 취하는 방법이 있다.

이를 위한 한 가지 방법은 데이터 집합의 각 값의 편차를 집합의 평균(산술 평균)에서 가져오는 것이다. 각 편차의 절댓값을 구하고 평균을 구한다.

Desc 함수가 취하는 접근법은 평균(Mean) 대신 중간값(Median)을 사용하는 것이다(불행히도 평균(Mean)과 중간값(Median)이 똑같이 문자 'M'으로 시작하여 두 경우 모두 머리글자가 MAD로 표기된다). Desc 함수는 원본 데이터 집합의 중앙값에서 편차를 계산한 후 편차의 절댓값에서 중앙값을 찾는다.

특정 속성은 다른 통계량을 나타낸다. 예를 들어, 비편향성(Unbiasedness)은 바람직한 속성 중 하나이다. 비편향 통계량은 추정할 수 있는 모수(Population Parameter)를 일상적으로 과소평가하거나 과대평가하지 않는다. 표본 평균은 비편향성을 갖는 통계량이다. 모집단 평균과 같지 않을 수도 있으나(실제로는 거의 같다), 그렇다 하더라도 모수를 과소평가하거나 과대평가하지는 않는다.

반면에 표본 평균의 편차 제곱 평균(즉, 분산)은 편향된 통계(Biased Statistic)이다. 이는 일반적으로 모분산(Population Variance)을 과소평가한다. 이것이 표본 편차가 편향 보정을 위해 제곱 편차의 합을 n 대신에 (n−1)로 나눈 이유이다(표준 편차는 여전히 약간 편향되어 있지만 편향된 통계의 제곱근이 반드시 편향되는 것은 아니다).

통계의 또 다른 바람직한 특성은 일치성(Consistency)이다. 일치성 있는 통계는 기준이 되는 표본의 크기가 커지면 모수에 더 가까워진다. 일리노이(Illinois)주에 사는 모든 거주자의 평균 연령을 55로 가정해 보자. 일리노이에 거주하는 10

명의 임의 추출(Random Sample)은 평균 나이가 45세로, 10년 낮게 측정되었을 수 있다. 평균은 일치 통계량(Consistent Statistic)이기 때문에 100명의 일리노이 거주자의 임의 추출은 모수에 훨씬 더 가깝다(예 : 45 대신 52). 이는 일치 통계량을 나타낸다.

MAD의 사용자는 이 특성을 종종 모집단 표준 편차의 추정량으로 사용하고 싶어한다. 중앙값의 중앙 절대 편차(MAD)는 모수의 일관된 추정치는 아니다. 중앙값의 중앙 절대 편차에 상수 1.4826을 곱하면 MAD의 해당 버전이 모집단 표준 편차의 일관된 추정량이라는 것을 알 수 있다.

그림 2-13은 Desc 함수가 MAD로 보고하기 위한 계산을 보여 준다.

그림 2-13

열 A의 temperatures 목록에서 NA 값을 생략했다.

G2 | fx | =E2*F2

	A	B	C	D	E	F	G
1	temperature	Median temperature	Deviations	Absolute values of deviations	Median Absolute Deviation	Constant	MAD
2	53	50	3	3	6.2	1.4826	9.19212
3	56.4		6.4	6.4			
4	36.5		-13.5	13.5			
5	50		0	0			
6	27		-23	23			
7	33.9		-16.1	16.1			
8	54.8		4.8	4.8			
9	48		-2	2			

✚ 사분위 수 범위(Interquartile Range, IQR)

이 통계는 분포의 75번째 백분위수(또는 제3사분위 수)로서 25번째 백분위수(또는 1사분위 수)보다 쉽게 계산된다. IQR은 박스 앤 위스커 플롯 상자에서 위스커 사이의 거리를 정의한다(그림 2-11 참조).

✚ 비대칭도(Skewness)

비대칭도는 분포가 대칭에서 벗어나는 것을 나타내는 척도이다. 왜곡된 분포는 한쪽 꼬리에 묶인 값을 가지므로 대개 길고 좁은 반대쪽 꼬리가 생긴다. 길고 가느다란 꼬리가 분포의 왼쪽에 있다면 변수는 음의 방향으로 치우쳐 있으며 오른쪽이라면 양의 방향으로 치우쳐 있다고 표현된다. 그림 2-11의 분포는 음의 비대칭도를 보여 준다.

① 분포의 평균 및 표준 편차를 계산한다.
② 각 값에서 평균을 빼고 결과를 표준 편차로 나누어 각 값을 z-점수로 얻는다.
③ z-점수를 세제곱한다.
④ 원본값의 비대칭도를 결정하기 위해 세제곱 z-점수의 평균을 찾는다.

그림 2-14는 이 과정을 보여 준다. Desc 함수는 같은 방식으로 비대칭도를 계산한다(정규 분포는 비대칭도가 0.0이다).

그림 2-14
음의 비대칭도는 데이터 분포의 비대칭성을 나타낸다.

F2 =AVERAGE(E2:E1171)

	A	B	C	D	E	F
1	temperature	Mean temperature	Standard Deviation	Zs	Cubed z	Mean cubed z
2	53	47.93666667	9.93820393	0.50948173	0.132247	-0.841868
3	56.4			0.85159586	0.61759053	
4	36.5			-1.150778	-1.5239639	
5	50			0.20761632	0.00894921	
6	27			-2.1066852	-9.3497264	
7	33.9			-1.4123947	-2.817528	
8	54.8			0.69060098	0.32936812	
9	48			0.00637271	2.5881E-07	

✚ 첨도(Kurtosis)

첨도는 분포가 정상 곡선과 비교해 얼마나 뾰족해졌는지(혹은 얼마나 더 평평해지는지)를 측정한다. 다음을 제외하고 비대칭도와 거의 같은 방식으로 계산된다.

- z-점수는 세제곱 대신 네제곱으로 계산된다.
- 거듭제곱된 z-점수의 평균에서 상수 3을 빼는 것이 일반적이다.

정규곡선에서 4승으로 거듭제곱된 z-점수의 평균은 3이다. 평균에서 3을 빼면 정규곡선의 기울기가 0의 첨도를 가지는데, 비대칭도에서도 0을 나타내므로 편리한 결과라고 할 수 있다. 정규곡선보다 평평한 곡선은 음의 첨도를 가지며 보다 큰 곡선은 양의 첨도를 가진다. Desc 함수는 증가된 z-점수의 평균에서 3을 빼는 관습을 따른다.

그림 2-15

양의 첨도는 분포가 정상보다 약간 더 정점에 있음을 나타낸다.

F2 　 fx =AVERAGE(E2:E1171)-3

	A	B	C	D	E	F
1	temperature	Mean temperature	Standard Deviation	Z	z^4	Mean z^4 - 3
2	53	47.93666667	9.93820393	0.50948173	0.06737743	0.0505833
3	56.4			0.85159586	0.52593754	
4	36.5			-1.150778	1.75374416	
5	50			0.20761632	0.001858	
6	27			-2.1066852	19.6969299	
7	33.9			-1.4123947	3.97946171	
8	54.8			0.69060098	0.22746195	
9	48			0.00637271	1.6493E-09	

✚ 최저값 5와 최고값 5

주로 박스 앤 위스커 플롯에 표시된 이상치를 해석하는 데 도움을 주기 위해 Desc는 선택한 변수에서 5개의 가장 높은 값과 5개의 가장 낮은 값 목록을 표시한다. 동일값이 있는 경우 주어진 값에 대한 동일 레코드 수는 해당 값 뒤 괄호 안에 표시된다.

Sheet 3 명목 변수에서 Desc 함수 실행하기

Desc 함수는 명목 변수, 범주형 변수 및 이전 섹션에서 설명한 숫자 변수와 관련된 통계에 유용한 정보를 제공한다. 주로 빈도(Frequency)와 백분율로 구분되며 정보의 양은 숫자 변수보다는 희박하다.

그림 2-16은 Desc 함수로 분석할 때 명목 변수 Driver가 어떻게 나타나는지 예를 보여 준다.

그림 2-16

R의 명목 변수에 대한 분석은 단순한 카운트와 퍼센트로 제한된다.

	A	B	C	D	E	F
1	d.pizza$driver	(factor)				
2						
3	length	n	NAs	unique	levels	dupes
4	1,209	1,204	5	7	7	y
5						
6		level	freq	perc	cumfreq	cumperc
7	1	Carpenter	272	22.60%	272	22.60%
8	2	Carter	234	19.40%	506	42.00%
9	3	Taylor	204	16.90%	710	59.00%
10	4	Hunter	156	13.00%	866	71.90%
11	5	Miller	125	10.40%	991	82.30%
12	6	Farmer	117	9.70%	1,108	92.00%
13	7	Butcher	96	8.00%	1,204	100.00%

명목 변수에 제공된 데이터는 그림 2-17에 표시된 정렬된 막대그래프인 파레토(Pareto) 차트의 기초를 형성한다. Desc 명령으로 plotit = TRUE를 지정하여 차트를 얻을 수있다.

그림 2-17

정렬된 차트를 사용하면 가장 자주 발생하는 값과 가장 발생하지 않는 값을 쉽게 식별할 수 있다.

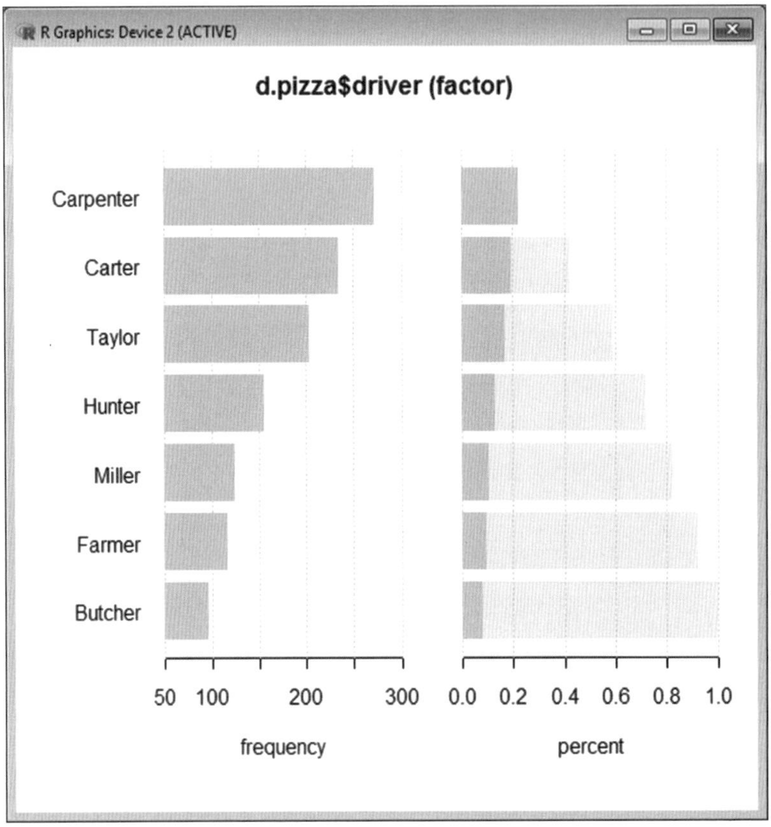

기본 순서는 빈도별 내림차순이다. 그러나 다음과 같이 ord 인수를 사용하여 오름차순으로 기본값을 변경할 수 있다.

```
Desc(d.pizza$driver,ord="asc")
```

아래와 같이 드라이버의 이름의 알파벳순에 따라 오름차순으로 값을 반환할 수도 있다(Desc 함수는 'level'이라는 용어를 사용하여 요소가 취할 수 있는 다양한 값을 나타낸다).

```
Desc(d.pizza $ driver, ord "level")
```

Chapter 04

Desc로 이변량 분석 실행하기

Desc 함수는 이번 Part에서 지금까지 이야기했던 단변수 분석뿐만 아니라 이변수 분석도 처리할 수 있다. 예를 들어 두 개의 숫자 변수를 분석하면 두 변수 사이의 상관관계를 알 수 있고, 숫자 변수와 요인을 분석하면 각 변수의 수준별로 숫자 변수를 분석할 수 있다.

Excel 및 대부분의 응용 프로그램에서 사용자에게 필요한 통계 분석[ANOVA, 다중 회귀(Multiple Regression), 상관 계수, 인자 분석(Factor Analysis) 등]과 분석 작업에 쓰일 변수명이 특별히 고안되어 있다.

DescTools 패키지는 두 변수의 이름을 물결표(~)로 구분하여 Desc 함수에 다음과 같이 첫 번째 변수를 두 번째 변수로 분석하도록 할 수 있다.

```
Desc(temperature ~ delivery_min, data=d.pizza, plotit=TRUE)
```

여기서 명령어는 Desc 함수에 Delivery_min(주문자에게 전달하기 위해 필요한 시간)을 기준으로 Temperature를 분석하도록 지시한다. 또한 데이터 프레임과 사용하려는 변수를 구분하기 위해 이번 Part에서 언급된 단변수 분석에 대한 이전 예제에서 아래와 같은 쉬운 구조의 사용법도 볼 수 있다.

```
d.pizza$temperature
```

두 개 또는 그 이상의 변수가 포함될 경우 조금 어색해 보일 수 있다. 따라서 Delivery_min 분석에 의한 Temperature에 'data='로 데이터 프레임의 이름을 지정하여 간단하게 변수 이름을 표시한다. 이것도 싫다면 다음과 같이 'data=' 부분을 생략할 수도 있다.

```
Desc(temperature ~ delivery_min, d.pizza, plotit=TRUE)
```

Sheet 1 2개의 수치 변수

앞의 예에서 Desc 함수는 인수에 지정된 두 변수가 모두 숫자 변수임을 인식하므로 수행할 분석 유형으로 상관관계를 선택한다. 경험 많은 Excel 사용자에게 익숙한 방법과는 다른 접근 방법이다. Excel에서는 상관관계 분석에 CORREL(), 회귀 분석에 LINEST()와 같은 유형을 선택해야 한다. 그런 다음 사용자는 다음과 같이 사용하고자 하는 변수의 워크시트 주소를 함수에 전달한다.

```
=CORREL(A1:A50,B1:B50)
```

그러나 DescTools를 이용하는 사용자는 분석할 변수의 이름을 지정하여 분석 종류를 선택한다. Desc 함수는 각 변수의 유형을 확인하여 그에 따라 반환할 결과의 종류를 지정한다. 이전 예에서 Desc는 두 변수가 숫자이므로 상관관계로 수행해야 함을 인지했다.

그림 2-18

변수의 성격에 대한 사용자 지식은 적용될 상관관계를 결정한다.

	A	B	C	D	E	F	G
1	> Desc(temperature ~ delivery_min,d.pizza,plotit=TRUE)						
2	--						
3	temperature ~ delivery_min						
4							
5	Summary:						
6	n pairs: 1,209, valid: 1,170 (96.8%), missings: 39 (3.2%)						
7							
8							
9	Pearson corr. :	-0.5753					
10	Spearman corr.:	-0.57344					
11	Kendall corr. :	-0.42186					

그림 2-19
이것은 R이 Kendall의 타우(tau)를 계산하기 위해 사용하는 접근법이다.

G16 =D14/(SQRT(G14-G11)*SQRT(G14-G12))

	A	B	C	D	E	F	G	H	I
1	Variable A	Variable B		S		Unique Values, Variable A	Count of Ties, Variable A	Unique Values, Variable B	Count of Ties, Variable B
2	1.5	2.5		8		1.5	2	2.5	2
3	1.5	2.5		8		3	1	7	1
4	3	7		1		4	1	4.5	2
5	4	4.5		5		6	3	1	1
6	6	1		5		8	1	6	1
7	6	4.5		5		9.5	2	11.5	2
8	6	6		5		11	1	8.5	2
9	8	11.5		-3		12	1	10	1
10	9.5	11.5		-2					
11	9.5	8.5		1		Kx	5		
12	11	8.5		1		Ky	4		
13	12	10							
14				34		n*(n-1)/2	66		
15									
16						Tau	0.5528638		

Note

그림 2-19에서 분석된 자료는 M.G. Al McLeod의 'Kendall 순위 상관관계 및 Mann-Kendall 추세 검정(Kendall rank correlation and Mann-Kendall trend test)'에서 인용된 M.G. Kendall의 Rank Correlation Methods, 4th Ed(Hodder Arnold, 1976)에서 가져왔다(https://cran.r-project.org/web/packages/Kendall/Kendall.pdf).

그림 2-18은 Delivery_min으로 수행한 Temperature의 통계 분석을 보여 준다. 그림 2-19는 R의 DescTools 패키지(또한 R이 지원하는 Kendall 패키지)가 Kendall의 타우를 계산하는 방법을 보여 준다. 타우를 계산하는 권장 사항 중 제일 좋은 방법은 수년 동안 변해 왔지만 전부 합치도(Agreements) 및 반전(Inversions) 계산[일치(Concordant) 또는 비일치(Discordant)라고도 한다)]에 기반한다. 상호 관계를 측정하는 대부분의 다른 방식은 한 변수의 평균과 다른 변수의 평균과의 거리를 한 쌍으로 기록하는 원래의 Pearson 적률 접근법(Product-moment Approach)에 의존해 왔다. 예를 들어 Spearman 순위에 대한 상관관계는 순위로 계산된(간격이나 비율 변수가 아닌) Pearson 상관관계보다 약간 크다.

Kendall의 타우를 개념화하는 한 가지 방법은 변수 A의 내림차순으로 레코드를 정렬하는 것이다. 그 다음 변수 B의 각 인스턴스가 나머지 인스턴스보다 큰 횟수를 계산한다. 이것이 합치도의 수이다. 또한 각 인스턴스가 나머지 인스턴스보다 적은 횟수를 계산한다. 이것은 반전의 횟수이다. 합치도의 수가 반전의 수보다 적은 수는 종종 S라고 말한다. 같은 순위가 없으면 S를 n(n−1)/2로 나눠 Kendall의 타우를 얻는다.

1970년대로 거슬러 올라가 당시의 통계 텍스트를 보면 아주 특이한 계산 방법을 찾을 수 있다. 필자는 대학에서 두 변수 중 하나의 순위에 따라 레코드를 정렬하는 작업을 했다. 그런 다음 두 개의 1 사이에 선을 하나 그리고 2 사이에도 다른 선을 하나 그린다. 마지막으로 교차선의 수를 구하면 그게 반전(Inversions)의 수였다. 그 당시에도 개인용 컴퓨터가 있었지만 이렇게 그림을 그려서 구하는 편이 HP 컴퓨터를 사용하는 것보다 더 적절해 보였다.

전에 살펴본 합치도/반전 이분법으로 사고하는 법을 통해 Kendall 접근 방식과 Pearson 적률 접근 방식의 차이를 더 잘 이해할 수 있게 된 점은 인정하지만, 이제 문제는 더 복잡해졌다. Desc의 접근 방식과 그림 2−19에서 볼 수 있는 접근 방식은 정렬 기준(Sort Key)으로 두 순위 집합 중 하나를 사용하여 레코드를 정렬하며 시작한다(Kendall 타우 계산에 대한 대부분의 접근 방식과 동일하다). 그 다음 그림 2−19는 셀 D2에서 아래 배열 수식을 사용한다.

```
=SUM(SIGN(A2-A3:A$13)*SIGN(B2-B3:B$13))
```

30년 가까이 Excel을 사용하면서, 그리고 다른 사람이 작업한 Excel 워크시트를 살펴보아도 SIGN() 함수가 2~3번 이상 사용된 것을 본 적이 없다. SIGN() 함수는 숫자를 인자로 취하며 숫자가 양수이면 1을, 0이면 0을, 음수이면 −1을 반환하는 함수이다

여기에서 사용된 대로 SIGN() 함수는 A2의 값에서 A3:A13의 각 값을 차감한다. A열 값에 따라 레코드를 오름차순으로 정렬하여 프로세스가 시작되었으므로, A3:A13의 모든 값이 A2의 값보다 크거나 같을 것으로 기대한다. 따라서 차감 결과는 음수 또는 0이 될 것이므로 SIGN() 함수는 −1 또는 0 중 하나를 반환한다.

배열 수식은 B2의 값과 B3:B13 값의 차이에 대해 유사한 연산을 수행한다. SIGN() 함수의 두 인스턴스가 모두 +1 또는 −1 중 하나를 반환하면 이들 계산 결과는 +1이 되며, 하나의 '합치도' 또는 '일치성'을 가진다. 순간적으로 같은 값

을 가지는 문제를 제외하면 A2 값과 B2 값은 둘 다 후속 행의 한 쌍의 값보다 작거나 크다. 여기서 SUM() 함수 내에 SIGN() 함수를 포함하면 결과가 합산된다.

그림 2-19에서 셀 A2 및 B2의 값은 행 4, 5 및 7에서 13까지의 값보다 작으므로 두 개의 SIGN() 함수의 곱셈 결과는 9개의 인스턴스에서 +1이 된다. 6행에서만 하나의 SIGN()이 1을 반환하고 다른 하나는 −1을 반환하므로 곱셈 결과는 −1이 된다. 셀 D2의 결과는 9에 −1을 더한 8이 된다.

D2 셀부터 D12 셀까지 배열 수식을 드래그하면 후속 행의 셀 수식과 대응하는 셀이 D3, D4 등으로 증가한다. 마지막 행인 13행에 대해 혼잡 참조를 사용했기 때문에(A$13 및 B$13) 비교 범위가 A3:A$13에서 A4:A$13, A4:A$13에서 A5:A$13 등으로 변경된다.

셀 D14는 D2:D12에 있는 배열 수식의 결과를 합산하고 타우의 분자인 S를 반환한다. 동일 순위값이 없을 때, 타우는 다음 공식으로 표시된다.

```
Tau = S / (n*(n-1)/2)
```

그러나 순위는 종종 동일값을 나타낸다. 따라서 그림 2-19의 F2:I12 범위에 표시된 다른 일련의 계산이 필요하다. 먼저 동일 순위에 속하는 총 레코드 수를 알아야 한다. Excel에서 가장 빠른 방법은 고급 필터 기능을 사용하는 것이다. 필자는 이 장의 다음 섹션에서 그 과정을 자세하게 살펴보겠다. 간단히 말해서 그림 2-19에서 필요한 계산 방법은 다음과 같다.

① F 및 H열에 데이터가 없는지 확인한다(고급 필터는 기존 데이터를 덮어 쓰며, 실행 취소로 복구할 수 없다).

② 리본 데이터 탭의 정렬 및 필터 그룹에서 '고급' 링크를 클릭한다.

③ '다른 장소에 복사'를 선택한다.

④ 목록 범위 편집 상자를 클릭하고 A1:A13을 드래그한다.

⑤ 복사 위치 상자를 클릭한 다음 F1 셀을 클릭한다.

⑥ '동일한 레코드는 하나만'이라는 체크박스에 표시한다.

⑦ 확인을 클릭한다. A열에 있는 고유한 등급 목록이 표시된다.

⑧ 열 B의 순위에 대해 2단계에서 7단계까지 반복하여 고유한 순위를 열 H에 배치한다.

⑨ 다음 수식을 G2 셀에 입력한다.

=SUM(IF(F2=A$2:A$13,1,0))

이를 G3부터 G9까지 드래그한다.

⑩ 다음 수식을 셀 I2에 입력한다.

=SUM(IF(H2=B$2:B$13,1,0))

⑪ 이 수식을 셀 G11에 입력하여 Kx라 불리는 변수 A에 대한 총 동일값을 얻는다.

=0.5*SUM(G2:G9*(G2:G9-1))

식에서 1을 빼는 것으로 인해(G2:G9-1) 동일값이 아닌 순위는 0을 반환하게 된다.

⑫ 수식을 셀 G12에 입력하여 Ky라 불리는 변수 B에 대한 전체 동일값을 얻는다.

=0.5*SUM(I2:I9*(I2:I9-1))

⑬ 하나의 변수에서 12개의 레코드에 대해 가능한 비교의 총 수를 n*(n-1)/2에 의해 반환한다. 여기서 n은 레코드의 수이다. 셀 G14에 다음 공식을 입력한다.

=12*11/2

⑭ 셀 G16에서 다음 공식으로 타우를 계산한다.

=D14/(SQRT(G14-G11)*SQRT(G14-G12))

주어진 14단계가 Desc와 동일한 결과를 반환한다는 것을 입증하려면 그림 2-20을 참조한다. 이 수치는 피자 데이터 집합의 Temperature 및 Delivery Minutes에 대한 계산을 수행한다. 그림 2-20의 셀 M12에 표시된 타우와 그림 2-18의 셀 B11에 표시된 타우를 Desc와 비교한다.

그림 2-20

Kendall의 타우는 피자 데이터 집합의 Temperature와 Delivery Minutes 사이 릴레이션에 적용되었다.

M12 =M5/(SQRT(M10-M7)*SQRT(M10-M8))

	A	B	C	D	E	F	G	H	I	J	K	L	M
1	delivery_ min	temper- ature	Rank minutes	Rank temperature	S		Unique delivery_min	Count of ties, delivery_min	Unique temperature	Count of ties, temperature			
2	8.8	60.1	2	1099	-1025		8.8	3	60.1	3		Pearson	-0.57530
3	8.8	58.8	2	1052.5	-934		8.9	1	58.8	4		Spearman	-0.57344
4	8.8	57	2	963.5	-758		9	3	57	6			
5	8.9	57.6	4	993.5	-817		9.1	5	57.6	4		S	-287584
6	9	59.9	6	1096	-1017		9.2	3	59.9	3			
7	9	58.2	6	1025	-879		9.3	2	58.2	7		Kx	2016
8	9	53.1	6	735.5	-306		9.4	6	53.1	8		Ky	2308
9	9.1	63.3	10	1162	-1142		9.5	6	63.3	1			
10	9.1	60.5	10	1112	-1044		9.6	3	60.5	7		n*(n-1)/2	683865
11	9.1	56.2	10	915	-664		9.7	3	56.2	9			
12	9.1	52.8	10	720	-278		9.8	4	52.8	7		Kendall's tau	-0.42186
13	9.1	45.7	10	391.5	377		9.9	5	45.7	6			
14	9.2	56.8	14	951	-733		10	6	56.8	7			

그림 2-20은 열 A와 B의 원본 간격 변수(Interval Variables)에서 계산된 표준 Pearson 상관 계수와 단순하게 변수의 순위에 적용된 Pearson 상관관계인 Spearman의 순위 상관 계수를 보여 준다. 두 경우 모두 Excel의 CORREL() 워크시트 함수가 사용된다. 그림 2-18의 B9:B10 범위에서 Desc가 반환한 결과와 비교해 본다.

그림 2-21
평활기(Smoother) 주변의 신뢰 구간에 주목한다.

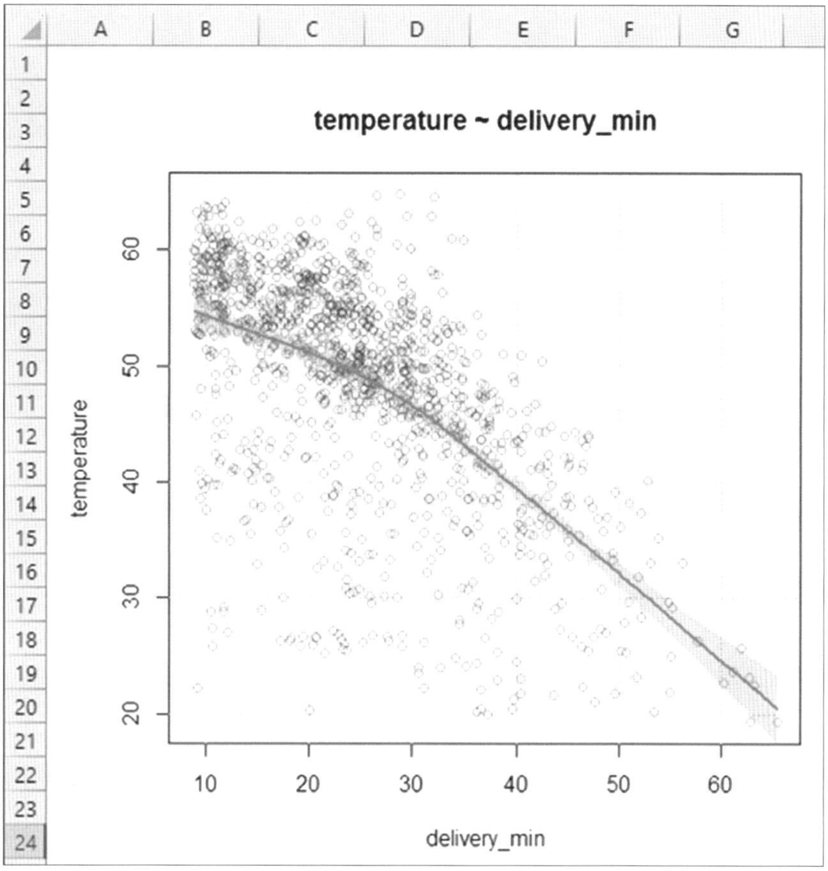

그림 2-21은 두 개의 숫자 변수를 지정한 Desc 함수의 인스턴스에서 plotit 인수를 TRUE로 설정할 때 얻는 분산형 차트를 보여 준다.

Excel 추세선과 유사한 음영 테두리가 있는 선은 종종 평활기(Smoother)라고 불린다. 이것은 다항식 추세선이 아니라 로컬 가중치 산점도 평활화(Locally Weighted Scatterplot Smoothing)에 의해 생성된 선이기 때문이다(LOWESS라는 약어로도 불리며, 최근 몇 년간 소문자 loess로 줄이는 경향이 있다). 이 기법은 Y변수에 대한 평활화 분율(Smoothing Fraction)을 계산하기 위해 X 변수에서 로컬 값(서로 인접한 X값의 하위 집합)을 사용한다. 평활화 값은 일반적으로 X 값에 따라 다르다.

Note

중앙값이나 평균을 쓰지 않는 이유는 X값이 균등하지 않을 수 있기 때문이다.

Desc 함수를 통해 plotit=TRUE를 호출하면 평활도선 주위의 신뢰 구간은 기본적으로 95%이다. 기본값을 변경하려면 아래와 같이 약간의 추가 작업이 필요하다.

- library(DescTools)
- plot(temperature ~ delivery_min, data=d.pizza)
- lines(loess(temperature ~ delivery_min, data=d.pizza), conf.level = 0.99, args.band = list(col=SetAlpha("blue," 0.4), border="black"))

세 번째 명령에서 신뢰 구간은 0.99 신뢰 수준으로 설정되었음에 주목하자. plot 명령을 사용하면 산포도를 만들 수 있다. lines 명령은 평활기 계산에 사용되는 변수를 지정하고 신뢰 구간의 크기와 차트 구성 요소의 색을 지정하는 데 사용할 수 있는 인수를 제공한다. 결과는 그림 2-22에 나와 있다.

그림 2-22

평활기 주변 신뢰 구간의 크기를 그림 2-21에서 사용한 95% 구간과 비교한다.

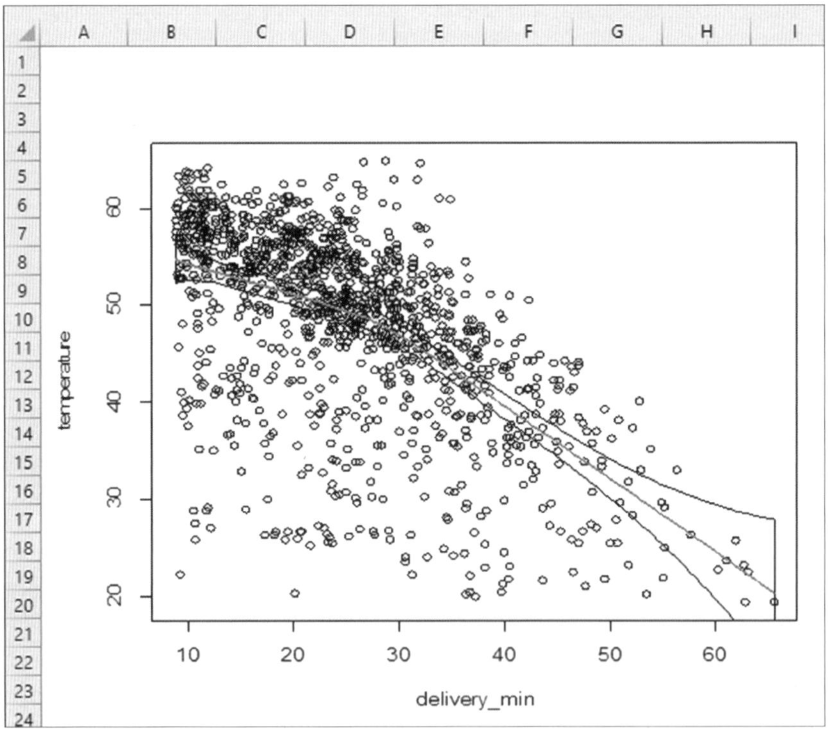

Sheet 2 요인으로 숫자 변수 나누기

배달된 피자 온도가 배달된 지역의 함수에 따라 다양해졌는지 관심이 있다고 가정해 보자. 최종적으로 분산 분석(ANOVA)과 같은 추론 검증을 결정한 경우 알파 레벨을 채택하여 시작할 수도 있다. 알파를 선택하기 전 평균 온도의 변화를 미리 알 수 없도록 설정할 수 있다.

Desc 함수를 사용한 아래 옵션을 선택하면 평균 온도에 대한 기초 정보를 얻을 수 있다.

```
> Desc(temperature ~ area, d.pizza)
```

그 결과는 그림 2-23과 같으며, Desc가 반환하는 분석 유형은 각 변수에 사용된 측정척도에 따라 다르다. 이 경우 함수의 요인에 보이는 것처럼 숫자 변수가 사용되었다.

그림 2-23의 일부 결과를 Excel 피벗 테이블을 사용하여 복제할 수 있다. 그림 2-24를 참조한다.

그림 2-23

Kruskal-Wallis 검정은 일원분산분석(One-factor ANOVA)에 대한 비모수(Nonparametric) 통계이다.

	A	B	C	D	E	F
1	> Desc(temperature ~ area, d.pizza)					
2	--					
3	temperature ~ area					
4						
5	Summary:					
6	n pairs: 1,209, valid: 1,161 (96.0%), missings: 48 (4.0%), groups: 3					
7						
8						
9		Brent	Camden	Westminster		
10	mean	51.13876	47.4203	44.2585		
11	median	53.4	50.3	45.9		
12	sd	8.73353	10.11051	9.83558		
13	IQR	10.5	12.2	13.2		
14	n	467	335	359		
15	np	40.22%	28.85%	30.92%		
16	NAs	7	9	22		
17	0s	0	0	0		
18						
19	Kruskal-Wallis rank sum test:					
20	Kruskal-Wallis chi-squared = 115.83, df = 2, p-value < 2.2e-16					
21	Warning:					
22	Grouping variable contains 10 NAs (0.827%).					

그림 2-24

Excel의 피벗 테이블은 사분위에 대한 정보보다는 평균, 표준 편차, 관측 수에 대한 정보를 제공한다.

	A	B	C	D	E
1	temperature	(Multiple Items)			
2					
3		area			
4	Values	Brent	Camden	Westminster	Grand Total
5	Average of temperature	51.1388	47.4203	44.2585	47.9383
6	StdDev of temperature	8.7335	10.1105	9.8356	9.9157
7	Count of temperature	467	335	359	1161
8	Percent of observations	40.22%	28.85%	30.92%	100.00%
9					

명령에 차트에 대한 요청을 포함하면 각 그룹화 수준에 평균값 플롯 및 박스 앤 위스커 플롯이 표시된다. 명령은 다음과 같다.

```
> Desc(temperature ~ area, data = d.pizza, plotit = TRUE)
```

그림 2-25를 살펴 보자.

그림 2-25

박스 앤 위스커 플롯은 그룹화 수준의 심각한 비대칭 존재 여부도 빠르게 알 수 있도록 해 준다.

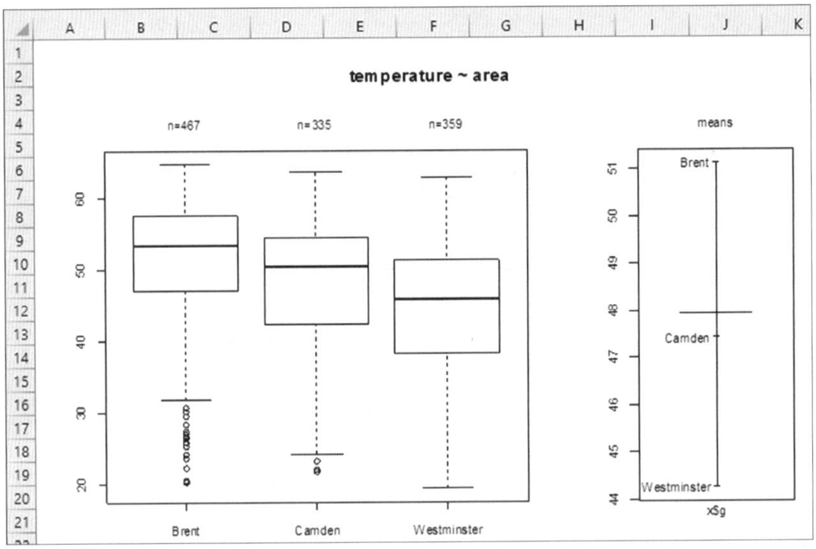

앞에서 설명한 것처럼 Desc 함수는 Area와 같은 요인으로 Temperature 같은 숫자 변수를 나눌 수 있다. 이는 그룹 평균 차이에 대한 신뢰도를 평가하는 데 유용한 정보를 제공한다.

그룹 평균 차이에 대한 신뢰도를 검증할 때 고려해야 할 그룹 평균이 두 개라면 t 검증을, 세 개 이상일 때는 ANOVA를 고려한다.

어떤 경우에는 순위에 따른 Kruskal-Wallis의 분산 분석을 고려해 볼 수 있다.

이것은 다음 사항을 염두에 두고 설계된 비모수 검증이다.

- 표준 ANOVA로 구한 중요한 가정은 사용 가능한 데이터로 충족되지 않을 수 있다.
- 데이터는 적어도 서수 정보(Ordinal Information)를 제공할 수 있다. 즉, 세 그룹의 자동차가 있고 해당 자동차(명목 변수) 외 다른 세부 정보가 없다면 이 검정은 도움이 되지 않는다. 그러나 각 차량의 갤런당 마일 수를 알면 검증이 가능하다.
- 데이터[Kruskal-Wallis 검정의 경우 순위(Rankings)]는 여러 가지 다른 가정을 충족시킨다. 예를 들어, 그룹화 요소가 실제로 순위에 영향을 주지 않으면 순위가 동일한 그룹으로 분할될 수 있다고 가정한다.

데이터가 ANOVA 통계 기술로 만들어진 중요 가정을 위반하지 않으면 Kruskal-Wallis보다 ANOVA를 실행하는 것이 좋다. 다른 기능이 동등하다고 가정했을 때, ANOVA와 같은 모수 검정은 비모수 방법보다 통계력이 좋다. 또한 Desc 함수는 때때로 Kruskal-Wallis 결과를 계산하고 표시하는 데 어려운 점이 있지만 ANOVA는 사용에 문제가 없다.

이유가 무엇이든, R의 결과를 Excel의 결과와 비교하기 위해서 Kruskal-Wallis 검정이 어떻게 구현되는지 아는 것은 중요하다. 늘 그렇듯이 Excel에서 계산하는 것이 R에서 계산하는 것보다 훨씬 이해하기 쉽지만 결과에 도달하는 단계는 더 지루하다. 특히 Kruskal-Wallis 검정의 경우 Excel을 사용하는 것이 R을 사용하는 것보다 훨씬 지루하다.

그림 2-26

Kruskal-Wallis 검정은 동일 순위가 없을 때 덜 부담스럽지만 사실 대부분의 경우에는 동일 값이 존재한다.

H2 | {=SUM(IF(G2=F2:F375,1,0))}

	A	B	C	D	E	F	G	H
1	area	temperature	rank		Unique ranks	Count of unique ranks	Unique count of unique ranks	Instances of each number of ties
2	Camden	53	724.0		1.0	1	1	128
3	Westminster	56.4	920.0		2.0	1	2	63
4	Westminster	36.5	168.0		3.0	1	3	57
5	Brent	50	580.5		4.5	2	4	42
6	Camden	27	65.5		6.0	1	5	28
7	Camden	33.9	127.5		7.0	1	6	20
8	Brent	54.8	838.0		8.0	1	7	12
9	Westminster	48	476.5		9.0	1	8	10
10	Brent	54.4	813.5		10.0	1	9	5
11	Westminster	28.8	77.0		11.0	1	10	5
12	Brent	51.3	652.5		12.0	1	11	1
13	Camden	24.05	27.0		13.0	1	12	2
14	Camden	35.7	153.0		14.0	1	14	1
15	Brent	53.6	761.0		15.5	2		
16	Westminster	51.3	652.5		17.0	1		1161
17	Brent	51	630.0		18.0	1		
18	Brent	47.7	467.0		19.0	1		
19	Brent	52.8	715.0		20.0	1		
20	Westminster	20	3.0		21.0	1		
21	Brent	52.4	696.5		22.5	2		

그림 2-26의 분석을 준비하기 위해 필자는 피자 데이터 파일에서 Area에 N/A 값을 가진 레코드(10개)와 Temperature에 NA 값을 가진 모든 레코드(38개)를 제거했다. 원래의 1,209개 레코드 중 1,161개는 Area와 Temperature 모두에 유효한 값을 유지했다. 이 기록들은 그림 2-26의 범위 A2:B1162에 있다.

열 C에는 각 레코드의 순위를 반환하는 워크시트 함수 RANK.AVG()가 포함되어 있다. 예를 들어 셀 C2에는 아래 수식이 들어 있다.

```
=RANK.AVG(B2,$B$2:$B$1162,1)
```

이 수식은 값 724.0을 반환한다. 즉, 셀 B2의 값 53은 B2:B1162에 기록된 온도의 724번째 최저값이며, B2:B1162에는 53보다 낮은 값이 723개 존재한다. RANK.AVG 함수의 세 번째 인수(숫자 1)는 B2:B1162의 데이터가 오름차순으로 정렬되도록 Excel에 지시한다. 이 인수가 0이거나 생략된 경우 Excel은 B2:B1162의 데이터를 내림차순으로 정렬한다. 이 경우 53의 Temperature 값은 가장 낮은 724번째 온도 값 대신 438번째 가장 높은 온도 값으로 보고된다.

RANK 함수에 대한 AVG 태그는 순위 변수에서 동일한 값이 발생했을 때 할당할 값을 Excel에 알려 준다. 예를 들어 27의 Temperature 값에 인스턴스가 두 개 있는 경우에 해당한다. 그림 2-26의 셀 B6의 값은 Temperature 27이고 셀 C6의 값은 Rank 65.5이다.

열 B의 Temperature 값이 정렬된 경우 값 27인 두 개의 레코드가 인접한다. 정렬 순서가 오름차순이면 순위는 65와 66이 된다. AVG 태그는 동일한 순위의 레코드에 순위의 평균(이 경우 65.5)을 할당하도록 Excel에 지시한다.

RANK.AVG() 대신 RANK.EQ() 함수를 사용하면 동일 레코드도 같은 순위를 갖게 된다. 방금 설명한 대로 두 순위에서 평균값을 산출하는 대신 Excel은 둘 중 첫 번째 순위를 할당한다. 따라서 숫자 21, 22, 22 및 23은 1, 2, 2와 4로 등급이 매겨진다.

다음 단계는 RANK.AVG() 함수가 반환하는 고유한 순위 목록을 가져오는 것이다. Temperatures 목록에 동일한 값이 존재하기 때문에 65.5등 같은 순위가 있으며, 이로 인해 순위 값을 단순히 1부터 1161까지의 정수로 나타낼 수 없다. 대신 고급 필터를 사용하여 C열의 고유 값을 반환한다. 방법은 다음과 같다.

① C1 셀의 레이블을 E1 셀에 복사하거나 E1이 비어 있는지 확인한다.

② C1:C1162를 선택한다.

③ 리본의 데이터 탭으로 이동하여 정렬 및 필터 그룹에서 고급 아이콘을 클릭한다.

④ '다른 장소에 복사' 옵션을 선택한다.

⑤ 복사 위치 상자에 E1을 입력한다.

⑥ '동일한 레코드는 하나만'의 체크박스를 선택 후 확인을 클릭한다.

E열의 결과는 동일 값인지에 따라 각 순위마다 하나의 값이다. 즉, C열에서 5순위가 정확히 하나의 레코드를 참조하고 6.5순위가 6번째 및 7번째 레코드와 공유된다고 가정해 보자. 또한 E열에서 순위 5의 인스턴스 하나와 순위 6.5의 인스턴스 하나를 찾는다고 하자. 고유한 순위 목록이 필요한 이유는 각 순위가 C열에서 발생하는 횟수를 계산하기 위해서이다.

E열에서 동일한 순위의 인스턴스가 여러 개 있는 경우(예를 들어 6.5순위의 인스턴스가 2개일 때) 각 순위의 레코드 수가 과다하게 계산된다. 예제에서는 C열에서 처음 발생한 6.5순위와 연관된 레코드 수를 계산한 다음, 다시(실수로)

두 번째로 발생한 수를 계산한다.

다음 단계는 동일값 여부에 관계없이 각 순위의 인스턴스 수를 계산하는 것이다. Ctrl + Shift + Enter를 사용하여 F2 셀에 다음 배열 수식을 입력한다.

```
=SUM(IF(E2=$C$2:$C$1162,1,0))
```

원하는 경우 아래 공식을 사용해도 된다.

```
=COUNTIF($C$2:$C$1162,E2)
```

수식은 동일한 결과를 반환하며, 선택은 사용자의 몫이다(필자는 배열 수식 접근법이 RAM의 관점에서 볼 때 약간 비용이 많이 들어도 설정한 조건을 더 잘 제어할 수 있다는 면에서 마음에 든다).

두 수식 모두 C열에 있는 각 순위의 인스턴스 수를 계산한다. 예를 들어 셀 F2는 열 C에 순위 1.0의 인스턴스가 하나 있고 셀 F5의 열 C에 순위 4.5의 인스턴스가 두 개 있음을 보여 준다. 후자의 경우 순위 4와 5가 있어도 Temperature에 동일한 값을 공유하므로 RANK.AVG() 함수는 각 레코드에 평균 4와 5 또는 4.5를 할당했다.

이 시점에서 우리가 할 일은 2개(2-레코드) 혹은 3개(3-레코드)의 동일 순위로 묶인 레코드 수를 얻는 것이다. 이 관측 수는 H로 표시된 Kruskal-Wallis 검정에서 기본 추론 통계를 계산할 때뿐 아니라, 여기처럼 동일 순위가 있을 때 C로 표시된 보정 계수를 계산하는 데 필요하다

동일한 값을 가지는 레코드 수를 얻으려면 F열의 수를 기본으로 다시 한번 고급 FILTER를 사용한다. 결과는 G열에 나타나는데, F열이 가지고 있는 동일한 순위의 유형을 보여 준다. 예제에서는 최대 14개의 레코드가 동일한 순위를 지니고 있음을 알 수 있다.

열 G에서 식별된 동일값 유형과 함께 다시 조건부 IF와 산술 SUM을 결합한 배열 수식을 사용하여 열 H의 각 유형별 수를 얻을 수 있다. 셀 H2에 다음 배열 수식을 입력한다.

```
=SUM(IF(G2=$F2:$F375,1,0))
```

원하는 경우 아래 공식을 사용할 수도 있다.

```
=COUNTIF($F$2:$F$375,G2)
```

H열을 통해 그림 2-26의 마지막 고유 동일값 유형인 셀 H14에 도달할 때까지 수식을 복사한다.

셀 H2는 이제 1-레코드 '동일값'의 수를 128, 2-레코드 동일값 수를 63, 3-레코드 동일값의 수를 57로 표시한다. 1-레코드에 대해서도 '동일값'이라 표현하였는데, 관련 순위가 단일 레코드 순위이기 때문이다. 예를 들어 Temperature가 53이고 순위가 724로 표시되는 하나의 레코드만 포함하는 128개의 순위가 있다. 적법한 동일값으로써 지금까지의 관측 수를 취급하기에 유용한 방법이다.

예를 들어 셀 H16의 숫자 1161을 확인한다. G2:G14의 값과 셀 H2:H14의 값을 곱한 합으로 계산된다. 결과는 C열에 있는 레코드 수이다. H2:H14를 합함으로써 각 유형의 동일값(1-레코드, 2-레코드, 3-레코드 등)으로 표현되는 레코드 수를 합산한다. 합계의 결과가 C열에 있는 레코드 수와 다른 경우 라인 어딘가에서 계산 오류가 발생했음을 알 수 있다.

그림 2-27
최종 계산은 그림 2-23에서 Desc가 제공한 결과와 동일하다.

F8 | =(12/(1161*(1161+1))*SUM(G2:G4))-(3*(1161+1))

	A	B	C	D	E	F	G
1	Number of tied ranks	Number of instances	Calculation of correction for ties		Area	Squared sum of ranks	Squared sum / n
2	2	63	378		Brent	1.05808E+11	226569012.8
3	3	57	1368		Camden	36020813472	107524816.3
4	4	42	2520		Westminster	25430202492	70836218.64
5	5	28	3360				
6	6	20	4200				
7	7	12	4032				
8	8	10	5040		H	115.8274448	
9	9	5	3600		C	0.999976462	
10	10	5	4950		H'	115.8301712	
11	11	1	1320				
12	12	2	3432		$\chi^2_{(.05,2)}$	5.991464547	
13	14	1	2730				

Kruskal-Wallis 분석은 그림 2-27에서 마무리된다.

그림 2-27에서 A열은 그림 2-26의 G열을 기반으로 한다. 필자는 그림 2-27에서 1-레코드의 '동일값'을 생략했다. 관측 수가 확인된 후에 더 이상 유용한 정보를 제공하지 않기 때문이다. 각 유형의 동일값 수는 그림 2-27의 B열에 표시된다.

C열은 동일값의 존재에 대한 보정 계산 작업을 시작한다. 셀 C2의 수식은 다음과 같다.

```
=B2*(A2^3-A2)
```

다시 말하자면, 각 2-레코드 동일값의 수를 취합하여(2-레코드임을 분명히 하자) 세제곱한다. 각 2-레코드 동일값의 레코드 수를 뺀다(역시 2-레코드임을 기억하자). 셀 C2에서 셀 B2에 있는 원본 데이터 집합의 이러한 동일값 수만큼 차이를 곱한다. A3:A13에서 찾을 수 있는 남은 동일값 유형에 이 과정을 반복한다.

주 통계 H를 계산한다. E2:E4 범위에 표시된 각 area별로 해당 영역에서 발견된 순위의 합을 계산하고 합계를 제곱한다. Brent 영역을 관리하는 배열 수식은 셀 F2에 있다.

```
=SUM(IF('Fig 2.26'!$A$2:$A$1162=E2,'Fig 2.26'!$C$2:$C$1162,0))^2
```

이 수식은 배열 수식이므로 Ctrl + Shift + Enter를 사용하여 입력해야 한다. 이 값은 '그림 2-26'의 워크시트 A2:A1162 값이 Brent 영역인 셀 E2의 값과 같은지 검증한다. A열의 값이 Brent와 같은 경우 수식은 C열에 해당 값을 추가하고 그렇지 않으면 0을 추가한다. 더 간단히 말하면, 이 공식은 Brent 영역에 대한 모든 레코드의 순위를 합산한다. 그리고 수식의 끝에서 그 합이 제곱된다.

수식을 F3 및 F4로 복사한다. 이것이 열 A와 C의 값을 절대 참조(Absolute References)로 설정한 이유이며, 그렇기 때문에 두 열에 대한 참조를 조절하지 않고도 수식을 두 행 아래로 복사하여 붙여 넣을 수 있다.

이제 F2:F4에 있는 3개의 제곱합은 각각 포함하는 레코드 수로 나누어진다. 예를 들어, Brent 영역에는 1161개의 레코드 중 467개가 포함되므로 셀 G2의 수식은 다음과 같다.

```
=F2/467
```

이와 유사하게, 다른 두 영역과 일치하도록 조정된 공식이 G3:G4에 있다. 각 영역의 레코드 수를 계산하는 수식을 작성할 수도 있는데(가령 COUNT() 함수를 사용하여), 원본 레코드가 변경될 경우 이는 더 안전한 방법일 수 있다. 그러나 어느 시점에서는 숫자의 단순성 또는 추가적인 수식의 안전성 중 하나를 결정해야 한다. 예상되는 특정 추론의 검증 수행 횟수가 한 번을 넘지 않을 경우 필자는 숫자의 단순함을 선택하겠다.

이제 H를 계산할 수 있는 시점에 도달하였다. 셀 F8에는 다음 수식이 포함되어 있다.

```
=(12/(1161*(1161+1))*SUM(G2:G4))-(3*(1161+1))
```

수식에는 원본 레코드 수에 관계없이 변경되지 않는 여러 값들이 들어 있다. N은 원본 레코드 수를 나타내며 여기서는 1161이다. 또한 S는 제곱된 총 순위의 합을 각 그룹의 레코드 수로 나눈 합계를 나타내며, SUM(G2:G4)의 값에 해당한다. 그 다음 H의 공식은 아래와 같다.

```
H = 12/(N*(N+1))*S-(3*(N+1))
```

마지막 수식에서 달라질 수 있는 유일한 두 가지 양은 총 관측 수인 N과 순위를 제곱한 순위 합계의 총합을 해당 그룹의 레코드 수로 나눈 S이다. 12, 3, 1은 모두 불변이다. 순위에 동일값이 없다면 G-1의 자유도를 가진 카이제곱 분포(chi-squre Distribution)에 H의 값을 비교할 것이다. 여기서 G는 그룹의 수이며, 이 경우 G는 3이므로 카이제곱 검정의 자유도는 2이고 셀 F8에 표시된 H의 값은 115.827이다.

H의 획득된 값이 카이제곱 분포의 95 백분위수를 초과하는 경우, 해당 그룹 중앙값 사이에 차이가 없다는 귀무가설을 기각하기로 결정하면서 이 분석을 시작했다고 가정해 보자. Excel에서 아래 수식을 사용하여 해당 값을 얻을 수 있다.

```
=CHISQ.INV(0.95,2)
```

여기서 2는 분포의 자유도를 나타낸다. 이 수식은 5.99값을 반환한다(그림 2-27의 셀 F12 참조). 얻어진 H의 값은 그 값의 거의 20배이다. 해당 그룹에서 나타나는 모집단이 동일한 Temperature 중앙값을 갖는 경우 5%만 5.99의 값을 얻는다. 중앙값이 같을 경우 115.827의 값은 그보다 훨씬 적으므로 앞의 귀무가설을 확실하게 기각할 수 있다.

그러나 이 경우에 동일 순위가 존재하기 때문에 동일 순위가 없는 경우는 H의 분포가 카이제곱 분포를 따르지 않는다는 것을 의미한다. 이를 위해 일반적으로 C로 표기하는 보정 계수가 필요하며, 다음 수식을 사용하여 셀 F9에서 계산된다.

```
=1-SUM(C2:C13)/(1162^3-1162)
```

값 1162는 원본 관측치 수에 1을 더한 값이다. C2:C13의 값을 사용하는 것은 C를 계산하는 데 제한되므로 동일 순위가 없으면 이 값을 계산하지 않아도 된다. C를 얻으면 H를 C로 나누어 다시 H'을 구하며, 이는 동일 순위 존재에 따라 수정된 H 버전을 나타낸다. 1161과 같이 관측 수가 많은 경우에 C에 의한 보정은 매우 작다.
그러나 셀 F10의 H'값인 115.83은 그림 2-23과 같이 Desc가 반환한 값과 정확하게 같다.

또한 그림 2-23에서 R은 자유도가 2인 115.83의 H를 관찰할 확률이 2.22e-16 미만임을 나타낸다. 이것은 Excel의 카이제곱 함수에 의해 반환된 값과는 다르다.

```
=CHISQ.DIST.RT(115.83,2)
```

결과는 7.04426E-26이다. 이는 매우 작은 두 숫자 사이의 매우 큰 차이를 나타낸다. 필자는 Excel과 R에서 사용되는 알고리즘의 차이를 짚어 보았고 이에 대해 걱정하지 않는다. 두 값 모두는 구해진 H가 해당 세 그룹에 대해 동일한 중간값이 있을 때 절대적으로 발생하지 않음을 의미한다. 그리고 이 값이 맞지 않을 것이라는 것을 상기시킨다. 이론적 분포의 중앙으로부터 멀리 있을 때 곡선 아래의 면적을 실제로 측정하는 것은 매우 어렵다.

유의해야 할 점은 첫째로 피자 데이터 집합의 데이터가 가상의 데이터란 점이며, 둘째로 실제 데이터인 경우에 이는 임의 표본(Grab Sample)이 된다는 점이다. ANOVA를 수행하든 Kruskal–Wallis 단방향 순위 합계 검정을 실행하든, 이 종류의 검정과 관련된 가정 중 하나는 그룹이 독립적인 표본을 구성한다는 것이다.

필자는 Brent가 어디 있는지, 또는 Camden이나 Westminster가 어디인지는 알지 못한다. 하지만 모두 동일한 피자 배달 서비스를 받고 있다면 서로 가까이에 있어야 한다. 따라서 해당 표본은 공간 의존적이다. 이들은 비슷한 트래픽 패턴, 범죄율, 주변의 외부 온도 등을 가지고 있어 동일한 모집단을 대표하는 다른 지역의 경우보다 훨씬 더 유사한 표본을 렌더링할 수 있다.

통계 검정의 유효성에 이런 종류의 위험요소를 감안할 때, 극도로 작은 두 가지 확률 측도의 차이(Probability Measures)에 대한 걱정은 잘못된 것이다. 그렇다고 해서 피자 데이터 집합이 잘못되었다고 무시하는 것은 아니다. 이는 DescTools 패키지에서 얻을 수 있는 결과를 보여 주는 용도로 유용하게 활용할 수 있다.

Chapter 05

다른 변수로 하나의 요인 분석하기 : 분할표

하나의 범주형 변수를 다른 변수로 분석할 때 또 다른 유형의 이변수 분석이 제공된다. R은 통계 분석에 관한 대부분의 자료와 함께 예를 들면, 자동차 제작 또는 정당 같은 범주에서 명목 기준으로 측정된 변수를 나타내는 factor를 사용함을 상기한다. 남성과 여성으로 구성된 공화당과 민주당의 수를 셀 경우 그 결과 테이블은 분할표(Contingency Table)라고 불린다.

Desc 함수를 피자 데이터 집합, Driver 및 Area의 두 가지 요소에서 실행한 결과를 살펴보겠다. 그림 2-28을 참조한다.

그림 2-28

이 표는 일반적으로 Desc 결과의 추론 통계를 따른다.

	A	B	C	D	E	F	G	H	I	J
1			driver							
2			Butcher	Carpenter	Carter	Farmer	Hunter	Miller	Taylor	Sum
3	area									
4										
5	Brent	freq	72	29	177	19	128	6	42	473
6		perc	6.00%	2.40%	14.80%	1.60%	10.70%	0.50%	3.50%	39.60%
7		p.row	15.20%	6.10%	37.40%	4.00%	27.10%	1.30%	8.90%	.
8		p.col	75.80%	10.80%	77.30%	16.20%	82.10%	4.80%	20.60%	.
9										
10	Camden	freq	1	19	47	87	4	41	142	341
11		perc	0.10%	1.60%	3.90%	7.30%	0.30%	3.40%	11.90%	28.60%
12		p.row	0.30%	5.60%	13.80%	25.50%	1.20%	12.00%	41.60%	.
13		p.col	1.10%	7.10%	20.50%	74.40%	2.60%	33.10%	69.60%	.
14										
15	Westminster	freq	22	221	5	11	24	77	20	380
16		perc	1.80%	18.50%	0.40%	0.90%	2.00%	6.40%	1.70%	31.80%
17		p.row	5.80%	58.20%	1.30%	2.90%	6.30%	20.30%	5.30%	.
18		p.col	23.20%	82.20%	2.20%	9.40%	15.40%	62.10%	9.80%	.
19										
20	Sum	freq	95	269	229	117	156	124	204	1,194
21		perc	8.00%	22.50%	19.20%	9.80%	13.10%	10.40%	17.10%	100.00%
22		p.row	.	.	.	.	.	.	.	.
23		p.col	.	.	.	.	.	.	.	.

(그림 2-28의 Desc에 의해 생성된 테이블이 SPSS의 이전 크로스 탭 프로시저 결과와 얼마나 흡사한지에 주목해야 한다.)

결과는 매우 직관적이다. 하나의 인수에 의해 취해진 값은 테이블의 열을 향하고 다른 요소의 값은 테이블의 행을 레이블링한다. 각 셀을 나타내는 백분율뿐만 아니라 셀의 수도 각각의 셀에 표시된다. 셀의 수를 행의 모든 레코드에 대한 백분율(해당 열의 모든 레코드 백분율)로 가져온다.

이러한 원시 관측 수는 종종 본질적으로 흥미롭다. 그들은 데이터의 예기치 않은 패턴을 밝히거나 연구원의 기대치를 확인해 줄 수 있다. 물론 심하게 오도(Mislead)될 수도 있다. 이 문제에 대한 더 자세한 내용은 이번 Part의 뒷부분에 나올 Simpson's Paradox 토론을 참조한다.

그림 2-28의 Desc를 사용하면 Excel에서 동일한 결과를 얻을 수 있다. 그림 2-29는 피벗 테이블을 사용하여 교차표를 얻는 방법을 보여 준다. 피벗 테이블의 데이터 소스는 그림 2-4에 있는 목록이다.

그림 2-29

이 피벗 테이블에는 적당한 사용자 정의가 필요하다.

	A	B	C	D	E	F	G	H	I
1		Column Labels							
2	Row Labels	Butcher	Carpenter	Carter	Farmer	Hunter	Miller	Taylor	Grand Total
3	Brent								
4	Count	72	29	177	19	128	6	42	473
5	Percent of total	6.0%	2.4%	14.8%	1.6%	10.7%	0.5%	3.5%	39.6%
6	Percent of row	15.2%	6.1%	37.4%	4.0%	27.1%	1.3%	8.9%	100.0%
7	Percent of column	75.8%	10.8%	77.3%	16.2%	82.1%	4.8%	20.6%	39.6%
8	Camden								
9	Count	1	19	47	87	4	41	142	341
10	Percent of total	0.1%	1.6%	3.9%	7.3%	0.3%	3.4%	11.9%	28.6%
11	Percent of row	0.3%	5.6%	13.8%	25.5%	1.2%	12.0%	41.6%	100.0%
12	Percent of column	1.1%	7.1%	20.5%	74.4%	2.6%	33.1%	69.6%	28.6%
13	Westminster								
14	Count	22	221	5	11	24	77	20	380
15	Percent of total	1.8%	18.5%	0.4%	0.9%	2.0%	6.4%	1.7%	31.8%
16	Percent of row	5.8%	58.2%	1.3%	2.9%	6.3%	20.3%	5.3%	100.0%
17	Percent of column	23.2%	82.2%	2.2%	9.4%	15.4%	62.1%	9.8%	31.8%
18	**Total Count**	**95**	**269**	**229**	**117**	**156**	**124**	**204**	**1194**
19	**Total Percent of total**	**8.0%**	**22.5%**	**19.2%**	**9.8%**	**13.1%**	**10.4%**	**17.1%**	**100.0%**
20	**Total Percent of row**	**8.0%**	**22.5%**	**19.2%**	**9.8%**	**13.1%**	**10.4%**	**17.1%**	**100.0%**
21	**Total Percent of column**	**100.0%**	**100.0%**	**100.0%**	**100.0%**	**100.0%**	**100.0%**	**100.0%**	**100.0%**

그림 2-29의 피벗 테이블을 만들려면 다음과 같은 일반적인 단계를 수행해야 한다.

① 삽입 탭의 표 그룹에 있는 링크를 사용하여 비어 있는 워크시트에 피벗 테이블을 삽입한다.

② 기본 데이터의 주소를 입력한다(이 경우, 그림 2-4의 목록 참조).

③ 피벗 테이블 필드 창에서 영역 필드를 행 영역으로 끌어 온다. 행 레이블 드롭다운 메뉴를 사용하여 피벗 테이블 행의 NA 값을 숨긴다.

④ 피벗 테이블 필드 창에서 driver 필드를 열 영역으로 끌어 온다. 열 레이블 드롭다운 메뉴를 사용하여 피벗 테이블 열의 NA 값을 숨긴다.

⑤ driver 필드를 Σ값 영역으로 드래그한다. 이제 각 영역에서 각각의 드라이버에 대한 레코드 수의 원시 카운트가 생긴다.

⑥ driver 영역을 Σ값 영역으로 다시 드래그한다. Σ값 영역에서 driver 필드의 두 번째 인스턴스 옆에 있는 드롭다운 메뉴를 클릭하고 값 필드 설정을 선택한다. 필드의 사용자 지정 이름을 총 백분율로 변경한다. 값 표시 형식 탭을 클릭하고 총합계 비율을 선택 후 확인을 클릭한다.

⑦ 이제 열 영역에 Σ값 항목을 가지고 있다. 바로 오른쪽의 드롭다운 메뉴를 클릭하고 행 레이블로 이동을 선택한다(Σ값 항목을 열 레이블 영역에서 행 레이블 영역으로 끌어 올 수도 있다).

4~7 단계를 두 번 반복하고 다시 한 번 퍼센트 행(6단계 참조) 및 열 비율(6단계 참조)의 요약 정보를 피벗 테이블에 삽입한다.

그림 2-28의 R 테이블 레이아웃을 보다 자세히 에뮬레이팅하기 위해 피벗 테이블 맨 아래에 있는 총합계를 숨기려면, 피벗 테이블의 아무 셀이나 마우스 오른쪽 단추로 클릭하고 바로가기 메뉴에서 피벗 테이블 옵션을 선택한다.

피벗 테이블 옵션 대화 상자에서 요약 및 필터 탭을 클릭하고 행 총합계 표시 또는 열 총합계 표시에서 둘 중 하나의 체크박스 선택을 취소하거나 둘 모두를 선택 취소한다. 값 필드의 하위 집합에 총계를 표시하도록 선택할 수 없으므로, R의 접근 방식을 따르지 않고 행의 백분율 및 열의 백분율에 대한 합계를 숨김으로써 테이블 합계의 수와 백분율만 표시할 수 없다.

Desc 함수는 분할표에 수반되는 몇 가지 추가 통계를 보고한다. 그림 2-30을 확인해 본다.

그림 2-30

Desc는 조사 결과의 신뢰성을 평가하는 데 이해를 돕고 테이블의 차원 간 관계 강도를 정량화하는 세 가지 통계를 보고한다.

	A	B	C	D	E	F
1	> Desc(area ~ driver, d.pizza)					
2	---					
3	area ~ driver					
4						
5						
6	Summary:					
7	n: 1,194, rows: 3, columns: 7					
8						
9	Pearson's Chi-squared test:					
10	X-squared = 1009.5, df = 12, p-value < 2.2e-16					
11	Likelihood Ratio:					
12	X-squared = 1020.9, df = 12, p-value < 2.2e-16					
13	Mantel-Haenszel Chi-squared:					
14	X-squared = 2.6144, df = 1, p-value = 0.1059					
15						
16	Phi-Coefficient 0.919					
17	Contingency Coeff. 0.677					
18	Cramer's V 0.650					
19						

driver와 delivery 지역 이름 대신 성별 및 정당 선호도에 따라 100명의 성인 표본을 분석한 표가 있다고 가정한다. 성별 및 정치적 선호도를 나타내는 두 변수가 서로 독립적인 경우 표 여백에 해당 빈도수를 반영하도록 각 셀의 관측치를 예상할 수 있다.

즉, 표본 대상자 중 50명이 여성이고 30명이 공화당을 선호한다면, 그리고 성별 및 정치적 선호도가 서로 독립적인 경우, 공화당 여성을 나타내는 셀에 50과 30을 곱해 100으로 나눈 만큼의 공화당 여성(15명)을 예상할 수 있다.

그러나 어떤 요인으로 여성을 지나치게 끌어 들인 공화당이라면, 15명의 공화당 여성 대신에 30명을 찾을 수 있을 것이다(똑같이, 민주당이 여성을 불균형적으로 끌어 들였을 경우 15명 대신 5명을 찾을 수도 있다). 어느 경우이든 해당 관측치는 예상되는 빈도에서 상당한 양을 벗어났을 것이다.

이 예는 성별과 정치적 선호라는 두 변수가 서로 독립적이지 않다는 좋은 증거가 될 수 있으며, 정당의 어떤 요소가 여성을 비정상적으로 끌어 당기거나 거리를 두게 한다. 모집단의 절반이 여성이고 모집단의 30%가 공화당을 선호한다는 이유로 원래의 기대치보다 더 많은(또는 더 적은) 사람들을 세었을 수 있다.

R의 Desc 함수가 보고하는 3가지 추론 통계는 분할표의 예상 빈도에서 벗어나는 이벤트가 랜덤인지(다음 표본에서 나타나지 않을 수 있는), 아니면 다음 표본에서 반복할 것으로 기대할 만큼 충분히 큰지 여부를 결정하는 데 도움이 된다. 이 통계들은 그림 2-30과 같이 Pearson의 카이제곱, 우도 비율 및 Mantel-Haenszel 카이제곱이며, Excel 컨텍스트의 뒷부분에서 어떻게 함께 계산하는지 설명할 것이므로 계산 방법을 더 쉽게 이해할 수 있을 것이다.

Desc 함수는 또한 파이 계수, 분할 계수 및 Cramer의 V를 보고한다. 이들은 Pearson 상관 계수와 유사하지만 간격 또는 비율 변수 대신 명목 변수와 함께 사용되는 테이블의 변수들 간에 릴레이션 강도를 나타내는 세 가지 척도이다. 이 또한 나중에 다시 설명하겠다.

이 세 가지 추론 통계 및 관계 계수는 주기 또는 비율 척도에서 측정된 변수에 일상적으로 사용되는 것보다 다소 복잡하다. 각 통계량은 카이제곱 값을 반환하며, 이 값은 Excel의 카이제곱 워크시트 함수 중 하나를 사용하여 검증할 수 있다. Excel은 워크시트 함수, 데이터 분석 추가 기능 또는 리본에 있는 명령을 통해 통계 자체를 기본으로 제공하지는 않는다. 다음 몇 섹션에서 설명하는 대로 특정 워크시트 함수 집합을 추가해야 한다.

Sheet 1 Pearson 카이제곱

이 통계는 그림 2-28과 2-29에 제시된 것과 같은 분할표의 차원이 서로 독립적인지 또는 차원에 결합 효과가 있는지 여부를 검증한다. 이 문제는 각 셀의 예상 빈도를 결정함으로써 해결된다. 예상 빈도는 셀의 행에 대한 전체 빈도를 셀의 열에 대해 전체 빈도로 곱하고, 표에 대한 전체 빈도로 나눔으로써 계산된다.

이 절차는 곧 간단하게 다시 설명할 것이다. 우선 그림 2-31은 산술적으로 동일하지만 더 빠르게 같은 결과를 얻는다는 것을 보여 준다.

그림 2-31

카이제곱 값을 찾는 더 빠른 방법이지만 개념적으로 도움이 되지는 않는다.

C14 =I7*(SUM(B10:H12)-1)

	A	B	C	D	E	F	G	H	I
1					Observed counts				
2	**Count**	**Column Labels**							
3	**Row Labels**	**Butcher**	**Carpenter**	**Carter**	**Farmer**	**Hunter**	**Miller**	**Taylor**	**Grand Total**
4	Brent	72	29	177	19	128	6	42	473
5	Camden	1	19	47	87	4	41	142	341
6	Westminster	22	221	5	11	24	77	20	380
7	**Grand Total**	**95**	**269**	**229**	**117**	**156**	**124**	**204**	**1194**
8									
9									
10		0.11537	0.00661	0.28923	0.00652	0.22204	0.00061	0.01828	
11		0.00003	0.00394	0.02829	0.18971	0.00030	0.03975	0.28986	
12		0.01341	0.47780	0.00029	0.00272	0.00972	0.12583	0.00516	
13									
14	Pearson Chi Square	chisq	1009.50319						
15		df	12						
16		p	1.697E-208						

그림 2-31은 피자 데이터 집합의 Area 및 Driver 변수에 대한 카이제곱 값에 몇 단계만에 도달하는 방법을 보여 준다. 원시 카운트로 제한되는(백분율 없음) 값 필드와 함께 분할표에서만 시작할 수 있다.

범위 B10:H12의 값 행렬을 가져오려면 셀 B10에 다음 수식을 입력한다.

```
=B4^2/(B$7*$I4)
```

즉, 셀 B4의 셀 수를 제곱한다. 그 다음 결과를 4행에 대한 전체 빈도(셀 I4)와 B열에 대한 전체 빈도(셀 B7)의 곱으로 나눈다.

가장자리 셀 B7 및 I4의 주소에서 달러 기호를 사용한다. 이들은 두 주소의 혼합된 참조를 작성하여 열 I에 대한 참조를 방해하지 않고 셀 B7을 오른쪽으로 드래그할 수 있으며, 역시 행 7에 대한 참조를 방해하지 않고 아래로 드래그할 수 있다.

이제 B10 셀에서 H10으로 채우기 핸들(Fill Handle)을 사용하여 드래그하거나 복사하여 붙여넣는다. B10:H10을 선택하고 B12:H12로 아래로 드래그한다. 이제 B10:H12에 행렬이 생겼다.

셀 C14에 다음 수식을 입력한다.

```
=I7*(SUM(B10:H12)-1)
```

결과로 1009.50319 값을 반환한다. 그림 2-30의 10행에서 Desc가 반환한 Pearson 카이제곱 값과 비교한다. 그림 2-32의 분석은 추가 단계와 함께 동일한 결과를 반환하지만, 원본값과 기대값을 비교하여 보다 명확하게 보여 준다.

그림 2-32
범위 B16:H18은 관측 빈도와 기대 빈도가 어떻게 비교되는지 보여 준다.

B16 | f_x =(B4-B10)^2/B10

	A	B	C	D	E	F	G	H	I
1					Observed counts				
2	Count	Column							
3	Row Labels	Butcher	Carpenter	Carter	Farmer	Hunter	Miller	Taylor	Grand Total
4	Brent	72	29	177	19	128	6	42	473
5	Camden	1	19	47	87	4	41	142	341
6	Westminster	22	221	5	11	24	77	20	380
7	Grand Total	95	269	229	117	156	124	204	1194
8									
9					Expected counts				
10		37.634	106.563652	90.71776	46.34925	61.79899	49.12228	80.81407	473
11		27.13149	76.8249581	65.40117	33.41457	44.55276	35.41374	58.26131	341
12		30.23451	85.6113903	72.88107	37.23618	49.64824	39.46399	64.92462	380
13		95	269	229	117	156	124	204	1,194
14									
15					(Observed - Expected)^2/Expected				
16		31.38177	56.4556484	82.0636	16.13794	70.91658	37.85514	18.64195	
17		25.16835	43.5239519	5.177325	85.93251	36.91189	0.881193	120.3572	
18		2.242705	214.107908	63.2241	18.48571	13.24986	35.70223	31.08561	
19									
20									
21	Pearson Chi Square	chisq	1009.50319						
22		df	12						
23		p	1.697E-208						

기대 빈도는 B10:H12 범위에서 명시적으로 계산된다. 각 기대 빈도는 주변값을 곱한 다음 테이블의 총합으로 나누어 계산한다. 예를 들어, 셀 B10의 수식은 다음과 같다.

```
=$I4*B$7/$I$7
```

공식의 달러 기호는 그림 2-31에서와 같은 기능을 수행한다. 이 변수를 복사하여 열 H와 행 12에 붙여 넣을 수 있다. B13:H13와 I10:I12 범위에 있는 기대 빈도 가장자리 값은 관측 빈도 가장자리 값과 동일하다.

그 다음 셀 B16에서 이 수식을 사용하여 관측 빈도 및 기대 빈도를 비교한다.

```
=(B4-B10)^2/B10
```

주변 셀에 대한 어떠한 주소도 제한할 필요가 없으므로 달러 표시도 사용되지 않는다. 이 공식은 단순히 관측값과 예상값의 차이를 제곱하여 기대값으로 나눈다.

관찰값과 기대값의 차이가 명백하게 클수록 공식에 의해 계산된 값이 커지고, 따라서 B16:H18에서 계산된 값의 합이 커진다. 총계가 클수록 다음 공식을 사용하여 셀 C21에서 계산된 카이제곱의 결과값이 커진다.

```
=SUM(B16:H18)
```

카이제곱 값은 그림 2-31에 보고된 값과 동일하다는 점에 주목하자. Excel의 CHISQ.DIST.RT() 함수를 사용하여 해당 값의 안정성을 검정할 수 있다. 그림 2-31의 셀 C16 및 그림 2-32의 셀 C23에서 사용된다. 카이제곱의 값이 동일하기 때문에 두 결과가 동일하다. 그림 2-32에서 사용된 수식은 다음과 같다.

```
=CHISQ.DIST.RT(C21,C22)
```

두 번째 인수인 C22는 검정에 대한 자유도이다. 이러한 방식으로 사용될 때, 분할표에서 분류의 독립성을 검정하기 위한 해당 자유도는 한 변수에 대한 범주 수에서 1을 뺀 것과 동일한 자유도를 다른 변수의 범주 수에서 역시 1을 뺀 수를 곱한다. 7개 카테고리를 지닌 Driver와 3개 카테고리를 지닌 Area에 대한 자유도는 (7-1)*(3-1) 또는 12이다.

두 개의 변수가 실제로 서로 독립적인 경우 카이제곱이 매우 커질 확률은 Excel에서 약 2분의 1에 10의 208승, Desc에서는 약 2분의 1에 10의 16승 정도로 보고된다.

필자가 여기서 그 차이점을 설명할 수는 없다. 다만 신경 써야 할 만큼 유의미한 차이가 아니라고는 말할 수 있다. 그런 엄청나게 작은 확률을 비교하는 것은 208개 원자의 양이 16개 원자의 양보다 의미있게 큰지에 대한 질문과 유사하다.

Sheet 2 우도 비율

분할표를 측정하면서 Pearson의 카이제곱과 같은 설정을 사용할 때, 우도 비율은 이전 섹션에서 논의한 것과 같은 추론을 제공한다. 우도 비율은 대체로 최대 우도 기법을 사용하여 개발된 방정식의 신뢰성을 평가하는 데 도움이 되는 로지스틱 회귀에서 자주 사용된다.

우도 비율 분석과 Pearson의 카이제곱 사이의 가장 큰 차이점은 우도 비율 분석이 관측 빈도와 기대 빈도 사이의 비율로 계산되는 반면에 카이제곱은 둘의 차이로 계산된다는 점이다.
그림 2-33은 분할표와 함께 우도 비율이 계산되는 방법을 보여 준다.

그림 2-33
Pearson의 카이제곱과 우도 비율은 관찰값과 기대값을 대조하는 것에 달려 있다.

B21 =2*SUM(B16:H18)

	A	B	C	D	E	F	G	H	I
1					Observed counts				
2	Count	Columr							
3	Row Labels	Butcher	Carpenter	Carter	Farmer	Hunter	Miller	Taylor	Grand Total
4	Brent	72	29	177	19	128	6	42	473
5	Camden	1	19	47	87	4	41	142	341
6	Westminster	22	221	5	11	24	77	20	380
7	Grand Total	95	269	229	117	156	124	204	1194
8									
9					Expected counts				
10		37.634	106.564	90.718	46.349	61.799	49.122	80.814	473
11		27.131	76.825	65.401	33.415	44.553	35.414	58.261	341
12		30.235	85.611	72.881	37.236	49.648	39.464	64.925	380
13		95	269	229	117	156	124	204	1,194
14									
15					Observed * LN(Observed / Estimated)				
16		46.711	-37.742	118.306	-16.944	93.202	-12.615	-27.488	
17		-3.301	-26.545	-15.528	83.252	-9.642	6.005	126.506	
18		-6.995	209.584	-13.397	-13.413	-17.446	51.468	-23.550	
19									
20									
21		1020.859	Likelihood ratio						

그림 2-33의 우도 1020.859는 그림 2-32의 카이제곱 값 1009.503에 매우 가깝다. 실제로 교차표의 변수가 상호 독립적일 때 두 통계는 이론상 카이제곱 분포를 따른다(따라서, 매우 특이한 카이제곱 또는 우도 비율을 얻는다면 변수가 독립적이지 않다는 것을 고려해야 한다). 두 통계의 분포는 표본 크기가 증가함에 따라 이론상 카이제곱 분포에 더 가까워진다. 두 통계는 일관된 추정량이다.

그러나 Pearson의 카이제곱은 우도 비율보다 이론상 분포에 더 빨리 수렴한다(즉, 표본 크기가 커질수록 더 빨리 수렴한다). 게다가 셀당 평균 관측 수가 5보다 작으면 우도 비율은 보통 Pearson 공식보다는 덜 정확한 카이제곱 추정치이다.

의심할 여지없이 반례를 찾을 수 있겠지만, 일반적으로 좋은 접근법은 Pearson의 카이제곱을 주요 기준으로, 우도 비율을 확인 수단으로 간주하는 것이다. Desc 함수는 기본적으로 두 통계를 모두 제공하므로 둘 다 사용할 수 있으며 그림 2-32 및 2-33과 같이 Excel 워크시트 수식을 사용하여 아주 쉽게 계산할 수 있다.

Sheet 3 Mantel–Haenszel 카이제곱

Mantel–Haenszel 카이제곱은 Area 및 Driver와 같은 두 가지 요소를 지정할 때 Desc 함수가 제공하는 세 번째 검정 통계이다. Pearson 카이제곱 및 우도 비율과 비교할 때 몇 가지 중요한 점에서 다르다. 가장 중요한 차이 두 가지는 다음과 같다.

- 테이블을 정의하는 변수는 서열 척도(Ordinal Scale)를 기반으로 한다고 가정한다. 이는 변수가 'First', 'Second' 및 'Third'와 같은 값을 가짐을 의미한다. 다음 Desc는 변수를 인수로 간주한다(Desc가 Mantel-Haenszel 카이제곱을 반환하는 데는 두 가지 요소가 필요하다). Desc 함수는 서수 'First'와 명목상 'Camden'을 구별할 수 없으므로 변수의 척도가 추정 검정을 준수하는지 여부를 결정하는 것은 사용자의 몫이다.
- Mantel-Haenszel 카이제곱은 일반적으로 세 번째 변수가 실행될 때 사용되며 2차원, 행 단위로 교차표를 정의하는 두 변수 외에도 사용된다. 이 세 번째 변수의 수준은 흔히 계층(Strata)이라고 한다.

Mantel–Haenszel 접근 방식을 사용한 분석은 계층이 존재할 때 가장 가치 있다. 이 연구의 시작은 1970년대에 캘리포니아 버클리 대학(University of California Berkeley)이 대학원 입학 프로그램에서 성적 차별로 논쟁이 일던 때로 거슬러 올라간다. 1973년 버클리의 입학 통계를 살펴보면 남성 지원자의 44%가 입학했지만 여성 지원자는 35%만이 입학했다는 통계를 보인다.

2×2(성별에 따른 입학상태) 분할표의 카이제곱 값은 0.001 수준에서 의미가 있었다. 이것은 성차별에 대한 일차적인 증거로 보인다.

그러나 좀 더 면밀한 검토를 통해 개별 학과의 입학 허가 결정이 여성 지원자를 선호하는 경향이 있음이 밝혀졌다(기본 학과 대 학과별 성비 불균형에서 2×2 표는 Mantel–Haenszel 분석의 계층이다). 이것은 Simpson의 Paradox라는 이름이 따로 있을 정도로 다른 연구에서 충분히 광범위하게 발생하는 모순이다
이것은 실제로 역설이 아니다. 여성 지원자는 경쟁률이 낮은 학과보다 경쟁률이 높은 학과에 더 많이 지원하였고, 그 결과 이런 현상이 발생하였다.

이 관점에서 볼 때 확실히 성차별은 사라진다. 예를 들어 원자 물리학과에 50명의 남성과 100명의 여성이 입학 신청을 하여, 각각 20%가 입학했고 생물 통계 학과에 50명의 남성과 50명의 여성이 입학 신청을 하여 각각 50%가 입학했다고 하자. 두 학과에 대한 기록을 보면 남성 100명 중 35명이 입학했으며(35%),

여성 150명 중 45명이 입학했다(30%). 하지만 학과별로 보면 각 성별의 20%, 50%가 입학한 것이 된다.

Mantel–Haenszel 카이 검정은 계층(strata, 일부 사람들은 'lurkers'라고도 한다)의 차이점을 고려한다. R의 Desc 함수가 이를 구현하기 때문에 Area와 Driver와 같은 두 차원만 제공되면 검정은 그 테이블 하나만을 사용한다. 그림 2–34는 이 경우 통계가 어떻게 계산되는지 보여 준다.

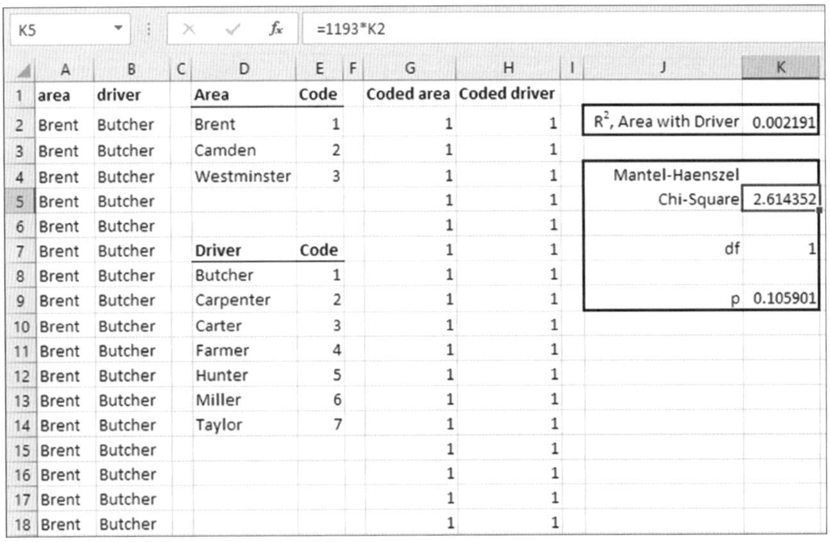

K5 =1193*K2

	A	B	C	D	E	F	G	H	I	J	K
1	**area**	**driver**		**Area**	**Code**		**Coded area**	**Coded driver**			
2	Brent	Butcher		Brent	1		1	1		R^2, Area with Driver	0.002191
3	Brent	Butcher		Camden	2		1	1			
4	Brent	Butcher		Westminster	3		1	1		Mantel-Haenszel	
5	Brent	Butcher					1	1		Chi-Square	2.614352
6	Brent	Butcher					1	1			
7	Brent	Butcher		**Driver**	**Code**		1	1		df	1
8	Brent	Butcher		Butcher	1		1	1			
9	Brent	Butcher		Carpenter	2		1	1		p	0.105901
10	Brent	Butcher		Carter	3		1	1			
11	Brent	Butcher		Farmer	4		1	1			
12	Brent	Butcher		Hunter	5		1	1			
13	Brent	Butcher		Miller	6		1	1			
14	Brent	Butcher		Taylor	7		1	1			
15	Brent	Butcher					1	1			
16	Brent	Butcher					1	1			
17	Brent	Butcher					1	1			
18	Brent	Butcher					1	1			

그림 2-34
먼저 변수의 범주를 서수, 숫자 값으로 변환해야 한다.

피자 데이터 집합의 변수 Area 및 Driver에 대한 값은 그림 2–34의 A2:B1195 범위에 있다. 설명을 위해 이 값들이 서열 척도의 구성원이라고 가정하자. 첫 번째 작업은 텍스트 값을 숫자로 변환하는 것이다. Area는 1~3, Driver는 1~7로 변경하였으며, 두 변수에 대한 한 쌍의 값은 D1:E4 및 D7:E14에 표시된다.

이제 그림 2–34는 Excel의 VLOOKUP() 함수를 사용하여 A2:B1195의 텍스트 값을 숫자로 변환한다. 예를 들어 셀 G2의 수식은 다음과 같다.

```
=VLOOKUP(A2,$D$2:$E$4,2)
```

셀 H2에서 수식은 다음과 같다.

```
=VLOOKUP(B2,$D$8:$E$14,2)
```

셀 G2:H2는 1195행을 복사하여 붙여 넣는다. Mantel-Haenszel 카이제곱 검정의 공식은 다음과 같다.

$(n-1)*R^2$

여기서 n은 분할표의 쌍을 이루는 관측치의 수(여기서는 1194)이고, R^2은 쌍을 이루는 값에 대한 R 제곱이다. Excel에는 정확하게 두 변수에 대한 R 제곱 값을 반환하는 워크시트 함수인 RSQ()가 있으므로 Mantel-Haenszel 카이제곱 값이 셀 K5에 주어진다. 이 검정의 자유도는 1이므로 셀 K5의 값에 대한 가능성은 셀 K9에 아래 수식으로 나타난다.

```
=CHISQ.DIST.RT(K5,1)
```

셀 K5와 K9의 값을 그림 2-30의 Desc가 반환한 값과 비교한다.

Sheet 4 릴레이션 강도 추정하기

Pearson의 카이제곱, 우도 비율, 그리고 Mantel-Haenszel 카이제곱으로 구성되는 Desc 보고서 세 가지 버전은 기본적으로 표의 값을 분포, 카이제곱 등 각 특성이 철저하게 연구되어 잘 알려진 정규 곡선과 비교할 수 있다. 그러나 카이제곱의 값은 자유도와 표본 크기의 영향을 크게 받기 때문에 카이제곱을 사용하여 변수 간 관계의 강도를 평가하는 것은 매우 어렵다.

이 때문에 파이 계수, 분할 계수 그리고 Cramer의 V와 같은 통계가 있으며, 이들이 Desc로 두 가지 요인에 대한 이변수 분석을 수행할 때 일반적으로 사용되는 마지막 통계 보고서이다.

그림 2-35는 이 세 가지 통계에 따라 계산되는 방법을 보여 준다.

그림 2-35

이 그림에서 계산된 세 계수의 값을 그림 2-30과 비교해 본다.

E19 =SQRT(C15/(I6*2))

	A	B	C	D	E	F	G	H	I
1					Observed counts				
2		Butcher	Carpenter	Carter	Farmer	Hunter	Miller	Taylor	Row totals
3	Brent	72	29	177	19	128	6	42	473
4	Camden	1	19	47	87	4	41	142	341
5	Westminster	22	221	5	11	24	77	20	380
6	Column totals	95	269	229	117	156	124	204	1,194
7									
8				(Cell Count)^2/(Column Marginal * Row Marginal)					
9		0.11537	0.00661	0.28923	0.00652	0.22204	0.00061	0.01828	
10		0.00003	0.00394	0.02829	0.18971	0.00030	0.03975	0.28986	
11		0.01341	0.47780	0.00029	0.00272	0.00972	0.12583	0.00516	
12									0.84548
13									
14									
15	Pearson chisq	chisq	1009.50319		0.91950	Phi-Coefficient			
16		df	12						
17		p	1.697E-208		0.67686	Contingency Coefficient			
18									
19					0.65018	Cramer's V			
20						2 is the smaller of #rows and #cols, -1			

파이 계수는 일반적으로 두 개의 이분법 변수를 포함하는 상황(즉, 2×2 교차표)에서 사용된다. Desc 함수는 테이블 크기에 상관없이 파이 계수를 계산하고 반환한다. 따라서 테이블을 정의하는 변수에 대한 지식을 기반으로 적절한 계수를 선택해야 한다. 둘 다 이분법인 경우 파이 계수는 릴레이션의 강도를 수치화한다.

다른 이러한 통계와 마찬가지로, 파이 계수는 관찰된 셀 빈도수(Observed Frequency)와 기대 빈도수(Expected Frequency, 가장자리 셀) 사이의 비교에 의존한다.

그림 2-35는 어떻게 파이 계수(phi coefficient)가 계산되는지 보여 준다. 그림 2-31의 셀 C14에서처럼 Pearson 카이제곱은 셀 C15에서 계산된다. 셀 E15에서 카이제곱 값을 테이블의 총 관측 수로 나눈 뒤에 제곱근을 취해서 파이 계수를 구한다.

파이 계수는 교차표로 정의된 두 개의 이분법 변수들 사이의 릴레이션 강도에 대한 적절한 척도임을 명심하자.

테이블의 항목이 Excel 목록 또는 R 데이터 프레임으로 표시되고 관측치가 각 변수에 0 또는 1이 있는 다른 레코드를 나타내는 경우, 두 변수 사이의 일반 Pearson 상관관계는 파이 계수와 같을 것이다. 그러나 두 변수의 이분법적 특성은 파이 계수에 추가적인 제약을 부과한다. 따라서 파이 계수를 Pearson 상관계수와 정확하게 같다고 생각하는 것은 오해가 발생할 소지가 있다.

그림 2-30과 2-35에서와 같이 두 변수 중 하나 또는 모두에 둘 이상의 값이 있는 경우 일반적으로 분할 계수(Contingency Coefficient)를 파이 계수보다 선호한다. 분할 계수는 표에 대한 카이제곱 값을 한 번 얻으면 이후 매우 쉽게 계산된다. 그림 2-35에서 셀 E17은 다음 공식을 사용하여 분할 계수를 반환한다.

```
=SQRT(C15/(C15+I6))
```

즉, 카이제곱의 합계와 관측 수에 대한 카이제곱 값 비율의 제곱근이다.

그림 2-35의 E19 셀에 표시된 Cramer의 V는 명목척도로 측정된 두 변수 간의 연관성을 측정한다. 많은 애널리스트들은 값 분산 방식에 특별한 제약 없이도 상한선이 Pearson 상관관계와 똑같은 1.0이기 때문에 파이 계수나 분할 계수보다 Cramer의 V를 선호한다. 셀 E19에서 사용되는 Cramer의 V의 공식은 다음과 같다.

```
=SQRT(C15/(I6*2))
```

여기서 셀 C15는 카이제곱에 대한 값을, 셀 I6은 분할표에 있는 관측 수를 포함하고, 2는 아래 두 값 중 작은쪽을 나타낸다.

- 테이블의 행 수에서 1을 뺀 값
- 테이블의 열 수에서 1을 뺀 값

Part 3

Excel과 R의 회귀 분석 (Regression Analysis)

Excel과 R 사이를 원활하게 이동하는 데 있어 장애 요소 중 하나는 두 응용 프로그램이 회귀 분석(Regression Analysis) 결과를 결합하는 방식의 차이이다. 예를 들어, Excel의 주요 회귀 함수는 LINESET()이며, 이는 회귀 방정식의 요소 및 방정식의 정확성과 안정성을 평가할 수 있는 여덟 가지 다른 통계를 반환한다. R의 주요 회귀 함수 중 하나는 lm(Linear Model, 선형 모델)이다. 일반적으로 lm은 LINESET()이 제공하지 않는 유용한 정보를 제공하지만 특정 이유로 인해 다양한 분석(모델 비교 등)에 필요한 회귀(Regression) 및 잔차 제곱합(Residual Sums of Squares)을 생략한다. 회귀와 잔차 제곱합을 더 알고 싶다면 다른 자료를 살펴보아야 한다.

Excel의 결과를 보조 도구 등으로 제시하는 방법에 익숙하지만 R 함수의 사용법을 모른다면 실망하여 R을 포기하고 Excel의 워크시트로 돌아갈 수도 있다. 이번 Part에서는 Excel에서 사용할 수 있는 회귀 함수, 도구 및 결과를 카탈로그로 작성하고 R 내부로 가져오는 방법에 대해 알아 본다.

Chapter 01
워크시트 함수

Excel은 회귀 분석에 직접 또는 간접적으로 몇 가지 관련된 워크시트 함수를 제공한다. Excel의 회귀 함수는 대부분 하나의 예측변수에서만 작동하며, 두 가지 이상의 강력한 함수는 둘 이상의 예측변수와 함께 작동한다 따라서 하나의 예측변수를 사용하는 회귀 분석 방법과 둘 이상의 예측변수가 있는 분석과 구분하는 것이 유용하다. 하나의 예측변수를 사용하는 회귀 분석의 표준 용어는 단순 회귀(Simple Regression)이며, 둘 이상의 예측변수를 사용하는 회귀 분석은 다중 회귀(Multiple Regression)이다.

Sheet 1 CORREL() 함수

Excel의 CORREL() 함수는 엄밀히 말해 회귀 함수는 아니지만 Pearson 상관 계수를 반환하며, 상관 계수는 단순 회귀 분석과 다중 회귀 분석의 핵심이다. 그러므로 여기서 CORREL()에 대해 논의하는 것이 적절하다.

Note

Excel은 또한 CORREL()과 똑같이 작동하고 동일한 결과를 반환하는 PEARSON() 함수를 제공한다.

그림 3-1은 CORREL() 함수를 사용하는 방법이다. 셀 E2는 워크시트의 Height와 Weight 간의 상관관계가 0.514임을 나타낸다.

그림 3-1

CORREL()의 인수에서 두 변수의 순서에 차이는 없다.

E2 =CORREL(B2:B21,C2:C21)

	A	B	C	D	E
1		Height	Weight		Correlation
2		61	95		0.514
3		62	122		
4		63	142		
5		64	109		
6		65	128		
7		65	190		
8		66	119		
9		66	182		
10		67	164		
11		67	125		
12		68	103		
13		68	154		
14		69	144		
15		70	156		
16		71	203		
17		72	124		
18		72	138		
19		73	165		
20		73	191		
21		74	186		
22					
23	Mean	67.8	147		
24	Standard deviation	3.776	31.138		

CORREL() 함수는 친숙한 Pearson의 적률 상관 계수를 반환하며 대개 r로 표시된다. 가능한 값은 −1.0에서 1.0까지이다. 0.0의 상관관계는 두 변수 사이에 관계가 없음을 나타낸다. −1.0 또는 1.0에 가까울수록 두 변수 사이의 상관관계가 강해진다.

하나의 상관 계수는 그 자체로도 물론 존재할 수도 있지만 꼭 인과 관계를 의미하지는 않는다. 신장과 체중값이 나열된 그림 3-1의 예제에서 일반적으로 키가 증가함에 따라 뼈의 길이가 증가하고, 더 긴 뼈는 더 무거운 뼈라는 것을 알고 있다. 신장의 차이가 체중의 차이를 야기함을 추론하는 것은 좋은 추론일지 모르겠지만, 원인을 입증하는 상관관계 자체에 대한 근거는 없다.

Sheet 2 COVARIANCE.P() 함수

그림 3-2는 상관관계를 반복하고 또한 B2:C21에서 발견되는 Height 및 Weight 값의 공분산(Covariance)을 보여 준다. 공분산을 계산하지 않고도 상관관계를 계산할 수 있지만 두 통계가 어떻게 관련되어 있는지 이해하면 상관관계의 의미가 명확해진다.

그림 3-2

COVARIANCE.P() 함수를 사용하여 이러한 계산을 건너 뛰고 결과를 얻을 수 있다.

C24 | =STDEV.P(C2:C21)

	A	B	C	D	E	F	G	H	I
1		Height	Weight	Height Deviation	Weight Deviation	Product		Covariance	
2		61	95	-6.8	-52	353.6		60.45	=COVARIANCE.P(B2:B21,C2:C21)
3		62	122	-5.8	-25	145		60.45	=AVERAGE(F2:F21)
4		63	142	-4.8	-5	24			
5		64	109	-3.8	-38	144.4			
6		65	128	-2.8	-19	53.2		Correlation	
7		65	190	-2.8	43	-120.4		0.514	=CORREL(B2:B21,C2:C21)
8		66	119	-1.8	-28	50.4		0.514	=H2/(B24*C24)
9		66	182	-1.8	35	-63			
10		67	164	-0.8	17	-13.6			
11		67	125	-0.8	-22	17.6			
12		68	103	0.2	-44	-8.8			
13		68	154	0.2	7	1.4			
14		69	144	1.2	-3	-3.6			
15		70	156	2.2	9	19.8			
16		71	203	3.2	56	179.2			
17		72	124	4.2	-23	-96.6			
18		72	138	4.2	-9	-37.8			
19		73	165	5.2	18	93.6			
20		73	191	5.2	44	228.8			
21		74	186	6.2	39	241.8			
22									
23	Mean	67.8	147						
24	Standard deviation	3.776	31.138						

셀 H2는 Height 및 Weight 값에서 COVARIANCE.P() 함수를 가리킨 결과를 보여 준다. 셀 H3은 처음부터 계산된 공분산을 보여 준다. 다음 단계는 COVARIANCE.P()가 사용자를 대신하여 수행하기 때문에 실제로 수행할 필요는 없다.

① 그림 3-2의 B23:C23에서 수행된 것처럼 각 변수의 평균을 계산한다.

② B2:C21의 각 키와 체중 값을 각각의 평균값에서 뺀다. 차이(혹은 편차)는 D2:E21에 나타난다.

③ 편차의 각 쌍의 곱을 형성한다. 해당 값은 F2:F21에 있다.

④ 공분산을 계산한다. 셀 H3에서와 마찬가지로 F2:F21에서 평균 결과를 찾는다.

H2의 COVARIANCE.P() 함수로 계산된 공분산은 H3의 처음부터 계산된 것과 동일하다. 다음과 같은 사항들을 염두에 두면 도움이 된다.

- 각 편차는 관측값에서 변수의 평균을 뺀다.
- 값이 평균보다 작으면 편차가 음수이다. 값이 평균 이상이면 편차는 양수이다.
- 두 값이 평균의 같은 쪽에 있을 때(둘 다 평균보다 크거나 혹은 작을 때) 그 값은 양수이며, 평균의 다른 면에 있을 때(둘 중 하나는 평균보다 크고 다른 하나는 작을 때) 결과는 음수이다.
- 편차의 크기와 그들의 부호를 곱한 값을 조합하면 공분산을 나타내는 평균량을 산출한다.
- 공분산의 부호는 편차가 양수끼리 짝을 이뤘는지 또는 양수 음수 섞여서 짝을 이뤘는지의 경향에 따라 달라진다.

공분산의 크기는 사용 중인 측정 척도에 크게 의존한다. 국민총생산과 국가 채무 간의 관계를 조사한다면 공분산은 상대적으로 커질 것이다. 사용자의 변수가 가계 소득과 개인 신용카드 부채라면, 공분산은 상대적으로 작아질 것이다.

따라서 측정 척도에 영향을 받지 않는 두 변수 사이의 릴레이션 강도에 초점을 두려면 공분산을 두 변수의 표준 편차의 곱으로 나눈다. 이렇게 하면 공분산이 −1.0에서 1.0 범위의 상관관계로 변환된다. 그림 3-2의 셀 H8에서 찾을 수 있으며, 훨씬 더 쉽게 해석된다. 이 셀은 H7셀의 CORREL() 함수로 계산된 키와 체중값 사이의 상관관계와 동일하다는 것을 알 수 있다.

Note

COVARIANCE.P의 끝에 있는 P는 모집단(Population) 또는 모수(Parameter)를 나타낸다. 값이 선호하는 모집단 전체 레코드를 나타내는 경우 COVARIANCE.P()를 사용한다. 값이 더 큰 모집단의 표본이면 COVARIANCE.S()를 사용한다. S는 표본(Sample) 또는 통계량(Statistic)을 나타내는 것으로 생각할 수 있다. 공분산과는 달리 CORREL() 함수에 의해 반환된 값은 데이터가 모집단인지 표본인지에 영향을 받지 않는다.

Sheet 3 SLOPE() 함수

이제 회귀 분석에 가까워지기 시작했으며 SLOPE() 함수는 상관관계와 회귀 사이에서 다리 역할을 한다. 그림 3-3은 Weight 값에 대한 Height 값의 분산 차트를 보여 주며, Excel에서 추세선(Trendline)이라 부르는 실선이 차트 중앙에 대각선으로 표시된다.

그림 3-3

개별 데이터 표시점이 추세선에 가까울수록 회귀 방정식에 의한 추정치가 정확해진다.

	A	B	C
1		Height	Weight
2		61	95
3		62	122
4		63	142
5		64	109
6		65	128
7		65	190
8		66	119
9		66	182
10		67	164
11		67	125
12		68	103
13		68	154
14		69	144
15		70	156
16		71	203
17		72	124
18		72	138
19		73	165
20		73	191
21		74	186

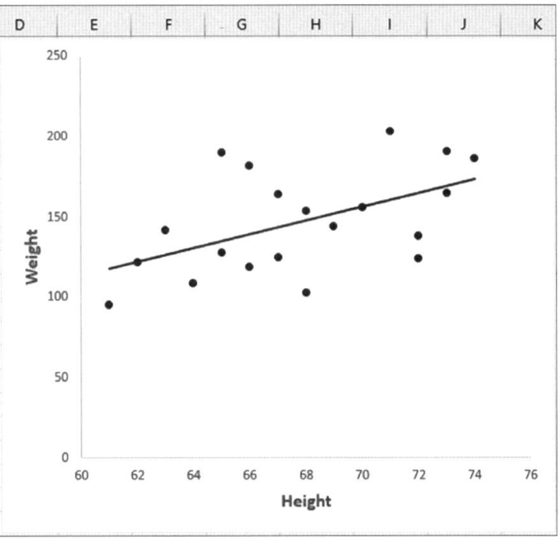

이 추세선은 워크시트의 값으로 측정한 Height와 Weight 사이 릴레이션에 대한 일반적인 방향을 보여 주며, 왼쪽 하단 사분면에서 오른쪽 위 사분면까지 실행된다. 즉, Height의 낮은 값은 Weight의 낮은 값과 쌍을 이루는 경향이 있고, 선이 높을수록 더 높게 나타난다. 이 특성은 두 변수 사이에서 양의 상관관계와 연관이 있다(음의 상관관계란 한 변수에 대한 더 높은 값이 다른 변수에서 더 낮은 값과 짝을 이룬다는 것을 의미한다). 또한 이 선은 회귀선(Regression Line)이라고도 불리며, Height에 대한 Weight의 회귀를 표시한다.

다른 변수에 대한 정보로 주어진 한 변수를 예측하거나 또는 대략적으로 예측하는 방법으로 추세선을 사용할 수 있다. 신장이 66인치인 사람의 체중을 추정하고 싶다고 하자.

그림 3–3에서 차트의 가로 축에서 66을 찾고 다시 위로 올라가 66인치가 추세선과 교차하는 지점에 해당하는 세로 축의 값을 읽으면 된다(물론 Excel과 R은 더 좋은 방법을 가지고 있으며, 곧 살펴보겠다).

직접 또는 추세선을 통해 추정값을 얻으려면 중학교 때 배웠던 것처럼 계속해서 올라가는 추세선의 기울기를 알아야 한다. 그림 3–4를 참조한다.

그림 3-4
기울기는 단순 회귀에 서만 의미가 있다.

	A	B	C	D	E	F
1		Height	Weight		Correlation	
2		61	95		0.514	=CORREL(B2:B21,C2:C21)
3		62	122			
4		63	142		Slope	
5		64	109		4.239	=SLOPE(C2:C21,B2:B21)
6		65	128		4.239	=E2*(C24/B24)
7		65	190			
8		66	119			
9		66	182			
10		67	164			
11		67	125			
12		68	103			
13		68	154			
14		69	144			
15		70	156			
16		71	203			
17		72	124			
18		72	138			
19		73	165			
20		73	191			
21		74	186			
22						
23	Mean	67.8	147			
24	Standard deviation	3.776	31.138			

Excel에는 기울기를 계산하는 워크시트 함수인 SLOPE()가 있다. 그러나 이 함수는 어떤 변수를 통해서 어떤 변수를 추정하고 싶은지(즉, 변수의 순서)가 중요하다. 이 예에서는 Height로부터 Weight를 추정하므로 그림 3-4에서 이 수식을 사용한다.

```
=SLOPE(C2:C21,B2:B21)
```

SLOPE() 함수의 구문은 다음과 같다.

```
=SLOPE(known_y's, known_x's)
```

Excel 문서는 예상값(Predicted Value)을 known_y's라 부르고 예측변수(Predictor Value)를 known_x's라 부른다. 따라서 Height로부터 Weight를 추정하기 위해 SLOPE()를 사용한다면, Weight값의 범위를 먼저 입력한 다음 Height값의 범위를 나중에 입력한다.

기울기와 상관관계는 무슨 관련이 있을까? 사실 상관관계는 기울기 값을 설명해 준다. 셀 E6에는 다음 공식을 포함한다.

```
=E2*(C24/B24)
```

이 수식은 E2 셀의 상관관계를 Height의 표준 편차에 대한 Weight의 표준 편차의 비율로 곱하며, 방정식을 원래의 측정 척도로 되돌린다. 셀 E5에서 SLOPE() 워크시트 함수와 동일한 값을 반환한다는 것에 주목하자.

사실 원래 값이 z-점수라면 상관 계수는 기울기를 나타낸다. Z-검정의 표준편차는 1.0이므로 상관관계에 표준편차의 비율을 곱하는 기울기의 공식에서 표준편차의 비율이 1이 되어 결과적으로 상관관계 자체를 나타내게 된다.

Sheet 4 INTERCEPT() 함수

간단한 단일 예측변수 회귀로 계산할 통계가 하나 더 있다. 절편(Intercept)은 기울기가 나타내는 값에 더해 주는 수치이며, 기울기와 절편의 합이 예측변수(x-value)로부터 구한 예측값(y-value)이 된다.

절편이라는 이름의 의미를 생각해 보자. 수직축이 원점에서 수평축과 교차한다고 가정한다. 추세선이 수직축과 교차하는 지점이 절편이며, 차트에서 회귀선의 높이를 측정한 값이다. 차트에서 회귀선의 기울기를 변경하지 않고 회귀선을 위 또는 아래로 이동할 수 있다. 회귀선의 높이 측정은 차트에서 선이 어디에 위치했는지를 알려 주므로 특정 값의 Height가 주어진 경우 추정 Weight의 값을 구할 수 있다.

Note

절편은 흔히 상수(Constant)라고도 불린다. 단순 회귀는 예측변수에 기울기를 곱하며, 그 결과는 예측변수에 비례한다. 결과에 상수인 절편을 더해 주면 더 이상 예측변수에 비례하지 않게 된다.

Excel은 이 구문을 사용하는 INTERCEPT() 함수를 제공한다.

```
=INTERCEPT(known_y's, known_x's)
```

구문은 SLOPE() 함수에 사용된 패턴을 따른다. 예측값 주소인 known_y's를 먼저 입력한 다음 예측변수의 주소인 known_x's를 입력한다.

SLOPE() 및 INTERCEPT() 함수의 결과를 통해 Height로부터 Weight를 추정할 수 있다. 그림 3-5를 참조한다.

그림 3-5
셀 F8은 신장이 60인치인 사람의 체중을 추정한다.

	A	B	C	D	E	F	G
1		Height	Weight		Slope		
2		61	95		4.239	=SLOPE(C2:C21,B2:B21)	
3		62	122				
4		63	142		Intercept		
5		64	109		-140.413	=INTERCEPT(C2:C21,B2:B21)	
6		65	128				
7		65	190		Height Value	Estimated Weight	
8		66	119		60	113.935	=E2*E8+E5
9		66	182				
10		67	164				
11		67	125				
12		68	103				
13		68	154				
14		69	144				
15		70	156				
16		71	203				
17		72	124				
18		72	138				
19		73	165				
20		73	191				
21		74	186				

그림 3-5의 접근법은 셀 E2와 E5에서 기울기와 절편을 따로 계산하는 것이다. 그 다음 셀 E8의 예측변수인 60과 결합되어 셀 F8에서 이 수식을 사용하여 추정 체중을 반환한다.

```
=E2*E8+E5
```

이 경우 회귀 방정식(기울기와 절편)을 사용하여 벤치마크 값(Benchmark Value)에 없는 키에 해당하는 무게를 추정하였다. 벤치마크 값이란 B2:B21에 있는 값으로, 기울기와 절편 기준을 형성하는 데 도움을 준다. 이것이 회귀 방정식의 일반적인 사용법이다. 매우 다른 맥락으로 예측변수로 회계 연도(1995, 1996 등)를, 예측값으로 총 수익을 사용할 수 있다. 그 결과로 나온 회귀 방정식을 사용하여 내년의 값(2019 등)을 입력하여 내년도 총 수익을 예측할 수 있다.

Note

방금 제안한 것처럼 시계열(Time Series) 데이터에 회귀를 사용하는 것은 까다로울 수 있으며 트랩(Traps)의 위치를 이해하려면 상당한 연구가 필요하다. 여기서는 회귀의 적용 범위를 제시하기 위해서만 언급하겠다.

한편, 기울기와 절편을 구할 때 사용된 예측값에 방정식이 반환하는 값을 살펴보는 것도 흥미로운 일이다. 그림 3-6을 참조한다.

그림 3-6
표시된 추정값은 회귀선을 생성한다.

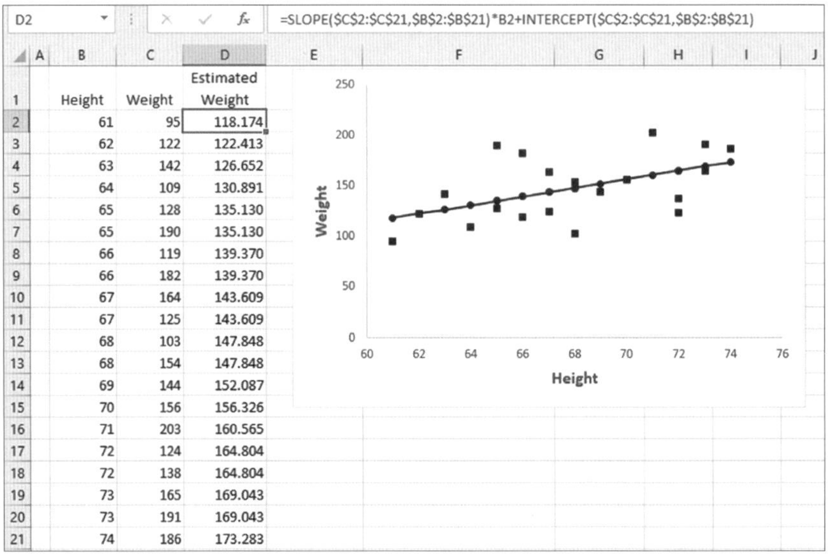
D2 =SLOPE($C$2:$C$21,$B$2:$B$21)*B2+INTERCEPT($C$2:$C$21,$B$2:$B$21)

	Height	Weight	Estimated Weight
2	61	95	118.174
3	62	122	122.413
4	63	142	126.652
5	64	109	130.891
6	65	128	135.130
7	65	190	135.130
8	66	119	139.370
9	66	182	139.370
10	67	164	143.609
11	67	125	143.609
12	68	103	147.848
13	68	154	147.848
14	69	144	152.087
15	70	156	156.326
16	71	203	160.565
17	72	124	164.804
18	72	138	164.804
19	73	165	169.043
20	73	191	169.043
21	74	186	173.283

계산된 기울기와 절편을 원본 Height 값에 적용하고 결과를 차트로 만들 때 그림 3-3과 같이 Excel 용어로는 추세선(Trendline)인 원본 회귀선을 얻을 수 있다(예측된 값은 원으로 표시되고 원본 값은 사각형으로 표시된다).

Sheet 5 RSQ() 함수

이 함수는 r-제곱 통계를 가져온다(이 책의 나머지 부분에서는 'r-제곱'을 R^2으로 표시할 것이다). R^2 통계는 나타내는 통계 값이나 개념 모두를 포함하여 일반적인 회귀 분석뿐만 아니라 특정 회귀 분석까지 이해하기 위해 중요하다고 할 수 있다.

Excel은 단순 회귀에서 R^2을 계산하는 RSQ() 함수를 제공한다. 흥미롭게도, RSQ() 함수는 Excel의 다중 회귀 방정식에 예측변수를 추가하며 결과를 검증할 때 유용할 수 있다.

그림 3-6을 다시 한번 보자. 회귀선에서 벗어난 원본 데이터의 표시점 각각은 해당 회귀선에서 측정 가능한 수직 거리이다. 이 차이를 추정오차(Error of Estimate)라고 한다. 이 회귀 방정식은 키가 68인치인 사람이 체중이 148파운드가

되어야 함을 알려준다. 키가 68인치이지만 무게가 103파운드인 사람은 148−103 = 45 파운드의 추정오차를 나타낸다.

회귀 분석의 모든 기록은 추정오차를 가진다. 살아 있는 존재에 관한 예측은 특히 정확한 것이 없으므로 추정오차를 가지는 것이 원칙이다. 그림 3−7은 이러한 측정 오류가 계산되어 회귀 분석의 의미를 구체화하는 방법을 보여 준다.

그림 3-7

추정오차에서 R^2으로 이동하기

I16 =DEVSQ(D2:D21)

	D	E	F	G	H	I	J
1	Estimated Weight	Error of Estimate	Squared Error of Estimate				
2	118.174	-23.174	537.030		Slope	4.239	
3	122.413	-0.413	0.171		Intercept	-140.413	
4	126.652	15.348	235.556				
5	130.891	-21.891	479.229				
6	135.130	-7.130	50.843		Sum of Squared Errors	14266.891	=SUM(F2:F21)
7	135.130	54.870	3010.669		Total Sum of Squares	19392.000	=DEVSQ(C2:C21)
8	139.370	-20.370	414.919		R^2	0.264	=1-(I6/I7)
9	139.370	42.630	1817.354				
10	143.609	20.391	415.805		R^2	0.264	=RSQ(C2:C21,B2:B21)
11	143.609	-18.609	346.284				
12	147.848	-44.848	2011.328		r	0.514	=CORREL(B2:B21,C2:C21)
13	147.848	6.152	37.849		Square of r	0.264	=I12^2
14	152.087	-8.087	65.399				
15	156.326	-0.326	0.106				
16	160.565	42.435	1800.711		Regression Sum of Squares	5125.109	
17	164.804	-40.804	1664.995		R^2	0.264	
18	164.804	-26.804	718.473				
19	169.043	-4.043	16.350				
20	169.043	21.957	482.089				
21	173.283	12.717	161.732				

그림 3−7에는 상당히 많은 수식 계산이 존재한다.

- 셀 I2 및 I3은 회귀 방정식의 기울기 및 절편을 반환한다. 이러한 셀은 각각 SLOPE() 및 INTERCEPT() 함수를 사용한다.
- 셀 D2:D21은 기울기와 절편을 B2:B21의 높이 값과 함께 사용하여 각 사람의 체중을 추정한다. 예를 들어, 셀 D2의 방정식은 다음과 같다.

  =$I$2*B2+$I$3
- 실제로 C2:C21에 있는 관찰 체중값과 D2:D21에 있는 추정 체중값의 차이는 E2:E21에 표시된다. 각 추정 체중값은 관찰 체중값에서 차감되어 추정오차를 반환한다. 이러한 추정오차는 흔히 잔차(Residuals) 또는 편차(Deviations)라고 한다.
- 열 E에 있는 추정오차들의 합은 항상 0이다(데이터 집합에 관계없이 언제나 같다). 그러므로 회귀 분석에서 추정오차의 전체 양을 구하는 것은 의미가 없으며, F열에서 추정오차를 제곱하여 이러한 문제를 해결한다.
- 셀 I6은 제곱된 추정오차를 합산한다. 약간 다른 맥락에서 이 합계를 잔차 제곱합(Residual Sum of Squares)이라고 한다.

- 셀 I7은 각 Weight 값의 평균으로부터 각 Weight 값의 제곱 편차합계를 반환한다. 조금 전 언급한 것과는 또 다른 맥락에서 이 값은 총 제곱합(Total Sum of Squares)이라고 한다.
- 셀 I8은 셀 I6의 잔차 제곱합과 셀 I7의 총 제곱합의 비율을 얻어 1.0에서 결과를 뺀다. 이 결과는 R^2을 나타낸다.
- 셀 I10에서는 RSQ() 함수를 사용하여 R^2을 직접 계산한다. SLOPE(), INTERCEPT() 함수와 마찬가지로 RSQ() 함수의 인수는 다음과 같다
  RSQ(known_y's, known_x's)
- 셀 I12는 Height와 Weight 값 간의 Pearson 상관관계를 보여 준다.
- 셀 I13은 Pearson 상관관계의 제곱을 보여 주며, 셀 I8 및 I10의 값과 같다. 상관 계수(Correlation Cofficient)인 r의 제곱이기 때문에 R^2이라 부른다.

R^2은 비율로 해석될 수 있다. 여기서는 Height로 나타나는 예측변수에 관한 정보로부터 예측 가능한 Weight 예측값의 변동성에 관한 비율이다. Weight의 변동성의 총량은 Excel의 DEVSQ() 함수를 통해 셀 I7에서 계산된다. 예측 불가능한 Weight 변동량은 셀 I6에서 잔차 제곱합에 의해 나타난다.

따라서 예측되지 않는 변동성(Unpredicted Variability)의 양을 전체 변동성으로 나누면 회귀 방정식으로는 예측할 수 없는 총계가 된다. 1.0에서 그 값을 빼면 예측할 수 있는 비율이 되며, 이것이 R^2이다. 물론 셀 I13에 표시된 것처럼 Pearson의 r을 제곱하면 쉽게 얻을 수 있지만 R^2과 예측치의 정확성 간의 릴레이션을 강조하지는 않는다.

추정오차의 이면에 나타나는 예측된 값을 통해 R^2에 도달하는 더 직접적인 방법이 있다. 셀 I16과 I17에 나타난다. 셀 I16은 추정값의 평균으로부터 구한 각 추정값의 편차 제곱의 합이다. 이를 총 제곱합으로 나누면 R^2을 바로 구할 수 있다. 다시 말하면, R^2은 예측변수로부터 예상할 수 있는 예측값의 전체 변동성 비율이다.

Sheet 6 The LINEST() 함수

LINEST() 함수를 사용하면 Excel 워크시트에서 다수의 예측변수를 다룰 수 있다. 그러나 LINEST()는 지금까지 조사한 Height 및 Weight 데이터 집합을 포함하는 단순 회귀(Simple Regression)를 처리할 수도 있다. 그림 3-8을 참조한다.

그림 3-8

LINEST() 함수는 배열로 입력되어야 한다.

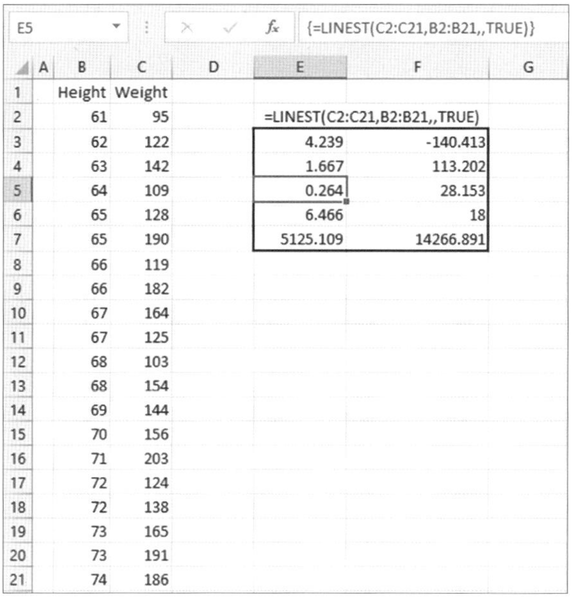

E5 | {=LINEST(C2:C21,B2:B21,,TRUE)}

	A	B	C	D	E	F	G
1		Height	Weight				
2		61	95		=LINEST(C2:C21,B2:B21,,TRUE)		
3		62	122		4.239	-140.413	
4		63	142		1.667	113.202	
5		64	109		0.264	28.153	
6		65	128		6.466	18	
7		65	190		5125.109	14266.891	
8		66	119				
9		66	182				
10		67	164				
11		67	125				
12		68	103				
13		68	154				
14		69	144				
15		70	156				
16		71	203				
17		72	124				
18		72	138				
19		73	165				
20		73	191				
21		74	186				

그림 3-8에서 E3:F7 셀 범위는 LINEST() 함수를 배열 입력한 결과를 보여 준다. 이 경우 다음 단계를 사용하여 LINEST()를 배열로 입력한다.

① E3:F7을 선택한다.

② =LINEST(C2:C21,B2:B21,,TRUE)를 입력한다(Enter는 누르지 않는다).

③ Ctrl과 Shift 키를 누른 상태에서 Enter 키를 누른다.

3단계가 실제로 함수를 배열 입력하는 과정이다. 함수의 첫 두 인자 순서는 known_y's가 먼저, known_x's가 이후에 나온다.

LINEST()는 SLOPE(), INTERCEPT() 및 RSQ()와 같은 세 가지 회귀 함수의 결과를 보여 준다. 그림 3-5와 3-7에 표시된 값은 그림 3-8에서 E3(기울기), F3(절편) 및 E5(R^2)에 나타남에 주목하자.

LINEST()가 반환하는 나머지 값은 다음과 같다.

- 셀 E4에서 기울기의 표준 오차.
- 셀 F4에서 절편의 표준 오차.
- 셀 F5의 추정값에 대한 표준 오차.
- 셀 E6의 F-비율.
- 셀 F6의 잔차자유도.
- 셀 E7의 회귀제곱합. 이 값은 그림 3-7의 셀 I16에서 계산되었다.
- 셀 F7의 잔차 제곱합. 이 값은 그림 3-7의 셀 I6에서 계산되었다.

만약 이게 전부라면 굳이 LINEST() 함수를 사용하지 않아도 표준 오차나 기울기 및 절편 등을 통해 LINEST() 함수가 반환하는 값들을 구할 수 있다.

그러나 LINEST()는 둘 이상의 예측변수를 기반으로 회귀 분석을 반환할 수 있으므로 최대 64개의 예측자를 사용하여 다중회귀를 수행한다. 그림 3-9는 신장과 체중에 연령을 추가하는 예제를 보여 준다.

그림 3-9

다른 예측변수를 추가하면 R^2 값이 증가한다.

F3 | {=LINEST(D2:D21,B2:C21,,TRUE)}

	A	B	C	D	E	F	G	H
1		Age	Height	Weight				
2		51	61	95		=LINEST(D2:D21,B2:C21,,TRUE)		
3		43	62	122		4.390	-0.551	-124.745
4		18	63	142		1.634	0.408	111.326
5		68	64	109		0.335	27.535	#N/A
6		68	65	128		4.288	17	#N/A
7		44	65	190		6502.844	12889.156	#N/A
8		38	66	119				
9		30	66	182				
10		69	67	164				
11		55	67	125				
12		43	68	103				
13		36	68	154				
14		32	69	144				
15		37	70	156				
16		58	71	203				
17		69	72	124				
18		56	72	138				
19		52	73	165				
20		21	73	191				
21		53	74	186				

그림 3-9에서 R^2 값은 그림 3-8에서처럼 이제 0.264 대신 0.335이다. Age를 혼합방정식으로 가져오는 것은 Height만 사용하여 예측할 때보다 Weight의 변동성을 더 많이 설명할 수 있다.

기울기는 다중회귀를 사용할 때 적절하지 않다. 적어도 특정 예측변수에 적용되는 것은 아니다. 2차원 차트는 단일 수평 축에 두 개 이상의 최적화된 예측변수를 별도로 표시할 수 없으므로 검토할 단일 변수의 기울기가 없다. 대신 일반적으로 회귀 계수(Regression Coefficient)를 참조하며, 회귀 분석은 관측된 예측변수를 곱하기 위해 여전히 이들을 사용하기 때문에 방정식에서 계수로 작용한다. 이 계수는 LINEST() 결과의 첫 번째 행에 나타난다.

LINEST()는 회귀계수를 역으로 반환한다는 작은 문제가 하나 있다. 그림 3-9에서 두 예측자는 B열과 C열에 있으며 Age는 왼쪽에서 오른쪽 순서로 읽을 때 Height보다 앞에 있다. 그러나 LINEST() 결과에서 Age의 회귀계수는 G3 셀에 있고 Height의 회귀계수는 F3 셀에 있다. 즉, LINEST() 결과를 마찬가지로 왼쪽에서 오른쪽 순서로 읽을 때 Height가 Age보다 먼저 나온다. 이는 회귀 방정식을 사용하고 B2:B21과 C2:C21의 원본 값에 F3과 G3의 계수를 곱할 때 문제가 된다. 그러므로 사용자는 B2:B21을 G3으로, C2:C21을 F3으로 곱해야 한다.

Note

예측변수의 수에 관계없이 항상 하나의 절편만 존재한다. 절편은 항상 LINEST() 결과의 첫 번째 행과 가장 오른쪽 열에 있다.

회귀계수에는 표준 오류가 있다. 표준오류는 LINEST() 결과의 두 번째 행에 나타나며 관련 계수와 동일한 순서로(바로 아래에) 나타난다. 이들을 사용하여 각 계수를 표준 오차로 나눠서 회귀계수의 t-검정을 수행할 수 있다. 결과는 T.DIST() 워크시트 함수 중 하나를 사용하여 Excel에서 검정할 수 있는 t-비율이다. 뒤에 나올 통계적 추론(Statistical Inference)을 위한 함수에서 이 사용법을 논의한다.

추정값의 표준 오차는 셀 G5의 그림 3-9에서 찾아볼 수 있다. 그 목적은 회귀 방정식의 추정오차에 얼마나 많은 변동성이 있는지 말해 주는 것이다. 이를 통해 예측값에서 실제 관측치가 어느 정도 벗어날 수 있는지 예상할 수 있다.

추정값의 표준 오차는 잔차의 표준 편차이며, 잔차는 예측값(여기서는 Weight)과 실제 값의 차이이다. 이는 추정의 표준 오차를 개념화하는 데 유용한 방법이다.

그러나 안심하기에는 이르다. 원시값 집합의 표준 편차는 일반적으로 분모에 n 또는 n-1을 사용한다. 그러나 추정의 표준 오차는 분모로 n-k-1을 사용한다. 여기서 k는 방정식에서 예측변수의 숫자이다. 회귀 방정식은 총평균을 유일한 제약 조건으로 가지는 값들의 단순 표본보다 자유도에 더 많은 제약을 가진다. 회귀 방정식 계수 또한 제약조건으로 작용하므로 자유도에서 고려되어야 한다.

LINEST()는 전체 방정식의 F-검정뿐 아니라 계수 t-검정의 자유도를 결정하는 간단한 방법을 제공한다. 이는 그림 3-9의 결과에서 네 번째 행 두 번째 열(셀 G6)에 있는 값이다.

마지막으로, F-비율은 그림 3-9에서 LINEST() 결과로 셀 F6의 네 번째 행 첫 번째 열에 나타난다. F-비율은 종종 추론 통계로 사용되며, 아마도 분산분석(ANOVA)에서 가장 자주 사용될 것이다. 또한 회귀 분석은 예측변수를 적절히 조절하면 ANOVA와 동일한 기능을 한다. 다음 주요 섹션에서 다룰 T.DIST() 함수와 함께 Excel F.DIST() 워크시트 함수 중 하나를 사용하여 F-비율의 통계적 유의성을 검정할 수 있다.

이렇게 사용되는 F-비율은 보다 간단하게 말해 회귀 방정식의 통계적 유의성에 대한 R^2 검정이다. 통계적으로 유의미하다고 여겨지는 F-비율을 얻은 경우 방정식의 R^2이 0.0과 크게 다르다는 결론을 내릴 수 있다. 이에 따라 F-비율이 .05의 p 값을 갖는다면 R^2이 0.0인 모집단의 표본 중 5%만으로도 F-비율을 얻을 수 있다.

Sheet 7 TREND() 함수

특히 다중회귀는 예측변수에 회귀계수를 곱하여 예측값을 얻는 것이 어려울 수 있다(이 난점은 주로 이 Part의 앞부분에서 설명한 LINEST() 결과에서 회귀계수의 순서가 뒤바뀌었기 때문에 발생한다). Excel의 TREND() 워크시트 함수가 여기에서 도움이 될 수 있다. 그림 3-10을 보자.

그림 3-10

회귀 분석 시 TREND()와 LINEST()를 함께 사용하는 것이 좋다.

	A	B	C	D	E	F	G	H	I	J	K	L
1		Age	Height	Weight		=$K$3*B2+$J$3*C2+$L$3		=TREND(D2:D21,B2:C21)				
2		51	61	95		114.973		114.973		=LINEST(D2:D21,B2:C21,,TRUE)		
3		43	62	122		123.767		123.767		4.390	-0.551	-124.745
4		18	63	142		141.921		141.921		1.634	0.408	111.326
5		68	64	109		118.784		118.784		0.335	27.535	#N/A
6		68	65	128		123.174		123.174		4.288	17	#N/A
7		44	65	190		136.387		136.387		6502.844	12889.156	#N/A
8		38	66	119		144.080		144.080				
9		30	66	182		148.485		148.485				
10		69	67	164		131.404		131.404				
11		55	67	125		139.111		139.111				
12		43	68	103		150.108		150.108				
13		36	68	154		153.962		153.962				
14		32	69	144		160.554		160.554				
15		37	70	156		162.191		162.191				
16		58	71	203		155.020		155.020				
17		69	72	124		153.354		153.354				
18		56	72	138		160.511		160.511				
19		52	73	165		167.103		167.103				
20		21	73	191		184.170		184.170				
21		53	74	186		170.943		170.943				
22												
23						=$K$3*B24+$J$3*C24+$L$3		=TREND(D2:D21,B2:C21,B24:C24)				
24		41	70			159.989		159.989				

J3:L7에서 LINEST() 인스턴스에는 두 가지 이유가 있다. 하나는 그림 3-7의 D2:D21에서와 같이 J3:L3의 회귀계수와 절편을 F2:F21의 예측식으로 변환하는 것이다. 또 다른 이유는 LINEST()에서 사용할 수 있는 계수와 표준오류 사이의 관계, R^2, F-비율의 진단 통계를 살펴보는 것이다. 진단을 무시하면서 예측을 계산하기 위해서만 회귀 방정식을 사용하는 것은 현명하지 않지만 추가 통계량을 살펴보면서 회귀 방정식의 품질을 평가할 수 있다.

F24 셀의 수식은 B2와 C2 대신 B24와 C24의 관측 값을 가리키는 점을 제외하면 F2의 수식과 같다. 이 방법으로 B2:D21의 데이터를 사용하여 41년생이며 키가 70인치인 사람의 체중을 예측하는 회귀 방정식을 사용할 수 있다(예상 체중은 159.989파운드이다).

TREND() 함수는 더 빠르고 안전하다. 이 수식이 H2:H21에 배열로 입력되어 있기 때문에 더 빠르다.

```
=TREND(D2:D21,B2:C21)
```

이 수식은 F2에 입력되고 F21로 복사된다.

```
=$K$3*B2+$J$3*C2+$L$3
```

계수의 순서가 뒤바뀌는 LINEST()의 특이성 때문에 수식에서 회귀계수를 직접 사용하면 잘못된 변수에 잘못된 계수가 곱해질 위험이 있으므로 이 방법이 '더 안전하다'고 말할 수 있다. TREND() 함수를 사용하여 그런 위험은 감수하지 않도록 한다.

TREND()는 known_y's, known_x's 인수에 익숙한 패턴을 사용하지만 H24의 인스턴스도 B24:C24를 new_x's로 지정한다. 다음 B2:D2의 데이터를 사용하여 회귀 방정식을 계산하고 이를 B24:C24의 예측값에 적용하도록 Excel에 알린다. H2:H21의 TREND() 함수는 반드시 배열 입력을 해야 하지만 H24의 인스턴스는 일반 입력으로도 가능하다.

F 열의 예측된 값은 H 열의 예측된 값과 동일해야 한다.

Chapter 02
통계적 추론을 위한 함수

Excel은 t 및 F 분포를 다루는 여러 워크시트 함수를 제공한다. 회귀 방정식 또는 그 일부의 통계적 유의성을 검정하려는 경우 회귀 분석을 비롯한 다양한 상황에서 유용할 수 있다.

Sheet 1 T.DIST 함수

회귀계수 또는 회귀 방정식의 절편을 표준 오차로 나눌 때 t-비율을 얻게 된다. 회귀 방정식의 자유도와 함께 t-비율을 t-분포와 비교할 수 있다. 이 비교는 모집단의 회귀계수가 0.0인 경우 얻을 수 있는 것과 같은 t-비율을 얻을 가능성이 얼마나 높은지를 알려 준다.

이것이 중요한 이유는 다음과 같다. 모집단에서 Age의 회귀계수가 0.0일 때의 영향을 고려해 보자. 방정식의 기초를 이루는 레코드에 전체 모집단을 포함시킬 수 있다고 가정한다. 이 경우 회귀 소프트웨어는 연령에 대해 회귀계수 0.0을 나타낼 것이다. 그리고 Age는 예측변수로서 예측값에 어떤 영향도 미치지 않는다. 연령대에 관계없이 Age의 회귀 계수가 0.0일 때 Age를 예측변수로 사용하는 것은 방정식의 결과에 아무런 영향을 주지 않는다. 그리고 이 경우 방정식에서 Age를 생략할 수도 있다.

Note

Age를 방정식에 남겨 두지 않는 이유는 무엇일까? 0.0의 회귀계수가 아무런 도움이 되지 않다면 무엇이 위험 요소일까? 수천 개의 레코드가 있다면(n이 클 경우) 이는 문제가 되지 않을 것이다. 그러나 보다 일반적인 작은 표본 크기의 경우, 회귀 방정식은 불필요한 예측변수를 포함할 때 안정성을 잃는 경향이 있다. 이 장의 뒷부분에서 조정된 R^2에 대한 설명을 참조하여 이 문제의 추가 정보를 얻도록 하자.

t-분포와 함께 예측변수의 t-비율을 사용하면 회귀 방정식에서 변수를 유지할지 또는 생략할지에 대한 지침이 제공된다. 그림 3-11을 참조한다.

그림 3-11

LINEST()에서 회귀계수의 t-검정에 필요한 정보를 얻을 수 있다.

	A	B	C	D	E	F	G	H
1		Age	Height	Weight				
2		51	61	95		=LINEST(D2:D21,B2:C21,,TRUE)		
3		43	62	122		4.390	-0.551	-124.745
4		18	63	142		1.634	0.408	111.326
5		68	64	109		0.335	27.535	#N/A
6		68	65	128		4.288	17	#N/A
7		44	65	190		6502.844	12889.156	#N/A
8		38	66	119				
9		30	66	182				
10		69	67	164		Height: t-ratio		
11		55	67	125		2.686	=F3/F4	
12		43	68	103				
13		36	68	154		0.992	=T.DIST(F11,$G6,TRUE)	
14		32	69	144		0.008	=T.DIST.RT(F11,$G6)	
15		37	70	156		0.016	=T.DIST.2T(ABS(F11),$G6)	
16		58	71	203				
17		69	72	124		Age: t-ratio		
18		56	72	138		-1.348	=G3/G4	
19		52	73	165				
20		21	73	191		0.098	=T.DIST(F18,$G6,TRUE)	
21		53	74	186		0.902	=T.DIST.RT(F18,$G6)	
22						0.195	=T.DIST.2T(ABS(F18),$G6)	

그림 3-11은 앞에서 예로 든 Age, Height 및 Weight의 원시 데이터를 보여 준다. 원시 데이터의 LINEST() 분석은 F2:H7에 있다.

범위 F10:H15는 높이 변수의 회귀계수를 분석한다. 표준 오차 1.634에 대한 계수 4.39의 t-비율은 셀 F11에 있다(2.686).

셀 F13은 t-비율(2.686)과 17의 자유도를 비교하여 t-분포를 구한다(n은 20이며, 여기에서 예측변수 2개와 총평균 1개를 뺀 17의 자유도(Degrees of Freedom, df)가 셀 G6에 나타난다). 셀 F13의 값인 0.992는 17df를 갖는 t-분포의 99.2%가 2.686의 t-비율 왼쪽에 있다고 말한다.

또 다른 해석은 17df를 갖는 t-분포의 100%-99.2%(즉, 0.08%)가 2.686의 t-비율 오른쪽에 있다고 표현하는 것이다. 셀 F14처럼 T.DIST.RT() 함수를 사용하면 이 값을 바로 얻을 수 있다. 함수의 끝에 붙은 RT 태그는 오른쪽 끝(Right Tail)을 의미한다.

즉, 전체 모집단 중 Height의 Weight에 대한 회귀계수가 0.0인 경우 모집단에서 취할 수 있는 표본의 0.8%만이 계산된 계수가 4.39 이상이다.

- 모집단의 회귀 계수는 0이며 표본 오차가 발생하여 표본에 0.8%밖에 없는 4.39 이상의 Height 회귀 계수를 가진 표본을 얻게 되었다.
- 모집단의 회귀계수는 0.0이 아니다.

대부분의 사용자들은 모집단의 회귀계수가 0.0이 아니며 이 방정식에서 Height 변수를 유지한다고 결론지을 것이다.

그림 3-11의 F15 셀에서 T.DIST() 함수의 세 번째 버전을 볼 수 있다. 회귀계수가 -4.39보다 작거나 4.39보다 큰 확률로 양방향 t-검정을 반환하는 T.DIST.2T()를 사용한다. t-분포가 대칭이기 때문에 셀 F14에서 T.DIST.RT()에 의해 반환되는 확률(0.008)의 두 배의 값이 셀 F15에 나타난다(0.016).

Note

다른 T.DIST() 함수와 달리 T.DIST.2T()는 첫 번째 인수로 음의 t-비율을 허용하지 않는다. 이 함수에서 적절한 결과를 얻으려면 음의 t-비율에서 ABS() 함수를 사용할 필요가 있다. 필자는 이 명백한 예외에 대해 마이크로소프트가 가지는 근거는 이해하지만 그것에 동의하지는 않는다.

필자는 신장이 증가함에 따라 체중이 증가하고 결과적으로 Height에 대한 Weight의 음수 회귀계수가 거부될 가능성이 있음을 확신하므로, T.DIST.RT() 결과에 의해 보고된 0.8% 확률 수준에만 주의를 기울일 것이다.

Age에 대한 회귀계수 검정과는 다른 출력 결과를 얻는다. 그림 3-11에서 F17:H22의 검정을 볼 수 있다. 이 경우 셀 F18에서 t-비율은 -1.348이다. 이 기록은 20개의 표본으로 이루어진 모집단에서 왔음을 기꺼이 받아들일 수 있다. 나이가 많고 무게가 적을수록 t-분포의 양측 끝에 주의를 기울일 것이다.

F22의 T.DIST.2T() 함수는 Age에 대한 Weight 회귀계수가 0.0인 모집단 정보를 알려 준다. 그 시점에서 19.5%만큼 1.348(또는 그 이상) 또는 -1.348(또는 더 작은)의 회귀계수를 가져오는 표본오차를 예상할 수 있다.

이는 주관적인 결정이고 잘못된 행동에 따른 손실을 분석해야겠지만, 만약 결과가 거의 20% 가까이 무작위 표본오류를 일으킨다면 이는 포본오류 이외의 요인에서 왔다고 믿기는 어렵다.

필자는 차라리 방정식에서 Age를 빼 버리겠지만, 모집단 회귀계수는 0이 아니라는 대체가설을 받아들이기에 19.5%는 확실히 일반적이지 않다는 의견에 이견이 없다.

Sheet 2 F.DIST 함수

이전 섹션에서 논의된 예측변수의 유의성을 측정하는 접근법은 t-분포에 의존한다. 일반적으로 모델 비교(Model Comparison)라는 다른 접근방식은 두 개의 LINEST() 분석 결과를 비교한다. 그림 3-12를 참조한다.

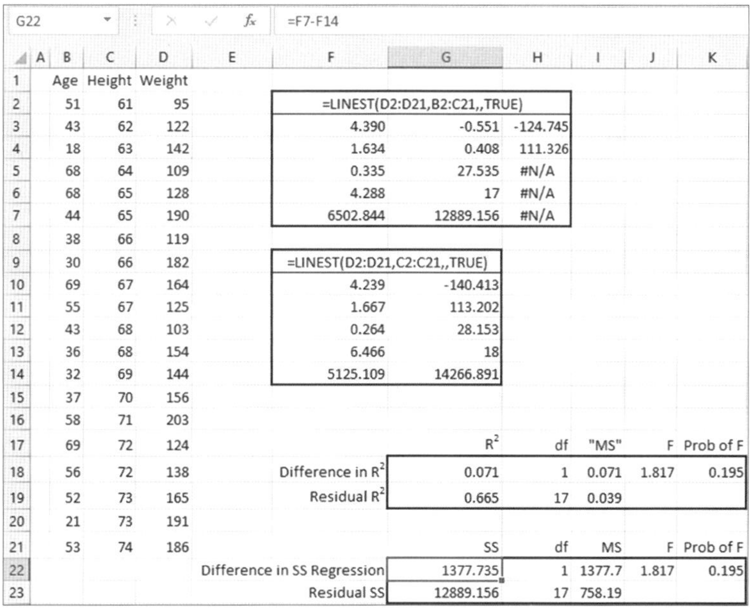
G22 =F7-F14

	A	B	C	D	E	F	G	H	I	J	K
1		Age	Height	Weight							
2		51	61	95		=LINEST(D2:D21,B2:C21,,TRUE)					
3		43	62	122		4.390	-0.551	-124.745			
4		18	63	142		1.634	0.408	111.326			
5		68	64	109		0.335	27.535	#N/A			
6		68	65	128		4.288	17	#N/A			
7		44	65	190		6502.844	12889.156	#N/A			
8		38	66	119							
9		30	66	182		=LINEST(D2:D21,C2:C21,,TRUE)					
10		69	67	164		4.239	-140.413				
11		55	67	125		1.667	113.202				
12		43	68	103		0.264	28.153				
13		36	68	154		6.466	18				
14		32	69	144		5125.109	14266.891				
15		37	70	156							
16		58	71	203							
17		69	72	124			R^2	df	"MS"	F	Prob of F
18		56	72	138		Difference in R^2	0.071	1	0.071	1.817	0.195
19		52	73	165		Residual R^2	0.665	17	0.039		
20		21	73	191							
21		53	74	186			SS	df	MS	F	Prob of F
22						Difference in SS Regression	1377.735	1	1377.7	1.817	0.195
23						Residual SS	12889.156	17	758.19		

그림 3-12

모델 비교 접근법은 보통 t-분포보다는 F-분포를 수반한다.

모델 비교 접근법의 아이디어는 모든 예측변수에 관한 회귀 방정식과 예측변수의 하위 집합에 대한 회귀 방정식으로 두 개의 회귀 방정식을 만들 수 있다는 것이다. 현재 예제를 예로 들면 Height와 Age를 모두 가지는 모델과 Height 하나만 있는 모델을 만드는 식이다.

그 다음 두 모델 간의 양적 차이를 반영하는 통계량을 (빠르게) 결합하고 검증할 수 있다.

그림 3-12는 두 가지 적절한 모델을 보여 준다. '완전(Full)' 모델은 F3:H7에 있고 Age 변수가 없는 '제한적(Restricted)' 모델은 F10:G14에 있다. 주요 비교는 두 R^2 값 사이에서 이뤄지며 G18 셀에 있다. 완전 모델은 Height만을 예측변수로 사용하여 제한된 모델보다 Weight 전체 변동에서 7.1% 더 많음을 설명한다. 7.1% 값은 셀 F5의 R^2에서 셀 F12의 R^2을 뺀 값에서 온다.

이제 전체모델의 잔차 변동성에 대한 R^2 값의 델타를 검증할 것이다. 전체 모델의 R^2은 0.335이므로 잔류 변동의 비율은 1 − 0.335 또는 0.665이다. G19 셀에서 찾을 수 있다.

델타 R^2의 자유도는 1이고 잔차는 완전모델과 마찬가지로 17이다. 'MS'로 지정된 '평균 제곱'은 I18:I19에서 찾을 수 있다. 이들은 진짜 평균 제곱이 아니라 제곱의 합을 자유도로 나눈 값이기 때문에 따옴표를 사용하여 "MS"라고 표기하였다. 오히려 제곱의 합(R^2 값)을 자유도로 나눈 비율이라고 하는 것이 정확할 것이다. 출력 결과는 어느 쪽이든 마찬가지이다. R^2 값의 의미를 이해하는 것은 편차 제곱의 합을 파악하는 것보다 훨씬 쉽다. 그러나 동등함을 입증하기 위해 필자는 G22:K23에서 분석을 반복했으며 R^2 값 대신 제곱의 합으로 시작한다.

셀 I18:I19의 두 '평균 제곱' 값의 비율은 J18에서 발견되는 F-비율이다. K18 셀에서는 다음 공식을 통해 F.DIST.RT() 함수를 사용하여 F-비율의 통계적 유의성을 검정한다.

```
=F.DIST.RT(J18,H18,H19)
```

결과는 그림 3-11의 셀 F22에서와 정확히 똑같은 0.195이다. 이처럼 두 가지 분석을 했다.

- 표준 오차와 t-분포로 Age에 대한 회귀계수 검정
- R^2 및 F 분포의 델타를 사용하여 완전모델과 제한된 모델 간의 차이 검정

모델 비교 접근법의 결론은 회귀 방정식에서 Age 변수를 제거해도 확률이 0.195일 때 R^2의 값과 통계적으로 유의미한 차이를 만들지 않는다는 것이다. 따라서 방정식에 포함해도 큰 차이는 없다.

회귀계수와 표준 오차를 사용하는 접근법의 결론은 계수가 0.0과 다르지 않다는 것이다. 즉, 모집단에서 반복되는 표본의 19.5%에서 표본오차로 인해 계수가 2.686으로 커질 수 있다. 그러므로 방정식 결과에 중요한 차이를 만들지 않는다.

두 가지 결론은 서로 다른 방법에서 나왔지만 동일한 의미를 지닌다. 각 차이에서 오는 통계적 유의성으로 측정된 수치가 정확하게 동일한 출력 결과를 가지고 있다. 다른 것들은 동등하므로 더 적은 예측변수를 갖는 것이 낫다. 따라서 일반적인 결론은 Age를 방정식에서 제외하는 것이다.

Chapter 03

Excel 회귀 분석의 다른 소스

상관관계 및 회귀와 관련된 워크시트 함수 외에도 Excel의 다른 두 가지 기능을 사용하면 회귀 분석에서 어떤 일이 일어나는지 명확히 알 수 있다. 하나는 데이터 분석 추가 기능의 회귀 도구이고 다른 하나는 Excel 분산형 차트의 추세선과 관련이 있다.

Sheet 1 회귀 도구

Excel의 데이터 분석 추가 기능은 회귀 분석 도구를 제공하며 쓸만한 결과집합을 얻기에 나쁜 방법은 아니다. 데이터 분석 추가 기능을 설치하는 절차는 Part2에서 설명했으며, 그때는 추가 기능의 기술 통계 도구에 중점을 두었다. 이 섹션은 회귀 도구를 다루겠지만 추가 기능의 설치 절차는 동일하다.

기술 통계 도구의 경우와 마찬가지로 회귀 분석 도구의 주요 단점 중 하나는 결과가 수식이 아닌 정적 값(Static Value)으로 제공된다는 것이다. 즉, 기본 데이터를 추가, 삭제 또는 편집하려는 경우 결과가 최신 버전의 데이터를 기반으로 하는지 확인하려면 회귀 도구를 다시 실행해야 한다.

회귀 분석 도구를 사용하려면 먼저 분석할 데이터가 있는 워크시트를 활성화해야 한다. 이 예제에서는 그림 3-12에 나와있는 B2:D21 범위의 데이터를 사용한다. 리본 데이터 탭의 분석 그룹에서 해당 링크를 클릭하여 데이터 분석 추가 기능을 시작한다. 데이터 분석 대화 상자에서 아래로 스크롤하여 회귀 분석 도구를 찾은 다음 선택 후 확인을 클릭한다. 그림 3-13과 같은 대화 상자가 나타난다.

그림 3-13

이 설정은 회귀 분석의 중요한 부분이 될 것이다.

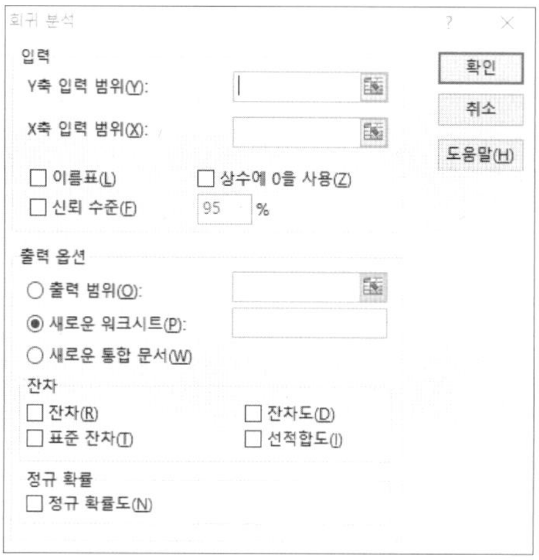

그림 3-13과 같은 대화 상자로 무엇을 해야 하는지 알 것이다. 몇 가지 권장 사항이다.

- 입력 범위에 변수 레이블을 포함하고 '이름표' 체크박스에 표시한다. 이 옵션은 회귀 분석 도구에서 워크시트 역순으로 계수를 반환하는 LINEST()을 호출할 때, 추가된 출력 결과를 직선으로 유지하면서 보는 데 도움이 된다.
- 출력 위치를 결과 위치로 지정하려는 경우 옵션 버튼을 선택하여 출력 범위 편집 상자를 클릭해야 한다.
- 잔차 체크박스를 모두 선택한다. 이는 선택한 회귀 모델의 적합성을 알려 준다. 단, 정규 확률도는 이 섹션의 뒷부분에서 설명하므로 여기서는 제외한다.

결과는 그림 3-14~16에 표시되어 있으며 사용 가능한 모든 옵션을 선택하고 출력을 새 워크시트에 표시한다고 가정한다. 그림 3-14는 회귀 방정식 자체에 대한 정보를 나타낸다.

그림 3-14

이 정보는 회귀 방정식의 신뢰도에 중점을 둔다.

	A	B	C	D	E	F	G	H	I
1	SUMMARY OUTPUT								
2									
3	*Regression Statistics*								
4	Multiple R	0.579							
5	R Square	0.335							
6	Adjusted R Square	0.257							
7	Standard Error	27.535							
8	Observations	20							
9									
10	ANOVA								
11		*df*	*SS*	*MS*	*F*	*Significance F*			
12	Regression	2	6502.844	3251.422	4.288	0.031			
13	Residual	17	12889.156	758.186					
14	Total	19	19392						
15									
16		*Coefficients*	*Standard Error*	*t Stat*	*P-value*	*Lower 95%*	*Upper 95%*	*Lower 95.0%*	*Upper 95.0%*
17	Intercept	-124.745	111.326	-1.121	0.278	-359.621	110.132	-359.621	110.132
18	Age	-0.551	0.408	-1.348	0.195	-1.412	0.311	-1.412	0.311
19	Height	4.390	1.634	2.686	0.016	0.942	7.838	0.942	7.838

회귀 도구가 반환하는 데이터 중 LINEST() 함수로는 얻을 수 없는 데이터는 다음과 같다.

- R^2의 제곱근 그리고 관측값 및 예측값 사이에서 Pearson 상관관계를 나타내는 다중 R.
- 조정된 R^2. 흔히 수축 수식이라 부르는 조정된 R^2은 회귀계수가 동일한 모집단의 새 표본에 적용될 경우 반환되는 R^2 값을 추정하는 데 사용된다. 원본 계수가 새로운 데이터에 적용될 때의 R^2 값은 더 낮을 것으로 예상된다. R^2은 상향 편향된 통계이며, 편향의 정도는 어느 정도 표본 크기와 연관되어 있다(표본 크기가 작으면 편향이 더 커진다). 수축 수식은 아래와 같다.

  $1-(1-R^2)(n-1)/(n-k-1)$

  편향을 고려하여 획득한 R^2을 조정한다. 표본 크기 n이 커질수록 조정값은 작아진다
- 그림 3-14에 표시된 분산 분석(ANOVA) 섹션은 앞에서 설명한 'F.DIST() 함수' 섹션의 ANOVA와 의도가 비슷하다. 이 경우 두 모델의 차이를 비교하기 위해 ANOVA를 사용하지 않고 하나의 모델, 특히 R^2과 0.0의 차이를 검증한다. 이렇게 검정된 통계는 R^2과 밀접하게 관련된 F-비율이다. R^2은 회귀 분석으로 설명된 분산과 총 분산에 대한 비율이다. F는 회귀 분석에 의해 설명된 분산과 설명되지 않은 분산의 비율이다. 그림 3-12에서 제곱의 합계는 회귀 도구가 제곱합을 반환하는 실제 총 제곱합의 백분율이다. 두 측정 기준은 동일하다. 실제 합계를 사용하든 합계 비율을 사용하든 상관없이 F-비율은 같다.
- 그림 3-14의 마지막 섹션에 표시된 t-비율 s와 확률은 LINEST()로 반환되지 않지만 그것들을 구성하는 요소인 회귀 계수와 표준 오류는 반환된다. 그림 3-14의 범위 B17:C19와 그림 3-12의 범위 F3:H4를 비교한다.
- 그림 3-14의 범위 F17:G19는 각 회귀계수 및 절편 주위에서 95% 신뢰 구간의 끝점을 보여 준다. 이들은 LINEST()에 의해 직접 제공되지 않지만 각각은 LINEST() 결과로부터 쉽게 계산될 수 있다. T.INV()를 사용하여 자유도가 17인 t-분포에서 2.5% 및 97.5% 포인트를 얻고 이 두 개의 t-값에 각 회귀계수의 표준 오차를 곱한 후 계수 자신의 값을 더하면 얻을 수 있다.
- 기본적으로 회귀 분석 도구는 95% 신뢰 구간을 반환한다. 회귀 분석 대화 상자(그림 3-13)에서 신뢰 수준 체크박스에 체크를 한 후에 다른 신뢰 수준 값을 입력하면(가령 99%) 그림 3-14의 H17:I19 셀에서 해당 신뢰 수준에 대한 끝점을 제공한다.

그림 3-15

예측값(Predicted Weight)은 TREND() 함수가 반환한 값과 동일하다.

RESIDUAL OUTPUT				PROBABILITY OUTPUT	
Observation	*Predicted Weight*	*Residuals*	*Standard Residuals*	*Percentile*	*Weight*
1	114.9727689	-19.97276888	-0.766836603	2.5	95
2	123.7672029	-1.767202937	-0.067850177	7.5	103
3	141.9208768	0.079123202	0.003037865	12.5	109
4	118.7837868	-9.783786823	-0.375639747	17.5	119
5	123.1738727	4.826127261	0.185294841	22.5	122
6	136.3869172	53.61308283	2.058426377	27.5	124
7	144.0802642	-25.08026419	-0.962934318	32.5	125
8	148.4846123	33.51538767	1.286793342	37.5	128
9	131.4035011	32.59649895	1.251513431	42.5	138
10	139.1111103	-14.1111103	-0.541783463	47.5	142
11	150.1077184	-47.10771843	-1.808658728	52.5	144
12	153.9615231	0.038476945	0.001477288	57.5	154
13	160.553783	-16.55378304	-0.635567698	62.5	156
14	162.1911514	-6.191151368	-0.237703721	67.5	164
15	155.0198234	47.98017659	1.842155979	72.5	165
16	153.3539306	-29.35393063	-1.12701792	77.5	182
17	160.5109964	-22.51099636	-0.864289577	82.5	186
18	167.1032563	-2.103256347	-0.080752647	87.5	190
19	184.1701054	6.829894601	0.262227696	92.5	191
20	170.9427987	15.05720125	0.578107779	97.5	203

그림 3-15는 예측한 Weight 값을 보여 주며, 이는 그림 3-10의 레코드에서 회귀계수와 절편을 예측변수에 적용하여 얻을 수 있다. 관측 Weight에서 예측된 Weight를 뺀 것은 그림 3-7에서 '추정 오류'라고 불리는 잔차(Residual)를 제공한다. 이 잔차는 각 값을 표준 편차(함수의 모집단 형식이 아닌 표본)로 나눠 D열에 있는 표준 잔차(Standard Residuals)로 변환된다.

잔차값은 그림 3-16에 표시된 플롯에서 사용된다. '확률 산출물'은 그림 3-16의 일반 확률도의 기초이다.

그림 3-16

정규 확률도는 평균 확률도와 다르다.

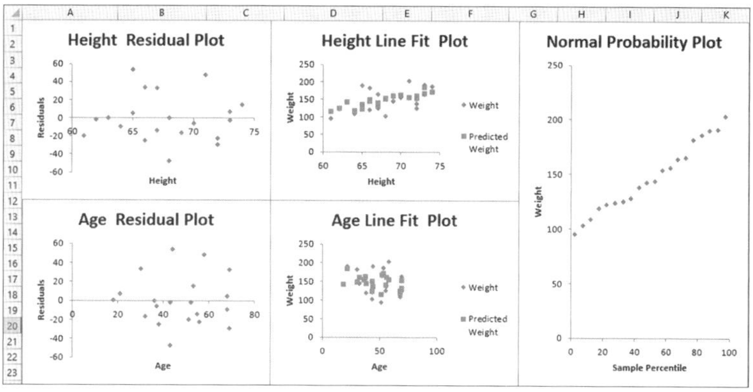

그림 3-16의 잔차도는 부적합한 회귀 모델을 진단하는 데 유용할 수 있다. 예를 들어 회귀 방정식에 포함되지 않은 변수가 예측된 변수에서 중요한 양을 차지하는 경우다. 또한 기존 예측자를 2제곱 또는 3제곱까지 증가시켜 회귀 방정

식에 추가해야 함을 추론하는 것도 가능하다. 이 경우 두 잔차도에 표시된 점은 사용자가 기대했을 무작위 패턴을 표시한다.

필자는 부적합한 모델의 결과를 보다 명확하게 보여 주기 위해 예측한 변수의 적합한(예측한) 값에 대한 실제 변수의 값을 차트로 표시하고 싶다. 예측된 값으로 실제 분산형 차트를 만들고 선형 추세선이 표시된 적합선 그림(Fitted Line Plot)을 쉽게 만들 수 있다.

정규 확률도는 잘못 실행된 사례를 보여 주기에 좋다. 정규 확률도는 가로 축의 실제 값과 세로 축의 백분위 위치를 차트화하기 위한 것이다. 정규 분포변수는 정규 확률도에 아치형 또는 S자형 곡선 대신 직선으로 표시된다.

그러나 이러한 현상이 일어나기 위해서는 수직 축이 중간으로 모이고 상단과 하단이 확장되어야 한다. 회귀 분석 도구의 정규 확률도는 이 요구사항을 무시한다. 이 작업은 Excel에서 Y축 범주를 포함하는 유일한 이중축 차트인 막대 차트로 완료해야 한다.

Sheet 2 추세선 차트

Excel이 회귀 분석을 지원하는 세 번째 주요 영역(워크시트 함수 및 데이터 분석 추가 기능의 회귀 도구 외에)은 차트를 통해 제공된다. 그림 3-17은 단순 회귀에 대해 이번 Part에서 Height와 Weight 예제를 사용한 예를 보여 준다.

그림 3-17

2차원 차트는 두 개의 변수만 표시할 수 있다.

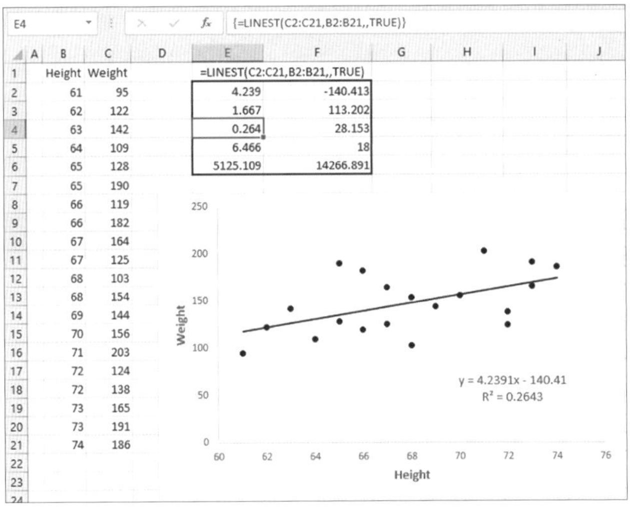

그림 3-17은 그림 3-3과 동일한 표와 추세선을 보여 주지만 회귀 방정식과 R^2 값이 추가되었다. 초기 분산형 차트를 만든 후 데이터 표식 중 하나를 마우스 오른쪽 단추로 클릭하고 바로가기 메뉴에서 추세선 추가를 선택하여 추세선을 가져온다.

추세선을 만든 후 마우스 오른쪽 버튼을 클릭하고 단축 메뉴에서 추세선 서식을 선택한다. 표시되는 추세선 서식 패널을 아래로 스크롤하고 '수식을 차트에 표시' 및 'R-제곱 값을 차트에 표시' 체크박스를 모두 선택한다. 그 다음 추세선 서식창을 닫는다.

차트 회귀 방정식을 사용하려는 경우 LINEST() 결과와 비교하여 확인한다. Excel은 차트의 워크시트에서 선택된 값 중 가장 왼쪽에 있는 값을 회귀 방정식의 예측변수로 간주한다.

그러므로 그림 3-17에서 Height는 워크시트의 Weight 왼쪽에 있기 때문에 예측변수이다. LINEST() 함수는 예측된 변수가 첫 번째 인수이고 예측변수가 두 번째 인수가 되어야 하기 때문에 약간 혼란스러울 수 있다.

분산형 차트는 다중회귀 방정식을 표시할 수 있지만 워크시트에 둘 이상의 예측변수가 있는 경우는 예외다.

차트의 회귀 방정식 또는 차트에서 하나 이상의 예측변수를 사용하는 유일한 방법은 예측변수를 지수 X, X^2, X^3, X^4 등 더 큰(단일) 제곱으로 연속적으로 높이는 다항식 추세선을 사용하는 것이다. 다항식 추세선은 여러 개의 예측자가 있는 방정식을 생성한다. 예측된 변수와 결합된 하나의 기본 예측변수만 있기 때문에 2차원 차트에 모두 표시할 수 있다.

Chapter 04

R의 회귀 분석

R은 Excel의 워크시트 함수가 반환하는 정보보다 조금 더 많은 정보를 반환하는 회귀 분석 함수를 가지고 있다. 그 정보는 R에 다시 제공되며 다른 방식으로 구성된다. 보다 근본적인 측면에서 비교해 보자.

Sheet 1 상관관계 및 단순 회귀 분석

다음 분석 중 일부는 이번 Part의 앞부분에서 Excel의 함수 및 도구와 관련하여 설명되었다. 워크시트 함수 CORREL()로 반환되는 상관관계 역시 앞에서 언급되었다. 그림 3-1을 참조한다.

R에는 두 변수의 상관관계를 보여 주는 몇 가지 방법이 있다. Part 2는 동일한 d.pizza 데이터 프레임에서 하나의 숫자 변수를 다른 변수의 함수로 분석하는 방법에 대해 설명하였다.

```
Desc(temperature ~ delivery_min, d.pizza)
```

Desc 함수를 사용하려면 라이브러리 명령을 통해 DescTools를 로드해야 한다. 하지만 stats 패키지에 속하는 cor 함수 또한 이용이 가능하며, 따라서 특수 패키지를 로드할 필요 없이 R 세션을 시작할 때 사용할 수 있다. 그림 3-18을 살펴보자.

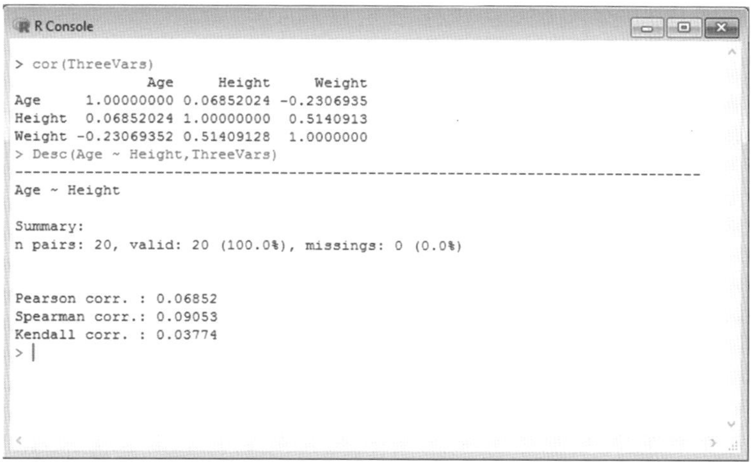

그림 3-18
cor 함수는 데이터 소스에 둘 이상의 숫자 변수가 있는 경우 상관행렬을 반환한다.

cor 함수는 여러 가지 인수를 사용할 수 있지만 사용자는 데이터 소스의 이름만 제공할 수 있다. 여기서 ThreeVars는 이번 Part에서 반복하여 분석되고 있는 Age, Height 및 Weight 변수로 구성된다. ThreeVars를 데이터 프레임으로 설정하는 가장 빠른 방법은 그림 3-12에 표시된 워크시트를 활성화하고 B1:D21 범위를 선택 후 R로 전환하는 것이다. 다음 명령을 콘솔에 입력한다.

```
ThreeVars <- XLGetRange(header = TRUE)
```

cor 함수는 주 대각선(Main Diagonal) 아래의 값뿐만 아니라 완전히 채워진 상관 행렬을 가져온다. Pearson 적률 상관 계수(Pearson Product-Moment Correlations)가 기본값이지만, 아래 두 방법을 제공하면 대신 Spearman 상관관계 또는 Kendall의 tau를 얻을 수 있다.

```
cor(ThreeVars, method = "spearman")
cor(ThreeVars, method = "kendall")
```

Note

Excel의 데이터 분석 추가 기능은 상관행렬을 반환하는 상관도구를 가지지만 행렬의 주 대각선 위에 상관관계를 반환하지는 않는다. 비록 중복 정보이더라도 다변수 분석에 사용되는 많은 행렬 연산에는 완전히 채워진 정방형의 상관 행렬(Square Correlation Matrix)이 필요하다.

cor 함수와 비교하기 위해 그림 3-18은 ThreeVars 데이터 프레임에 있는 두 개의 숫자 변수에 Desc 함수를 사용한 결과도 같이 보여 준다. Desc 구문을 사용하려면 '~의 함수이다'를 뜻하는 물결표(~) 문자를 사용하여 이변수 분석을 위해 두 변수를 지정해야 하므로 이 방법으로는 완전히 채워진 상관 행렬을 얻지 못한다. 그러나 Pearson, Spearman 및 Kendall 계수를 얻을 수 있다. 두 변수의 결합 분포(Joint Distribution)가 이변량 정규에서 유의미하게 벗어나면 도움이 된다고 생각할 수 있다.

그림 3-3은 Excel 분산형 차트를 사용하여 두 숫자 변수의 관계를 그래픽으로 표시하고 회귀선을 차트에 포함하는 방법을 보여 준다. R에 이를 위한 한 가지 방법이 있다.

ThreeVars가 데이터 프레임으로 설정되면 다음 명령을 입력한다.

```
> attach(ThreeVars)
> regmodel <- lm(Weight ~ Height)
> plot(Height, Weight, pch=19)
> abline(regmodel)
```

결과는 그림 3-19에 나와 있다.

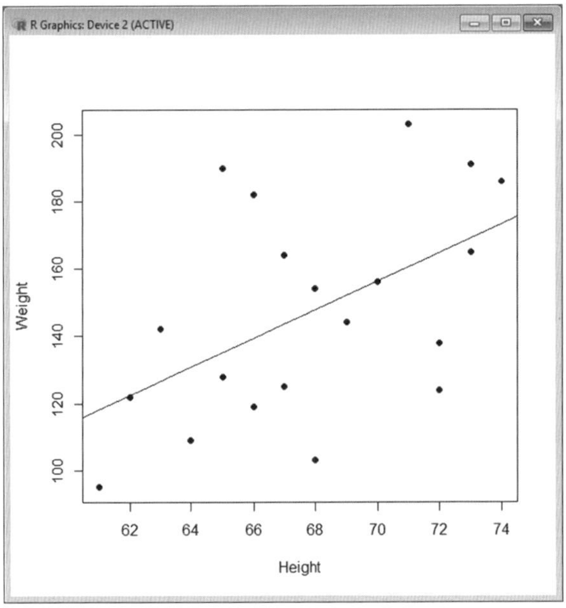

그림 3-19
이 차트는 새 창에 나타난다.

R 검색 경로에 ThreeVars 데이터 프레임의 변수 이름을 두고 R이 Weight 및 Height 변수의 위치를 알 수 있도록 attach 명령을 사용하는 것이 좋다. ThreeVars$Weight와 같은 레이블로 차트의 축을 레이블링할 수도 있다.

또 다른 데이터 프레임이 로드되고 역시 변수이름으로 Weight 또는 Height가 있는 경우에는 detach 명령을 사용하여 검색 경로에서 데이터 프레임을 제거할 수 있다(여기서 같은 이름을 가진 두 개의 서로 다른 객체를 혼동시킬 수 있기 때문에 몇몇 사람들은 attach 사용에 반대한다).

그 다음, lm(Liner Model, 선형 모델) 함수를 사용하여 Height와 Weight 변수 사이의 관계에 대한 기울기와 절편을 계산하고 이를 regmodel이라는 변수에 저장한다.

새로운 그래픽 창에서 plot 명령을 사용하여 Weight에 대한 Height의 분산형 차트를 만든다. plot 함수의 pch 인수는 그림 3-19에서 채워진 원과 같이 사용할 데이터 표식의 유형을 지정한다. pch=15를 지정하면 채워진 사각형이 된다.

마지막으로, abline 함수를 사용하여 regmodel에서 기울기와 절편을 얻고 차트에 선을 그린다.

plot 함수는 처음 이름이 지정된 변수를 차트의 가로 축에 배치한다. 사용자는 abline 함수를 통해 정확한 회귀 직선을(즉, 정확한 변수명을) 호출해야 한다. 그렇지 않으면 회귀선이 차트에 나타나지 않을 수도 있다. 경험상 lm 함수에서 물결표 다음에 이름을 지정한 변수를 abline 함수에서 첫 번째 변수로 지정하면 된다.

Warning

plot 함수에서 변수 이름을 구분하기 위해 물결표 대신 쉼표를 사용하면 첫 번째로 이름이 지정된 변수가 가로 축이 아닌 세로 축에 배치되기 때문에 약간 까다로울 수 있다.
또한 plot 함수가 완료되면 그래픽 창에 포커스가 있으므로 명령 입력을 재개하기 전에 콘솔을 클릭해야 한다.

그림 3-4와 3-5는 Excel 워크시트 함수를 사용하여 단순 회귀에서 기울기와 절편을 선택하는 방법을 보여 준다. 앞서 주어진 lm 함수의 결과를 사용하여 동일한 정보를 얻을 수 있다.

```
> regmodel <- lm(Weight ~ Height)
> regmodel
```

그림 3-20은 lm의 결과가 할당된 변수에 대한 정보를 알려 준다.

그림 3-20
이 값을 그림 3-5에 있는 값과 비교한다.

```
R Console
> regmodel <- lm(Weight ~ Height)
> regmodel

Call:
lm(formula = Weight ~ Height)

Coefficients:
(Intercept)       Height
   -140.413        4.239

>
```

이 예제에서 regmodel로 명명된 변수에 summary 함수를 사용하여 lm 함수가 반환하는 것에 대해 더 많은 것을 배울 수 있다.

그림 3-6과 3-7은 Excel 워크시트 기능을 사용하여 각 레코드의 예측된 값[적합(fitted)값이라고도 함]을 얻는 방법을 보여 준다. R에서는 다음을 사용할 수 있다.

```
> fitted(regmodel)
```

그림 3-21은 결과를 보여 준다.

그림 3-21
회귀 방정식에 의지하지 않고 예측된 값을 반환하는 빠른 방법이다.

```
R Console
> fitted(regmodel)
       1        2        3        4        5        6        7        8
118.1739 122.4130 126.6522 130.8913 135.1304 135.1304 139.3696 139.3696
       9       10       11       12       13       14       15       16
143.6087 143.6087 147.8478 147.8478 152.0870 156.3261 160.5652 164.8043
      17       18       19       20
164.8043 169.0435 169.0435 173.2826
>
```

그림 3-7은 Weight 변수의 관측값과 예측된 값의 차이를 보여 준다. 이러한 차이는 그림 3-7에서 추정 오류(Error of Estimate)로 부르지만 잔차(Residuals)라고도 한다. R에서 이들을 얻는 한 가지 방법은 아래와 같으며 그림 3-22에 표시된 값을 반환한다.

```
> residuals(regmodel)
```

그림 3-22

그림 3-22의 잔차를 그림 3-21의 추정치에 더하면 원본 Weight의 관측치를 얻을 수 있다.

```
R Console
> residuals(regmodel)
          1           2           3           4           5           6
-23.1739130  -0.4130435  15.3478261 -21.8913043  -7.1304348  54.8695652
          7           8           9          10          11          12
-20.3695652  42.6304348  20.3913043 -18.6086957 -44.8478261   6.1521739
         13          14          15          16          17          18
 -8.0869565  -0.3260870  42.4347826 -40.8043478 -26.8043478  -4.0434783
         19          20
 21.9565217  12.7173913
> |
```

Sheet 2 다중 회귀 모델 분석

그림 3-8과 3-9는 LINEST() 함수의 예제를, 그림 3-23은 lm 함수로 생성된 변수에 R의 summary 함수를 적용하여 얻은 결과를 보여 준다. 기본 데이터에는 그림 3-9에서와 같이 Height, Age 및 Weight가 포함되므로 LINEST()와 lm의 결과를 직접 비교할 수 있다.

그림 3-23

LINEST()가 반환하는 대부분의 결과와 LINEST()가 반환하지 않는 많은 부분도 포함한다.

```
R Console
> regmodel <- lm(Weight ~ Age + Height, data = ThreeVars)
> summary(regmodel)

Call:
lm(formula = Weight ~ Age + Height, data = ThreeVars)

Residuals:
    Min      1Q  Median      3Q     Max
-47.108 -17.409  -1.935   8.887  53.613

Coefficients:
             Estimate Std. Error t value Pr(>|t|)
(Intercept) -124.7448   111.3257  -1.121   0.2781
Age           -0.5505     0.4084  -1.348   0.1953
Height         4.3901     1.6343   2.686   0.0156 *
---
Signif. codes:  0 '***' 0.001 '**' 0.01 '*' 0.05 '.' 0.1 ' ' 1

Residual standard error: 27.54 on 17 degrees of freedom
Multiple R-squared:  0.3353,	Adjusted R-squared:  0.2571
F-statistic: 4.288 on 2 and 17 DF,  p-value: 0.03105

> |
```

Excel의 LINEST() 결과를 R의 lm 함수가 반환한 결과와 비교할 때, LINEST()가 라이브 상태이며 기본 데이터를 편집할 때 자동으로 업데이트된다는 점을 기억하면 도움이 된다. LINEST()는 선행 셀에 레코드를 추가하거나 데이터를 제거하는 경우에도 업데이트 되지만 일반적으로 LINEST()가 실제 보고 있는 범위를 업데이트해야 한다.

lm의 결과를 업데이트하려면 먼저 데이터 프레임을 업데이트한 후 lm과 summary를 다시 실행해야 한다. 여기서 귀찮더라도 대소문자를 구분하는 키워드에 주의하자.

다시 말하면, 그림 3-23은 lm이 지정하는 모델의 재작성을 비롯해 많은 양의 정보를 포함한다.

첫 번째로 나타나는 실제 데이터는 잔차의 사분위 수이다. 이 리스트는 의심의 여지 없이 잔차가 어떻게 분포되어 있는지(대칭 혹은 왜곡인지) 평가하는 데 도움이 되지만, 결과에서 위치하는 지점은 필자가 보기에는 항상 이상하게 비춰진다.

다음으로 회귀 계수와 절편에 관련된 정보를 알려 주는 행렬을 얻는다. 이 레이아웃은 변수의 이름과 계수를 연결하기 때문에 LINEST()보다 더 유용하다. LINEST() 함수에선 사용자가 직접 변수명과 계수의 관련성을 추론해야 하며, LINEST() 특유의 변수 순서로 인해 이는 더 복잡해진다. 계수 자체 및 표준오류와 함께 R의 결과는 LINEST()가 반환한 다섯 개의 행 중 처음 두 개를 구성한다.

그림 3-23의 summary는 LINEST()보다 한 단계 더 나아가 각 계수의 t-비율을 계산한다. LINEST()를 사용하면 사용자가 이를 직접 작업해야 한다. R은 또한 각 t-비율과 자유도에 기초하여 모집단의 t-비율이 0.0인 경우 큰 t-비율을 얻을 확률을 반환한다. Excel에서 T.DIST.2T() 함수로 이를 수행할 수 있지만, 사용자가 직접 작업해야 한다. 또한 lm은 무방향성(Non-directional) t-검정의 결과를 반환한다고 추론할 수 있다. 방향성 가설(Directional Hypothesis)을 평가하고 싶다면 Excel에서 해 볼 수 있을 것이다.

다음으로 확률 수준에 따라 표시된 별표 수와 관련된 확률이 얼마나 작은지의 릴레이션을 설명하는 범례를 얻는다. 다만 필자는 이 과정 없이 p-hacking 단계로 갈 수 있었다.

범례 다음에는 추정표준 오차(Standard Error of Estimate)로 널리 알려진 잔차 표준 오차(Residual Standard Error)로 이어진다(LINEST() 결과에서 세 번째 행, 두 번째 열에 있다). 이 경우 잔차의 자유도로 17을 얻을 수 있다. 자유도는 회귀 계수의 크기를 측정하는 t-검정과 같은 다양한 추론 검정에 필요하다. 이는 LINEST()의 네 번째 행, 두 번째 열에 있다.

이어서 R^2 값이 나오며, LINEST() 함수에서는 첫 번째 열의 세 번째 행에서 찾을 수 있다. R은 또한 표준 수축 수식(Standard Shrinkage Formula)을 적용하여 조정된 R^2을 제공한다. Excel에서는 직접 계산하거나 데이터 분석 추가 기능의 회귀 도구를 사용해야 한다.

마지막으로 회귀 평균 제곱과 잔차 평균 제곱에 대한 자유도와 F-비율을 얻는다. F-비율은 LINEST()의 네 번째 행, 첫 번째 열에서 사용할 수 있다. 이 표본을 얻은 모집단의 R^2이 0.0인 경우 그 정도 크기의 F-비율 또는 보다 큰 F-비율을 얻을 확률을 구한다.

Excel에서는 회귀 자유도[어려운 것은 아니며, 예측 벡터(Predictor Vectors) 수와 동일]와 F-비율의 확률을 직접 구해야 한다. 그림 3-14의 셀 E12와 F12를 참조하여 F-비율과 확률을 Excel 결과와 비교한다.

LINEST()는 회귀 및 5번째 행의 잔차 제곱합을 반환한다. lm 함수의 summary는 제곱의 합계를 생략하지만 중요한 누락은 아니다. 이는 선형 회귀에 대한 정보를 제공하고 다양한 요약 통계 간의 양적 릴레이션을 탐색하고자 할 때 유용하지만, R^2 및 F와 함께 표준 오차가 이미 있는 경우 꼭 필요한 요소는 아니다.
반면에 모델 비교를 수행하려면 이러한 제곱 합계가 필요하다. R이 관련 정보를 제공하는 방법은 다음에 살펴볼 것이다.

Sheet 3 R의 모델 비교

다중 회귀에서 두 개 이상의 예측 변수가 상호 관련된 경우가 종종 발생하지만 항상 일어나는 것은 아니다. 예측 변수를 요인으로 코딩하고 각 요인 수준에서 동일한 수의 레코드를 가지고 있는 경우 코딩된 벡터 간의 상관관계를 0.0으로 설정하는 경우가 많다. 그러나 모든 예측변수가 Age와 Height의 경우처럼 숫자 변수로 시작하는 경우, 예측변수는 상관관계를 가지는 것이 일반적이다. 예를 들어 그림 3-18은 Age와 Height에서 예제 데이터의 Pearson 상관관계가 0.06852임을 보여 준다.

예측자가 상관관계를 가지면 회귀 방정식에 어떤 변수가 먼저 입력되는지에 따라 다른 결과를 얻을 수 있다(일반적으로 두 개 이상의 예측자가 있는 경우 결과는 입력되는 함수 순서에 따라 바뀔 수 있다). 전체 R^2, F-비율, 회귀계수 및 표준 오류는 예측자가 방정식을 입력하는 순서에 따라 달라지지 않는다. 그러나 예측자가 상관관계를 가지는 경우 예측변수와 예측값이 공유한 분산은 일반적으로 입력 순서가 바뀔 때 변경된다. 그림 3-24와 3-25는 Age가 처음 방정식에 입력될 때(그림 3-24), 그리고 Height가 처음 방정식에 입력될 때(그림 3-25) 일어나는 일을 보여 준다.

각 수치는 전체 회귀 통계는 동일하게 유지되지만(두 summary 함수의 결과를 비교해 보자) 변수가 입력된 순서에 따라 각 변수와 연관된 제곱의 합이 변경된다는 것을 보여 준다.

그림 3-24

Age가 처음으로 입력될 때 총 제곱합은 1032이다.

R Console

```
> ThreeVars <- XLGetRange(header=TRUE)
> AgeFirst <- lm(Weight ~ Age + Height, data = ThreeVars)
> summary(AgeFirst)

Call:
lm(formula = Weight ~ Age + Height, data = ThreeVars)

Residuals:
    Min      1Q  Median      3Q     Max
-47.108 -17.409  -1.935   8.887  53.613

Coefficients:
             Estimate Std. Error t value Pr(>|t|)
(Intercept) -124.7448   111.3257  -1.121   0.2781
Age           -0.5505     0.4084  -1.348   0.1953
Height         4.3901     1.6343   2.686   0.0156 *
---
Signif. codes:  0 '***' 0.001 '**' 0.01 '*' 0.05 '.' 0.1 ' ' 1

Residual standard error: 27.54 on 17 degrees of freedom
Multiple R-squared:  0.3353,    Adjusted R-squared:  0.2571
F-statistic: 4.288 on 2 and 17 DF,  p-value: 0.03105

> anova(AgeFirst)
Analysis of Variance Table

Response: Weight
          Df  Sum Sq Mean Sq F value  Pr(>F)
Age        1  1032.0  1032.0  1.3612 0.25944
Height     1  5470.8  5470.8  7.2157 0.01562 *
Residuals 17 12889.2   758.2
---
Signif. codes:  0 '***' 0.001 '**' 0.01 '*' 0.05 '.' 0.1 ' ' 1
> |
```

그림 3-25

Age가 두 번째로 입력될 때 총 제곱합은 1377.7이다.

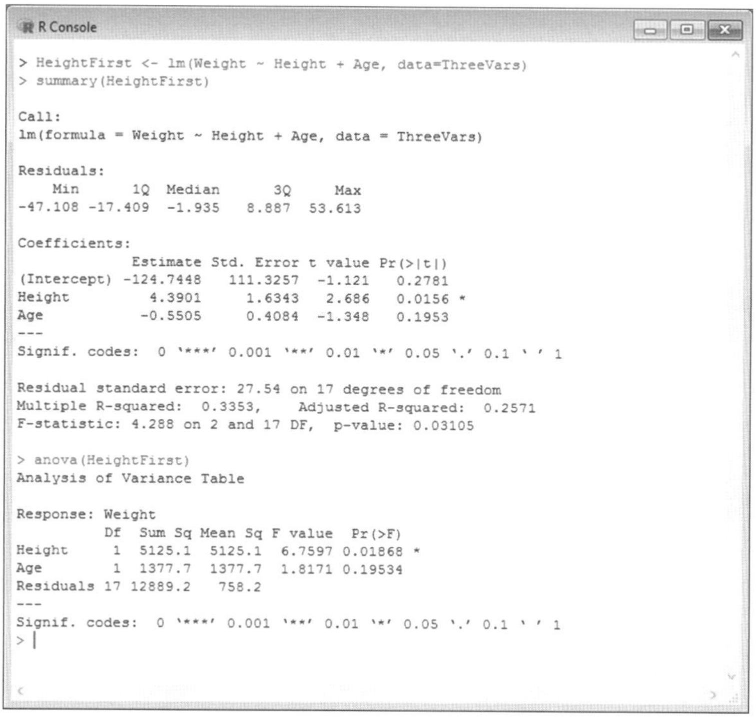

```
R Console
> HeightFirst <- lm(Weight ~ Height + Age, data=ThreeVars)
> summary(HeightFirst)

Call:
lm(formula = Weight ~ Height + Age, data = ThreeVars)

Residuals:
    Min      1Q  Median      3Q     Max
-47.108 -17.409  -1.935   8.887  53.613

Coefficients:
             Estimate Std. Error t value Pr(>|t|)
(Intercept) -124.7448   111.3257  -1.121   0.2781
Height         4.3901     1.6343   2.686   0.0156 *
Age           -0.5505     0.4084  -1.348   0.1953
---
Signif. codes:  0 '***' 0.001 '**' 0.01 '*' 0.05 '.' 0.1 ' ' 1

Residual standard error: 27.54 on 17 degrees of freedom
Multiple R-squared:  0.3353,	Adjusted R-squared:  0.2571
F-statistic: 4.288 on 2 and 17 DF,  p-value: 0.03105

> anova(HeightFirst)
Analysis of Variance Table

Response: Weight
          Df  Sum Sq Mean Sq F value  Pr(>F)
Height     1  5125.1  5125.1  6.7597 0.01868 *
Age        1  1377.7  1377.7  1.8171 0.19534
Residuals 17 12889.2   758.2
---
Signif. codes:  0 '***' 0.001 '**' 0.01 '*' 0.05 '.' 0.1 ' ' 1
>
```

Age의 회귀 제곱합은 그림 3-24처럼 먼저 입력될 때는 1032.0이지만 그림 3-25처럼 두 번째로 입력될 때는 1377.7이다. 예측변수가 예측된 변수와 상관관계가 있을 뿐만 아니라(그렇지 않은 경우는 사용할 필요가 없지 않을까?) 서로 상관관계에 있을 때 항상 모호한 상태가 된다.

따라서 모호성의 영향을 최소화하려면 제거 대상으로 고려해야 할 변수가 있을 때 전체 변수의 마지막에 해당 변수를 입력하는 것이 가장 좋다. 그 다음 모델 비교를 위해 해당 변수 없이 회귀 분석을 다시 실행한다.

그림 3-12는 Excel에서 모델 비교를 수행하는 방법을 보여 주며, 그림 3-26은 R로 수행할 수 있는 방법을 보여 준다. lm을 이용하여 두 개의 모델을 만든 다음 anova 함수를 사용하여 비교한다.

그림 3-26

두 모델을 비교할 때 anova 인수에 가장 제한된 모델을 먼저 인용하는 것이 좋다.

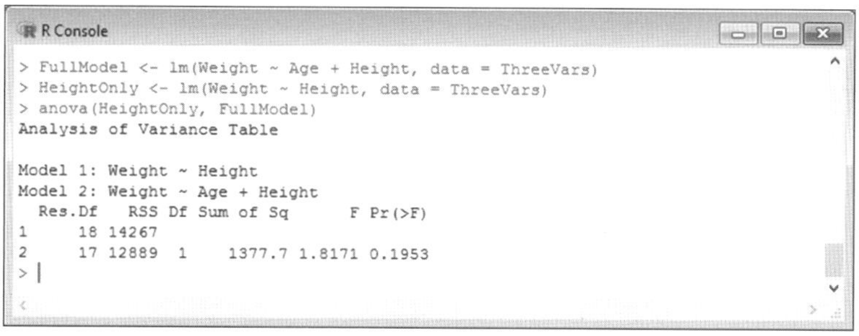

```
R Console
> FullModel <- lm(Weight ~ Age + Height, data = ThreeVars)
> HeightOnly <- lm(Weight ~ Height, data = ThreeVars)
> anova(HeightOnly, FullModel)
Analysis of Variance Table

Model 1: Weight ~ Height
Model 2: Weight ~ Age + Height
  Res.Df   RSS Df Sum of Sq      F Pr(>F)
1     18 14267
2     17 12889  1    1377.7 1.8171 0.1953
>
```

그림 3-26의 결과 레이아웃은 해석하기에 다소 어려운 7개의 열이 있다.

- 모델 번호는 1과 2이다.
- 잔차에 대한 자유도. 모델 1은 Height 예측자를 한 개만 가지지만 두 개의 예측자를 가진 모델 2는 모델 1보다 1 더 작은 잔차 자유도를 가진다.
- 잔차 제곱합. 그림 3-8의 셀 F7과 그림 3-9의 셀 G7처럼 이전 그림에서 이를 확인할 수 있다.
- 두 모델에 대한 자유도의 차이는 18 - 17 = 1이다.
- 두 모델의 잔차 제곱합의 차이는 1377.7이다. 이 차이는 모델 비교를 위한 F- 검정의 분자(Numerator)이다. anova 출력은 이 수치를 Sq의 합계로 표시한다.
- 불행히도 anova 함수는 F-비율의 분모를 반환하지 않는다. 모델 2의 잔차 제곱합 12889를 자유도 17로 나누면 758.186을 얻을 수 있으며, 이 결과가 F-비율의 분모(Denominator)이다. 분자를 분모로 나누어서 1.817의 F-비율을 얻는다.
- anova가 반환하는 마지막 항목은 모집단의 F-비율이 1.0인 경우 이 크기의 F-비율을 얻을 확률이다. 19.5%의 확률로 1.817의 F-비율은 아주 낮지는 않으며 Age를 예측자에서 제외하기로 결정할 수 있다.

이 결과와 그림 3-12에서 LINEST()를 기반으로 한 결과를 비교한다.

R은 Excel이 회귀 분석 도구에서 반환한 것과는 다른 기본 그래프가 있지만 잔차의 플롯도 반환한다. 예를 들어 Excel은 예측변수의 실제 값으로 잔차도를 만들고, 반면에 R의 기본값은 적합값(예측값)에 따른 예측된 변수의 잔차도를 반환한다. 그림 3-27을 참조한다.

그림 3-27

적합값에 따른 Weight 잔차도

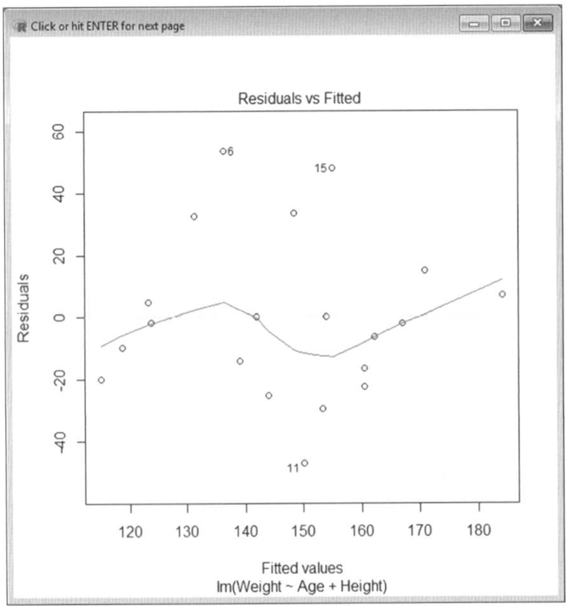

다른 플롯 유형을 지정하지 않으면 정규 quantile−quantile 플롯, 표준화 잔차(Standardized Residuals)에 의한 적합값 플롯 그리고 레버리지에 의한 잔차를 얻을 수 있다(레버리지는 예측자의 평균값으로부터 예측변수에 대한 관측값 거리를 측정하며 이는 Influence와 밀접한 관련이 있다).

R에는 다중 회귀를 얻기 위해 제공하는 매우 많은 함수와 패키지가 있다. 아마도 R에 대한 대안 문서를 얻기 위한 가장 좋은 방법은 다양한 웹 사이트를 찾아보는 것이다. 필자는 아래 함수를 살펴보는 것으로 마무리하려고 한다.

```
>confint(FullModel, level = 0.95)
```

이 함수(기본 통계 패키지에 포함됨)는 FullModel 변수에 있는 모델의 회귀계수 및 절편의 상한과 하한을 반환한다(FullModel은 이번 Part 앞에서 lm 함수로 생성되는 부분으로 설명되었다). 그림 3−28과 같은 결과가 나타난다.

그림 3-28
회귀계수의 신뢰 구간이 0.0에 이를 때 방정식에서 인수를 이용하여 이 신뢰 구간을 생략할 수 있다.

```
R Console
> confint(FullModel,level=0.95)
                  2.5 %      97.5 %
(Intercept) -359.6214235 110.1319183
Age           -1.4122137   0.3111267
Height         0.9419893   7.8381825
> |
```

이 결과를 그림 3−14와 비교해 보자.

레벨 인수를 변경하여 0.90과 0.99처럼 다른 신뢰 구간의 크기를 지정할 수 있다. 여기서 Age의 95% 신뢰 구간은 0이다.

Age 계수에 대한 신뢰 구간이 회귀계수의 모집단 값을 포착하는 신뢰 구간 95% 중 하나임을 결정하는 것은 합리적이다. 또한 이 값이 모집단 값을 포착하지 않는 신뢰 구간의 5% 중 하나임을 결정하는 것은 상당히 합리적이지 않으며, 따라서 회귀계수는 0.0이 아니다. 이 결과는 이 장의 앞부분에서 t−검정으로 Age 변수를 검증했을 때 나온 결과와 F−검정으로 얻은 모델 비교의 출력결과를 반영한다.

Part 4

Excel과 R의 분산 및 공분산 분석

복잡성에서 t-검정보다 한 단계 위거나 둘 이상의 요인을 가진 분산 분석(ANOVA)보다 한 단계 아래로서 성별, 정치적 관계, 사용한 약물 유형 등 한 가지 요인만 이용하는 분산 분석을 생각해 볼 수 있다.

t-검정은 남성과 여성, 또는 공화당(Republicans), 민주당(Democrats) 등 두 그룹에 대한 평균 비교에 국한된다. 그러나 분산 분석은 공화당, 민주당, 자유당(Libertarians) 같은 세 가지 집단 간의 차이를 평가하기 위해 고안되었다. 분산 분석은 동일한 분석에서 하나 이상의 요인을 수용할 수 있으므로 주어진 질병에 대해 성별, 약물 유형의 결합 효과를 동시에 연구할 수 있다. Part 4에서는 단일 및 다중 요인 분석을 포함하여 분산 분석의 유용한 확장과 공분산 분석에 대해서도 살펴볼 것이다.

Part 4에서는 Part 3과 마찬가지로 Excel 및 R의 범위 내에서 이 주제를 다룰 것이다. 이러한 분석은 앞에서 설명한 것보다 다소 복잡하다. 따라서 Excel과 R을 사용할 때 그 차이점에 주의를 기울이자.

- 분석체크 유형을 학습할 때는 Excel을 선택하는 것이 더 좋다. 원시 데이터에서 확률 추정까지의 과정을 확인하고자 할 때 Excel이 더 적합한 경우가 많기 때문이다.
- 주어진 함수로 데이터를 사용하는 방식을 알고 있으며, Excel에서 제공하지 않는 q와 같은 참조 분포(Reference Distributions)에 접근하려는 경우 R을 선택하는 것이 낫다.

Chapter 01

분산의 단일 요인 분석

Excel과 R은 하나 이상의 요인으로 설계를 처리하는 다양한 방법을 가지고 있다. 먼저 Excel에서는 어떤 접근 방식을 사용할지 결정해야 한다.

- 분산 분석(ANOVA)에 대한 전통적인 접근 방식 : 여러 가지 워크시트 함수를 통해 서로 다른 제곱합을 계산한다.
- 분산 분석 : 데이터 분석 추가 기능의 일원 배치법(Single Factor) 도구
- 모든 결과를 생성하기 위해 워크시트 함수 LINEST()에 의존하는 회귀 접근법

각 접근 방식에는 장점과 단점이 있다.

- 하나의 요인만 사용하는 경우 회귀 방식보다 전통적인 접근법이 빠르다. 데이터 분석 도구에서 반환한 정적 값 대신 실제 워크시트 함수를 반환하므로 기본 데이터를 쉽게 편집하고 출력 결과에 영향을 미치는지 즉시 확인할 수 있다.
- 데이터 분석 추가 기능의 일원 배치법 도구를 사용하면 전통적인 방법으로 워크시트 함수를 입력하는 기술 통계를 반환한다. 그러나 정적이기 때문에 기본 데이터 값 하나라도 변경하거나 오타를 수정할 경우 도구를 다시 실행해야 한다.
- 회귀 방법을 사용하려면 'Male' 및 'NSAID'와 같은 레이블을 LINEST()가 처리할 수 있는 숫자 값으로 다시 코딩해야 하므로 설정 과정이 지루할 수 있다. 그러나 한 번 작업되면 전통적인 접근 방식이나 분산 분석의 일원 배치법 도구에서 가능한 것보다 훨씬 많은 정보를 얻을 수 있다. 또한 각 디자인 셀의 관측 수가 균등하지 않을 때 요인 설계(Factorial Designs : 둘 이상의 인수가 있는 설계)를 처리하는 유일한 방법은 회귀 방식이다(필자는 더 많은 디자인을 수용하며 더 많은 정보를 제공하는 회귀 접근법을 선호한다).

Sheet 1 Excel에서 워크시트 함수 사용하기

그림 4-1은 하나의 요인과 그 요인에 대한 세 가지 수준으로 ANOVA를 수행하는 방법을 보여 준다.

그림 4-1
각 그룹의 관측 수가 같을 때 가장 단순한 분석을 보인다.

B15 =DEVSQ(B11:E11)*8

	A	B	C	D	E	F
1	Group	1	2	3	4	
2		4	2	6	10	
3		3	2	6	10	
4		5	6	11	4	
5		4	10	5	6	
6		5	1	4	5	
7		11	3	7	6	
8		5	7	10	8	
9		2	2	10	10	
10						
11	Mean	4.875	4.125	7.375	7.375	
12	Sum of Squares	50.875	70.875	47.875	41.875	
13						
14		SS	df	MS	F	p
15	Between groups	68.375	3	22.7917	3.0173	0.0465
16	Within Groups	211.5	28	7.5536		
17	Total	279.875	31			

각 셀에서 동일한 수의 관측치를 갖는 1요인 분산 분석은 가장 빠르고 쉽게 구성할 수 있다. 몇 가지 중간 계산이 필요하다.

B11:E11의 각 그룹의 평균. 예를 들어, 셀 B11에서 다음과 같이 계산한다.

```
=AVERAGE(B2:B9)
```

또한 각 그룹 내에서 편차 제곱의 합[제곱합(Sum of Squares)으로 더 자주 언급됨]이 필요하다. Excel의 DEVSQ() 함수는 사용하기에 편리하다. 제곱합은 B12:E12에 있으며 셀 B12에 사용된 공식은 아래와 같다.

```
=DEVSQ(B2:B9)
```

DEVSQ() 함수는 각 값에서 인수의 평균을 뺀 결과를 제곱하고 그 제곱의 합계를 구한다.
이제 그룹 간의 차이를 기반으로 분산 분석의 제곱합을 얻기 위해 그림 4-1의 B15셀은 아래 수식을 사용한다.

```
=DEVSQ(B11:E11)*8
```

집단 간 제곱합(the Sum of Squares Between)은 각 그룹의 경우의 수인 8을 곱한 값이다. 이는 그룹 평균과 전체 평균의 차이가 각 그룹에 대해 여덟 번, 각 관측치에 대해 한 번씩 취해지기 때문이다.

이 예제는 그룹 평균과 전체 평균값의 차이가 각 그룹에 대해 일정하기 때문에, 그룹의 관측 수와 제곱된 차이값의 합을 더하는 것이 더 간단하다.

그룹 내 제곱합(Sum of Squares Within)은 각 그룹 내 총 제곱합이다. 셀 B16의 수식은 다음과 같다.

```
=SUM(B12:E12)
```

ANOVA 테이블의 나머지 부분은 사용자가 예측한 대로 완료된다. 그룹 간 자유도는 그룹 수에서 1을 뺀 수이다. 그룹 내 자유도는 전체 개수에서 그룹 간 자유도를 뺀 값보다 1 작다.

각 제곱 평균(Mean Square, MS)은 자유도로 나눈 제곱의 합이다. 그리고 F-비율은 그룹 간 제곱 평균(MS Between)과 그룹 내 제곱 평균(MS Within)의 비율이다. 셀 F15에서 다음 공식을 사용하여 적어도 이 크기로 F-비율을 관측할 확률을 얻는다.

```
=F.DIST.RT(E15,C15,C16)
```

Sheet 2 분산 분석 : 일원 배치법 도구 사용하기

워크시트 함수 접근법은 매우 빠르며 기본 데이터를 편집해야 하는 경우 수식이 자동으로 다시 계산된다. 그림 4-2는 데이터 분석 추가 기능의 분산 분석:일원 배치법 도구를 사용하여 동일한 데이터 집합을 분석하는 방법을 보여 준다.

그림 4-2
도구 결과가 셀 A11에서 G24로 실행된다.

	A	B	C	D	E	F	G
1	Group	**1**	**2**	**3**	**4**		
2		4	2	6	10		
3		3	2	6	10		
4		5	6	11	4		
5		4	10	5	6		
6		5	1	4	5		
7		11	3	7	6		
8		5	7	10	8		
9		2	2	10	10		
10							
11	Anova: Single Factor						
12	SUMMARY						
13	*Groups*	*Count*	*Sum*	*Average*	*Variance*		
14	1	8	39	4.875	7.267857		
15	2	8	33	4.125	10.125		
16	3	8	59	7.375	6.839286		
17	4	8	59	7.375	5.982143		
18							
19	ANOVA						
20	*Source of Variation*	*SS*	*df*	*MS*	*F*	*P-value*	*F crit*
21	Between Groups	68.375	3	22.7917	3.0173	0.0465	2.9467
22	Within Groups	211.5	28	7.5536			
23							
24	Total	279.875	31				

일원 배치법 도구 사용은 쉽다. 우선 그림 4-2와 같이 B1:E9 범위의 데이터를 정렬해야 한다.

그 다음 아래 단계를 수행한다.

① Excel 리본 데이터 탭의 분석 그룹에서 데이터 분석을 클릭한다.

② 목록 상자에서 분산 분석:일원 배치법을 선택한다.

Note

원시 데이터의 범위를 반시계 방향으로 90도 회전시킬 수 있다. 일원 배치법 도구는 이러한 배열을 수용할 수 있다. 그러나 이런 방식은 Excel에서 데이터 집합을 배치하는 데 있어서 일반적인 방식은 아니다.

③ 열 레이블을 포함하여 원시 데이터가 있는 워크시트 범위를 드래그한다(여기서는 B1:E1).

④ '첫째 행 이름표 사용' 체크박스에 표시한다.

⑤ 원하는 경우 기본값인 .05 수준을 0.1 또는 0.01과 같은 다른 값으로 조정한다.

⑥ 출력 범위 옵션 버튼을 클릭한다. 편집 상자 클릭 후 출력할 셀을 클릭한다.

⑦ 확인을 클릭한다.

알파 상자(Alpha box)는 출력결과에서 F Crit 값에만 효과가 있다(F Crit는 Critical F-ratio의 줄임말이다). 이 값은 그룹 평균이 사용자가 정한 유의 수준(알파 수준)에서 차이가 없다는 가설을 거부하는 데 필요한 최소 F-비율을 알려 준다. 알파 수준을 선택하는 것은 매우 중요하지만 알파 상자에 입력한 값은 보고된 F Crit 값과 관련이 있다.

Note

그림 4-2의 셀 C21과 C22에서 보고된 자유도와 0.05의 기본 알파를 사용하는 이 수식을 사용하여 F Crit 값을 직접 얻을 수 있다.

```
=F.INV.RT(0.05,C21,C22)
```

분산 분석:일원 배치법 도구는 그림 4-2의 범위 A11:G24에 표시된 결과를 반환한다. 분산 분석 테이블은 그림 4-1에 표시된 워크시트 함수와 정확하게 동일한 결과를 반환한다.

Sheet 3 분산 분석에 회귀 접근법 사용하기

선형 회귀 분석과 분산 분석은 여러 그룹 간 평균 차이의 통계적 유의성을 검정한다. 두 가지 분석 유형 모두 F-검정으로 분석되며, 또한 모두 일반 선형 모델을 기반으로 한다. 두 가지 유형의 기본적인 차이점은 전통적인 분산 분석이 편차 제곱의 합(제곱합)을 계산하여 사용한다는 것이다. 회귀 분석 또한 제곱합을 사용하지만 R^2 값을 계산하여 공유 분산의 백분율을 계산하는 경로로 사용된다.

그림 4-3은 Excel의 주요 회귀 함수인 LINEST()을 이용하여 그림 4-1 및 4-2에서 사용된 데이터를 분석하는 방법을 보여 준다.

그림 4-3
원시 데이터는 목록 형식으로 정렬되어야 한다.

H9 =H6

	A	B	C	D	E	F	G	H	I	J	K	L
1	Score	Group	Group Vector 1	Group Vector 2	Group Vector 3			=LINEST(A2:A33,C2:E33,,TRUE)				
2	4	1	1	0	0			1.438	-1.813	-1.063	5.938	
3	3	1	1	0	0			0.842	0.842	0.842	0.486	
4	5	1	1	0	0			0.244	2.748	#N/A	#N/A	
5	4	1	1	0	0			3.017	28	#N/A	#N/A	
6	5	1	1	0	0			68.375	211.500	#N/A	#N/A	
7	11	1	1	0	0							
8	5	1	1	0	0			SS	df	MS	F	p
9	2	1	1	0	0		Between groups	68.375	3	22.792	3.017	0.0465
10	2	2	0	1	0		Within Groups	211.5	28	7.554		
11	2	2	0	1	0		Total	279.875	31			
12	6	2	0	1	0							
13	10	2	0	1	0							
14	1	2	0	1	0							
15	3	2	0	1	0							
16	7	2	0	1	0							
17	2	2	0	1	0							
18	6	3	0	0	1							
19	6	3	0	0	1							
20	11	3	0	0	1							
21	5	3	0	0	1							
22	4	3	0	0	1							
23	7	3	0	0	1							
24	10	3	0	0	1							
25	10	3	0	0	1							
26	10	4	-1	-1	-1							
27	10	4	-1	-1	-1							
28	4	4	-1	-1	-1							

Excel에서 회귀 분석을 수행하려면 다른 열에 있는 변수, 다른 행에 있는 레코드와 함께 원시 데이터가 리스트(또는 형식 테이블)에 있어야 하며, 이는 대개 사용자가 선호하는 데이터 정렬 방식이다. 실제로 그림 4-2에서 사용된 레이아웃은 Excel 자체가 아니라 분산 분석 도구에 의해 요구된다. 각 레코드가 속한 그룹을 보여 주기 위해 몇 가지 코딩 방법을 사용할 수 있다. 그림 4-3에서 사용된 방법은 이펙트 코딩(Effect Coding)이라고 불리는데, 그 이유는 전체 평균과 관련하여 특정 그룹에 속하는 결과와 동일한 회귀 계수를 발생시키기 때문이다.

열 C, D 및 E의 코드는 다음 규칙에 따라 적절한 그룹에 각 레코드를 배치한다.

- 그룹 1의 레코드는 그룹 벡터 1(C 열)에서 1을 얻고 다른 두 그룹 벡터에서 0을 얻는다.
- 그룹 2의 레코드는 그룹 벡터 2(D 열)에서 1을 얻고 C 및 E 열에서 0을 얻는다.
- 그룹 3의 레코드는 그룹 벡터 3(E 열)에서 1을 얻고 그룹 벡터 1과 2에서 0을 얻는다.
- 그룹 4의 레코드는 세 가지 벡터 모두에서 1을 얻는다.

이러한 코드를 사용하면 LINEST()를 사용하여 Score변수를 세 그룹 벡터로 회귀할 수 있다. 이 공식은 그림 4-3의 H2:K6 범위에 배열로 입력된다.

```
=LINEST(A2:A33,C2:E33,,TRUE)
```

분산 분석 테이블을 LINEST() 결과에서 조합하는 것은 간단하다. 분산 분석에서 가장 중요한 부분은 회귀 제곱합과 잔차 제곱합을 보여 주는 결과의 다섯 번째 행이다. 이들은 분산 분석 테이블에서 그룹 간 제곱합과 그룹 내 제곱합의 값이다. LINEST()는 잔차 자유도(셀 I5)와 F-비율(셀 H5)도 반환한다.

LINEST()는 다른 유용한 통계도 반환한다. 셀 H4에 표시된 R^2 값은 Group 변수의 가변성에 기인하는 Score 변수의 가변성 비율을 나타낸다. 행 2의 회귀 계수와 행 3의 표준 오류를 조합하면 다중 비교에 유용하며, 이는 어떤 것이 평균 차이인지 또는 어느 것이 유의한 F-비율에 해당하는지 파악하는 데 도움이 된다(이 예제에서 사용된 이펙트 코딩과 함께 Dunnett 절차는 여러 가지 비교 방법을 적절히 선택할 수 있다).

Chapter 02

R을 사용하는 단일 요인 분산 분석

R은 기본 패키지와 제공된 패키지 모두에서 분산 분석을 반환하는 많은 함수를 가지고 있다. 여기에서는 좀 더 복잡한 설계를 다루는 법을 포함하여 단일 요인 분산 분석을 설명하기 위해 필요한 몇 가지 항목을 살펴볼 것이다.

Sheet 1 데이터 설정

데이터 프레임을 어떻게 설정하는지 살펴보면서 R에서 분산 분석을 실행하는 방법에 대한 논의로 시작하겠다. 이번 Part에서 지금까지 그룹을 구별하는 데 사용된 레이블은 분석 결과에 의미 있는 영향을 미치지는 않았다. 구분 지점을 만들기 위해 필자는 숫자 1, 2, 3, 4로 4개의 그룹에 레이블을 붙였다.

레이블의 특성은 Excel의 워크시트 함수가 분석을 가져오는 방식에 영향을 미치지 않는다. 데이터 분석 추가 기능에서 분산 분석:일원 배치법 도구를 사용하고 입력 범위의 일부로 그룹 레이블을 포함하는 경우 기술 통계의 출력 결과에서 이를 사용한다(그림 4-2의 범위 A14:A17 참조). 그러나 레이블은 분석 자체에 아무런 영향을 미치지 않는다.

분산 분석의 데이터 소스로 R에 데이터 프레임을 작성하려면 몇 가지 주의가 필요하다. 그룹 구성원을 식별하기 위해 숫자 1, 2, 3 및 4를 계속 사용하면 R은 숫자 변수에 속하는 값으로 해석한다(예를 들어 Excel에서 '첫째 행 이름표 사용' 체크박스에 표시하는 것을 잊었을 경우도 마찬가지다). 그러나 중요한 점은 R은 분석을 정의할 때 데이터 프레임 변수에 대한 기존 정보에 의존한다는 것이다.

예를 들어, Part 2에서 아래 명령어로 delivery_min이 입력될 때 DescTools 패키지의 Desc 함수가 어떻게 이를 숫자 변수로 인식하는지를 확인했다.

```
> Desc(temperature ~ delivery_min, d.pizza)
```

데이터 프레임의 정보는 temperature 및 delivery_min이 숫자 변수임을 나타내므로 Desc는 상관관계와 요청된 분산형 차트를 반환한다.

그러나 그림 4-3의 B열과 같이 그룹에 레이블을 지정하기 위해 숫자 값을 사용하여 R의 데이터 프레임을 채우는 경우 R은 변수가 숫자라고 가정한다. 그리고 R 함수가 Group별로 Score를 분석하는 분산 분석을 반환한다고 말할 때, 이 함수는 Group이 문자 값 계수가 아닌 숫자 공변량으로 생각한다. 따라서 3이 아닌 1의 자유도를 얻으면서 유의 검정은 모두 잘못된 결과를 가져온다.

이것은 함수의 인수에서 식별한 변수의 특성을 참조하여 분석 방법을 선택하는 R의 접근 방식에 대한 단점을 나타낸다. Excel과 특히 통계를 위해 사용되는 많은 응용 프로그램에서 사용자는 변수와 사용할 분석을 식별해야 한다. R은 데이터 프레임의 변수에 대한 정보를 사용하여 분석이 선택한 바를 알린다. 그림 4-4와 같은 문제를 피하기 위해 주의해야 한다.

그림 4-4

이 함수는 Group이 숫자 변수로 의도된 것으로 가정한다.

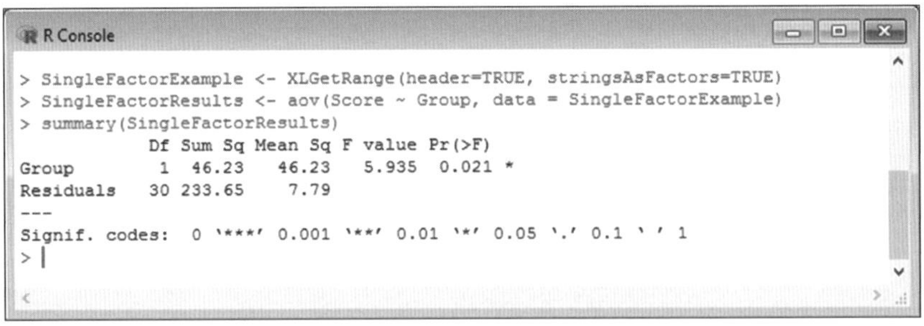

aov 함수는 데이터 프레임을 인수로 사용하여 분산 분석을 반환하는 R의 다양한 함수 중 하나이다. 그러나 데이터 프레임이 그림 4-4에서 설계되었으므로 여기서 도움이 되지 않는다. 그림 4-4에서 R의 aov 함수는 Group 변수가 네 가지 레벨의 요인이 아니라 공변량(Covariate)으로 나타나는 숫자 예측자로 간주한다.

이 문제는 여러 가지 방법으로 처리할 수 있으며, 다음은 그 중 두 가지 방법이다.

- R에서 동일한 숫자 값을 사용하지만 R이 요인으로 취급하는 새 변수 생성하기
- R로 데이터를 가져오기 전에 Excel의 숫자 값을 문자(예 : A, B, C 및 D)로 바꾸기

다음과 같은 코드를 사용하여 aov가 공변량이 아니라 하나의 요인으로 취급하는 새로운 변수를 만들 수 있다.

```
> GroupFactor <- as.factor(SingleFactorExample$Group)
> SingleFactorResults <- aov(Score ~ GroupFactor, data
  = SingleFactorExample)
> summary(SingleFactorResults)
```

이 방법은 Group 변수의 숫자 값을 새 GroupFactor 변수의 수준으로 사용한다. Group이 공변량이 아닌 레벨을 가진 요인으로 간주되면서 제곱과 자유도의 합이 올바르게 계산된다.

Sheet 2 분산 분석 테이블 정렬하기

그림 4-5는 Excel에서 Group 변수를 다시 작성하여 네 가지 레벨을 구별하기 위해 숫자가 아닌 문자 값을 갖도록 분석을 수행하는 방법을 보여 준다.

그림 4-5
이 함수는 Group이 요인으로 의도된 것으로 가정한다.

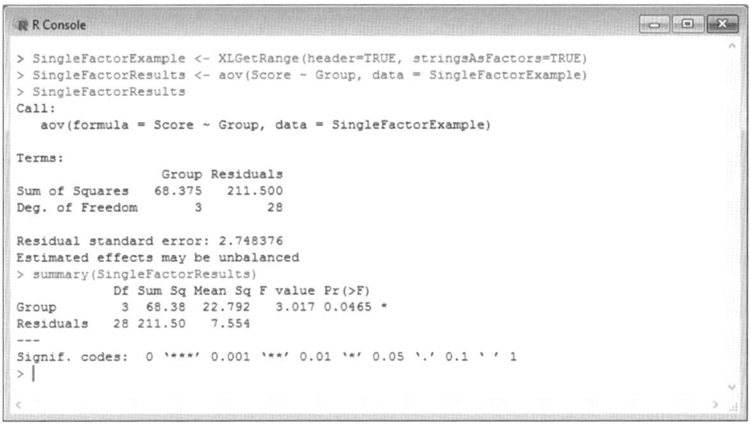

```
R Console
> SingleFactorExample <- XLGetRange(header=TRUE, stringsAsFactors=TRUE)
> SingleFactorResults <- aov(Score ~ Group, data = SingleFactorExample)
> SingleFactorResults
Call:
   aov(formula = Score ~ Group, data = SingleFactorExample)

Terms:
                 Group Residuals
Sum of Squares  68.375   211.500
Deg. of Freedom      3        28

Residual standard error: 2.748376
Estimated effects may be unbalanced
> summary(SingleFactorResults)
            Df Sum Sq Mean Sq F value Pr(>F)
Group        3  68.38  22.792   3.017 0.0465 *
Residuals   28 211.50   7.554
---
Signif. codes:  0 '***' 0.001 '**' 0.01 '*' 0.05 '.' 0.1 ' ' 1
> |
```

그림 4-5에서 보여 준 결과는 그림 4-4에 보이는 것처럼 자유도 1의 공변량이 아닌, 네 가지 수준과 자유도 3을 가지는 요인으로 Group을 다루는 것에 주목한다. 차이점은 4개의 그룹 레이블에 대해 1, 2, 3 및 4의 원시 데이터 값을 A, B, C 및 D로 변경한 것이다. XLGetRange 함수는 활성 Excel 워크시트의 선택

된 범위에서 데이터를 가져오고 이 예제에서는 SingleFactorExample이라는 이름의 데이터 프레임에 배치한다

SingleFactorExample 데이터 프레임의 변수 Score 및 Group에 aov 함수를 적용한 결과는 그림 4-5에 SingleFactorResults로 나타난다. 그러나 레이아웃이 보기에 불편하다. 요인 Group 과 잔차 제곱합으로 인한 제곱합 뿐만 아니라 각 변동 요인 대한 자유도가 제공된다. 그리고 몇 가지 이유로 인해 선형 회귀에서 추정 표준 오차라는 용어를 얻을 수 있다(그림 4-3, 셀 I4 참조). 제곱합과 자유도가 주어지면 전체 분산 분석 테이블을 조합할 수 있다.

하지만 그렇게 할 필요는 없으며, 여기에서 summary 함수를 사용할 수 있다. 그림 4-5의 두 번째 분석은 summary 함수를 배포할 때 SingleFactorResults의 내용이 어떻게 되는지 보여 준다. 이 함수는 사용자가 인수로 제공하는 객체에 따라 다르게 작동한다. aov 함수에 의해 생성된 결과의 경우, summary 함수는 각 변동 요인에 대한 행과 자유도의 열, 제곱합, 평균 제곱, F-비율 및 F-비율 확률과 함께 전형적인 분산 분석 테이블로 SingleFactorResults 내용을 다시 형식화한다.

분산 분석 테이블을 반환하는 R의 또 다른 함수는 car 패키지의 일부인 Anova 함수이다. 이 함수를 사용하려면 먼저 car 패키지[car는 Companion for Applied Regression의 약어]를 설치한 다음 library를 사용하여 로드해야 한다. 또한 Anova의 인수로 lm 함수를 호출해야 한다(그림 4-6의 두 번째 문장 참조). 그림 4-6의 Anova 결과와 그림 4-5의 aov 결과를 비교한다.

그림 4-6

Anova 함수를 사용하면 ANOVA 테이블을 얻기 위해 summary를 사용할 필요가 없다.

R Console

```
> SingleFactorExample <- XLGetRange(header=TRUE,stringsAsFactors=TRUE)
> SingleFactorResults <- Anova(lm(Score ~ Group, SingleFactorExample))
> SingleFactorResults
Anova Table (Type II tests)

Response: Score
          Sum Sq Df F value  Pr(>F)
Group     68.375  3  3.0173 0.04647 *
Residuals 211.500 28
---
Signif. codes:  0 '***' 0.001 '**' 0.01 '*' 0.05 '.' 0.1 ' ' 1
> summary(SingleFactorResults)
     Sum Sq             Df            F value          Pr(>F)
 Min.   : 68.38   Min.   : 3.00   Min.   :3.017   Min.   :0.04647
 1st Qu.:104.16   1st Qu.: 9.25   1st Qu.:3.017   1st Qu.:0.04647
 Median :139.94   Median :15.50   Median :3.017   Median :0.04647
 Mean   :139.94   Mean   :15.50   Mean   :3.017   Mean   :0.04647
 3rd Qu.:175.72   3rd Qu.:21.75   3rd Qu.:3.017   3rd Qu.:0.04647
 Max.   :211.50   Max.   :28.00   Max.   :3.017   Max.   :0.04647
                                  NA's   :1       NA's   :1
>
```

그림 4-6에서 Anova 함수는 분산 분석 테이블을 직접 반환한다. 결과에 summary 함수를 적용하면, 분산 분석 테이블의 데이터 중에서 발견된 특정 분위수의 테이블을 얻게 된다. 여기서 시사점은 summary 함수를 결과 집합에 적용해야 할 때와 필요하지 않을 때를 경험을 통해 알 필요가 있다는 것이다.

그림 4-5와 4-6에 표시된 결과를 얻은 후 귀무가설이 사실일 경우 F-비율을 사용할 수 없으므로 그룹 평균을 살펴볼 수 있다.
Part 2에서 볼 수 있듯이, R의 DescTools 패키지에는 Desc 수준의 기술 통계를 반환하는 Desc 함수가 있다. 그림 4-7을 참조한다.

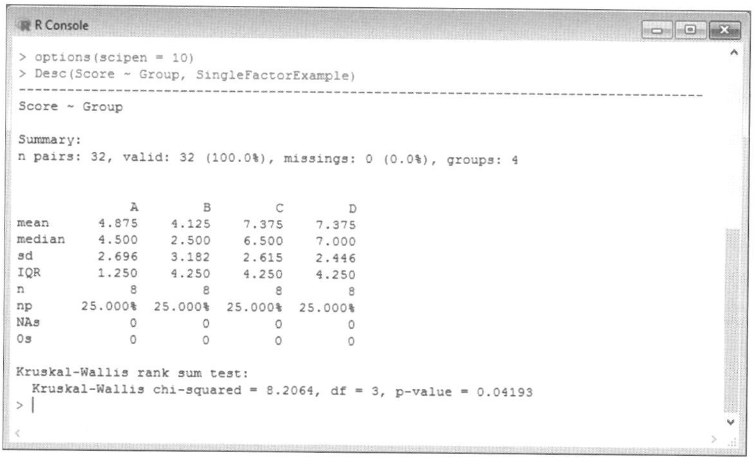

그림 4-7
Desc 함수는 분산 분석의 기술 통계량을 반환한다.

그룹 A와 B, 그룹 C와 D의 평균 차이는 F-비율의 크기이지만 이를 확인하려면 Excel에서 다중 비교 절차를 실행해야 한다(이번 Part의 뒷부분에 있는 Excel 및 R의 다중 비교 절차 섹션에서 자세한 내용을 읽을 수 있다). 한편, 그룹 크기가 다른 경우 다른 그룹에서 다른 표준 편차(다양한 분산)에 대한 질문이 제기된다. 이 경우 그룹 수는 동일하며 분산은 문제되지 않을 만큼 서로 가까운 위치에 있다.

Sheet 3 누락 값이 있는 단일 요인 분산 분석

각 셀을 설계할 때 실험자는 각 디자인 셀에 동일한 수의 레코드를 보유하도록 영향을 검정하며, 이때 상당히 작은 단위로 엄격하게 제어한다. 이전 섹션에서 살펴본 데이터 집합 역시 마찬가지이다. 해당 데이터 집합은 네 개의 그룹에 각각 8개의 관측을 지녔다.

그러나 종종 셀 크기 사이에 몇 가지 차이점이 있다. 이러한 차이는 검정 중인 효과와 아무 관련이 없는 이유로 발생할 수 있으며, 반복될 수도 있다. 이 차이는 요인 설계(두 개 이상의 요인이 있는 설계)에서 중요해질 수 있다. 그러나 단일 요인 설계(Single-Factor Designs)의 경우에도 셀 크기가 매우 다르며 그룹 분산 역시 매우 다른 상황에 주의해야 한다.

큰 그룹의 분산이 클수록 중앙 F-분포가 암시하는 것보다 더 보수적인 F-검정으로 이어지며 잔차 변동성이 과대평가되는 경향이 있다. 마찬가지로, 큰 그룹의 분산이 작으면 F-검정이 더 자유롭다. Desc 함수가 제공하는 그룹 크기 및 표준 편차에 대한 보고는 이러한 상황 중 하나가 발생했음을 경고한다(다행히도 확률 진술에서의 차이는 변동성과 셀 크기의 차이가 3대1 또는 그 이상이 아닌 한 비현실적이다).

이 문제와 별개로 단일 요인 분석에서 셀 크기가 동일하지 않을 때 필요한 F-비율의 계산에 대한 기본적인 조정은 없다. 그림 4-8을 참조한다.

그림 4-8
셀 크기는 더 이상 동일하지 않다.

B15 =(B13-$F$13)^2*B12

	A	B	C	D	E	F
1		Group 1	Group 2	Group 3	Group 4	
2		4	2	6	10	
3		3	2	6	10	
4		5	6	11	4	
5		4	10	5	6	
6		5	1	4	5	
7		11	3	7	6	
8		5	7	10	8	
9		2		10		
10						
11		Group 1	Group 2	Group 3	Group 4	Grand mean
12	Count	8	7	8	7	
13	Mean	4.875	4.429	7.375	7	5.933
14	Sum of Squares	50.875	65.714	47.875	34	
15	Squared Mean Deviations	8.961	15.850	16.627	7.964	
16						
17		SS	df	MS	F	p
18	Between groups	49.40238	3	16.467	2.157	0.1173
19	Within Groups	198.4643	26	7.633		
20	Total	247.8667	29			

그림 4-8은 ANOVA 계산에 대한 워크시트 함수 접근법을 사용한다. 원시 데이터는 이 장의 이전 예제에서 사용한 것과 동일하지만 하나의 레코드가 B 그룹에서 삭제되고 다른 레코드가 D 그룹에서 삭제된다는 점만 다르다.

동일하지 않은 그룹 크기로 인해 각 그룹 평균의 평균 제곱근 편차는 각 제곱 편차에 그룹 크기를 곱하여 따로 계산해야 한다. 그룹 크기가 같으면 그룹 n은 상수이고 그룹 사이의 합은 하나의 수식만으로 계산할 수 있다.

그 외의 계산은 단일 요인, 등가 설계에 사용된 것과 동일하다. 이 경우 데이터 세트에서 두 레코드를 제거하면 F−비율의 크기가 감소하므로 중앙 F 분포에서 발생 가능성이 높아진다. 동일한 데이터 집합에 데이터 분석 추가 함수의 'ANOVA: 단일 요인'을 사용한 분석 결과가 그림 4−9에 나와 있다.

그림 4-9

ANOVA 테이블의 결과는 워크시트 함수가 반환한 결과와 동일하다.

	A	B	C	D	E	F	G
1		Group 1	Group 2	Group 3	Group 4		
2		4	2	6	10		
3		3	2	6	10		
4		5	6	11	4		
5		4	10	5	6		
6		5	1	4	5		
7		11	3	7	6		
8		5	7	10	8		
9		2		10			
10							
11	Anova: Single Factor						
12							
13	SUMMARY						
14	*Groups*	*Count*	*Sum*	*Average*	*Variance*		
15	Group 1	8	39	4.875	7.267857		
16	Group 2	7	31	4.429	10.95238		
17	Group 3	8	59	7.375	6.839286		
18	Group 4	7	49	7	5.666667		
19							
20	ANOVA						
21	*Source of Variation*	*SS*	*df*	*MS*	*F*	*P-value*	*F crit*
22	Between Groups	49.402	3	16.467	2.157	0.1173	2.9752
23	Within Groups	198.464	26	7.633			
24	Total	247.867	29				

그림 4−10과 같이 회귀 접근법이 일치한다. 워크시트 함수, 분산 분석:일원 배치법 도구 또는 회귀 분석법에 관계없이 같거나 균등하지 않은 셀 크기 모두에서 동일한 결과를 얻는다. 또한 워크시트 함수를 사용하는 그룹 사이의 제곱합 계산에는 한 가지 예외가 있다. 균등하지 않은 셀의 크기는 분산 분석 테이블에서 수치를 얻는 방법에 별다른 차이를 만들지 않는다.

그림 4-10

ANOVA 테이블의 결과는 워크시트 함수가 반환한 결과와 동일하다.

H10 =G6

	A	B	C	D	E	F	G	H	I	J	K	L
1	Score	Group	Group Vector 1	Group Vector 2	Group Vector 3		=LINEST(A2:A31,C2:E31,,TRUE)					
2	4	Group 1	1	0	0		1.455	-1.491	-1.045	5.920		
3	3	Group 1	1	0	0		0.856	0.895	0.856	0.506		
4	5	Group 1	1	0	0		0.199	2.763	#N/A	#N/A		
5	4	Group 1	1	0	0		2.157	26	#N/A	#N/A		
6	5	Group 1	1	0	0		49.402	198.464	#N/A	#N/A		
7	11	Group 1	1	0	0							
8	5	Group 1	1	0	0			Sum of		Mean		
9	2	Group 1	1	0	0			Squares	df	Squares	F	Prob of F
10	2	Group 2	0	1	0		Regression	49.402	3	16.467	2.157	0.117
11	2	Group 2	0	1	0		Residual	198.464	26	7.633		
12	6	Group 2	0	1	0							
13	10	Group 2	0	1	0							
14	1	Group 2	0	1	0							
15	3	Group 2	0	1	0							
16	7	Group 2	0	1	0							
17	6	Group 3	0	0	1							
18	6	Group 3	0	0	1							
19	11	Group 3	0	0	1							
20	5	Group 3	0	0	1							
21	4	Group 3	0	0	1							
22	7	Group 3	0	0	1							
23	10	Group 3	0	0	1							
24	10	Group 3	0	0	1							
25	10	Group 4	-1	-1	-1							
26	10	Group 4	-1	-1	-1							
27	4	Group 4	-1	-1	-1							

Chapter 03

요인 분산 분석

요인 분산 분석(Factorial ANOVA)은 둘 이상의 요인을 동시에 사용하는 것이다. 즉, 간단한 2×2 요인 설계로 남성과 여성에 대해 두 가지 약물의 다른 영향을 조사할 수 있다. '요인(Factorial)'이라는 용어는 오해의 소지가 있는 통계 전문 용어의 전형적인 예이다. 단일 요인 설계(Single−Factor Design)에 대한 비요인(Non−Factorial)이란 개념은 따로 없다. 그러나 통계 분야는 수년 동안 둘 이상의 요인을 가진 설계를 위해 '요인(Factorial)'이라는 용어를 보유하기로 결심했다.

요인 분산 분석의 기초가 되는 설계 실험은 충분히 수행하도록 권장된다. 두 개 이상의 요인이 있을 때 결합 효과를 평가할 수 있는 유일한 방법이기 때문이다. 예를 들어 약물 A는 여성보다 남성에게 더 효과가 좋은지, 약물 B는 모두에게 좋은지 여부를 평가한다.

또 다른 장점은 요인 설계에서 더 많은 통계적 강점을 얻을 수 있다는 것이다. 종속 변수의 편차 중 일부는 오차 기간 대신 두 번째 요인에 기인하여 F−비율의 값을 증가시키는 경향이 있다. 또한 다수의 피실험자 그룹으로 여러 단일 요인 실험을 실행하는 것보다 하나의 피실험자 그룹 및 연관된 비용에서 나온 두 가지 이상의 요인으로부터 더 많은 정보를 얻을 수 있다.

Excel은 요인 설계를 완벽하게 분석할 수 있다. 워크시트 함수만으로 균형 잡힌 설계(균등하거나 비례적인 셀 크기의 설계)를 처리할 수 있으며 데이터 분석 추가 기능에는 동일한 셀 크기의 2요인 설계를 위한 도구가 포함되어 있다. Excel에서 불균형 요인 설계에 회귀 분석을 사용해야 할 수도 있지만 R에는 균형 요인 설계 및 불균형 요인 설계를 처리하는 다양한 함수가 있다. 이 섹션의 나머지 부분에서는 몇 가지 옵션을 단계별로 설명한다.

Sheet 1 Excel의 균형 2요인 설계

Excel의 워크시트 함수는 분산 분석 테이블에 도달하기 위해 그룹 간 및 그룹 내 합계를 사용한다. 또한 균형 잡힌 설계를 위해 기존 2요인 분석을 반환할 수 있다. 그림 4-11은 4개의 치료 그룹과 남녀가 있는 새로운 데이터 집합으로 계산을 나열한다.

그림 4-11
ANOVA 테이블은 두 가지 주효과(Main Effect: Group 및 Sex)와 하나의 상호 작용 효과를 호출한다.

I17 =DEVSQ(B11:E11)*2*4

	A	B	C	D	E	F	G	H	I	J	K	L	M
1		Group 1	Group 2	Group 3	Group 4		Marginal Means						
2	Female	4	2	6	10		5.875						
3		3	2	6	10								
4		5	6	11	4								
5		4	10	5	6								
6	Male	5	1	4	5		6.000						
7		11	3	7	6								
8		5	7	10	8								
9		2	2	10	10								
10													
11	Marginal Means	4.875	4.125	7.375	7.375		5.9375						
12													
13	Cell Means	4	5	7	7.5								
14		5.75	3.25	7.75	7.25						ANOVA table		
15									SS	df	MS	F	p
16	Cell Sums	2.00	44.00	22.00	27.00			Sex	0.125	1	0.125	0.015	0.903
17	of Squares	42.75	20.75	24.75	14.75			Group	68.375	3	22.792	2.763	0.064
18								Sex by Group	13.375	3	4.458	0.540	0.659
19	Interaction	0.660	0.879	0.098	0.035			Within	198.000	24	8.250		
20	Sums of Squares	0.660	0.879	0.098	0.035			Total	279.875				

2요인 분산 분석에 대한 준비는 예상대로 단일 요인 분석보다 다소 복잡하다. 여기서 추가 요인 및 상호 작용(Interaction : 두 요인의 결합 효과에 대한 일반적인 용어)을 고려해야 한다. 아래 설명을 살펴 보자.

- 주변 평균(Marginal Means). 그림 4-11에서 성별(Sex) 인자에 대한 주변 평균은 셀 G2(표본의 모든 여성의 평균)와 G6(표본의 모든 남성의 평균)에 있고, Group의 주변 평균은 B11:E11 범위에 있으며, 총 평균은 셀 G11에 있다. 이러한 모든 평균은 Excel의 AVERAGE() 함수를 사용하여 계산된다.
- 8개의 셀 평균은 B13:E14에 있으며 AVERAGE() 함수로 다시 계산된다.
- 각 셀 내의 제곱합은 B16:E17에 있다. 예를 들어, Group 1의 여성 평균과 편차 제곱의 합(Sum of The Squared Deviations)은 다음 수식을 사용하여 셀 B16에 반환된다.

  =DEVSQ(B2:B5)
- 범위 B19 : E20은 다른 종류의 제곱합을 누적한다. 각 셀 평균에서 셀을 정의하는 주효과(여기서 Sex와 Group) 집단 모두에 대한 주변 평균을 뺀다. 그 다음 총 평균은 추가하고 결과는 제곱한다. 예를 들어 셀 B19의 수식은 다음과 같다.

  =(B13-G2-B11+G11)^2

사전 계산을 통해 분산 분석 테이블을 조합할 수 있다. 이 중 어려운 부분은 아래에 설명된 제곱합이다.

- 셀 I16의 Sex 요인 간 제곱합은 다음 공식을 사용한다.
  =DEVSQ(G2:G6)*4*4
  다시 말하면, DEVSQ() 함수를 통해 여성과 남성 평균값에 대한 제곱합을 구한 다음 Sex의 각 레벨에서 관측 수를 곱한다. Group의 4레벨에 4개의 여성 값을 곱하며 이는 16이 된다.
- 셀 요인 I17의 Group 요인에 대한 두 제곱의 합은 다음 공식을 사용한다.
  =DEVSQ(B11:E11)*2*4
  DEVSQ()를 사용하여 Group 평균의 편차 제곱합을 구한다. 다음 Group의 각 레벨에서 관측 수를 곱한다. Sex의 레벨 2를 4의 관측치로 곱하면 8이 된다.
- 셀 I18의 Sex와 Group의 상호 작용에 대한 제곱합은 B19:E20 범위에서 완료된 기초 작업에 쉽게 주어진다. 해당 범위의 셀 합계에 설계된 각 셀의 관측 수를 곱하면 된다.
  =4*SUM(B19:E20)
- 셀 I19에 있는 그룹 내 제곱합 또한 쉽게 계산된다.
  =SUM(B16:E17)
  8개의 그룹 각각의 제곱합에 대한 합계이다.
- 총 제곱합은 총 평균에서 오는 모든 관측치의 편차 제곱의 합이다. 각 주효과(여기서는 Sex 및 Group)에 대한 총 제곱합과 상호 작용의 제곱합, 거기에 그룹 내 제곱합을 더하면 원하는 값을 검정할 수 있다. 다음 Excel 구문을 확인한다.
  =SUM(I16:I19)

분산 분석 테이블의 나머지 부분은 예상대로이다. 각 주효과의 자유도는 레벨 수에서 1을 뺀 값이다. 상호 작용의 자유도는 상호 작용에 관련된 각 요인의 자유도의 곱이다. 그리고 그룹 내 자유도는 전체 관찰 수에서 주 효과와 상호 작용의 자유도를 뺀 값보다 1 작다.

주효과, 상호 작용 및 그룹 내 평균 제곱은 결과의 제곱합을 자유도로 나눈 값이다. 그리고 각 결과에 대한 F-비율은 결과에 대한 평균 제곱을 그룹 내 평균 제곱으로 나눈 값이다. F.DIST.RT() 함수를 사용하여 각 F-비율과 관련된 확률을 구할 수 있다. 예를 들면, 다음 수식은 상호 작용에 대한 그룹 내 평균 제곱과 관련된 F-비율의 확률을 구한다.

```
=F.DIST.RT(L18,J18,$J$19)
```

셀 L18은 F-비율, J18은 상호 작용의 자유도를, 그리고 J19는 그룹 내 평균 제곱의 자유도를 포함한다.

지금까지의 과정이 불필요하게 복잡해 보일 수 있으며, 특히 Excel의 워크시트 함수로 단일 요인 분산 분석을 구조화하는 것과 비교할 때 걱정되는 부분이다. 이미 전에 사용자들이 충분히 경험해 왔던 부분이고 여기서도 관련된 모든 단계들을 짚어 보기 위해 주로 다뤄왔다. 학생이 통계 수업의 일부로 살펴 보기에 유용한 과정이지만 이미 충분하다. Excel의 또 다른 방법은 데이터 분석 추가 함수에서 '분산 분석: 반복 있는 이원 배치법(ANOVA : Two Factor with Replication)'을 사용하는 것이다.

Sheet 2 균형 2요인 설계 및 분산 분석 도구

데이터 분석(Data Analysis) 추가 함수에는 분산 분석: 일원 배치법 도구 외에도 두 개의 2요인 도구가 있다. '분산 분석: 반복 있는 이원 배치법(ANOVA : Two Factor with Replication)'은 이전 섹션에서 논의한 균형 2요인 설계를 위한 것이다. '분산 분석: 반복 없는 이원 배치법(ANOVA : Two Factor Without Replication)'은 반복되는 평균 분석의 전통적인 방법을 제공한다. 이 두 도구에서 사용되는 반복(Replication)이라는 용어는 간단하게 각 셀에 하나 이상의 관측치가 있음을 의미한다.

리본의 데이터 탭에서 데이터 분석을 선택할 때 나타나는 목록 상자에서 분산 분석의 이원 배치법 도구를 선택하여 시작한다. 그림 4-12와 같은 대화 상자가 나타난다.

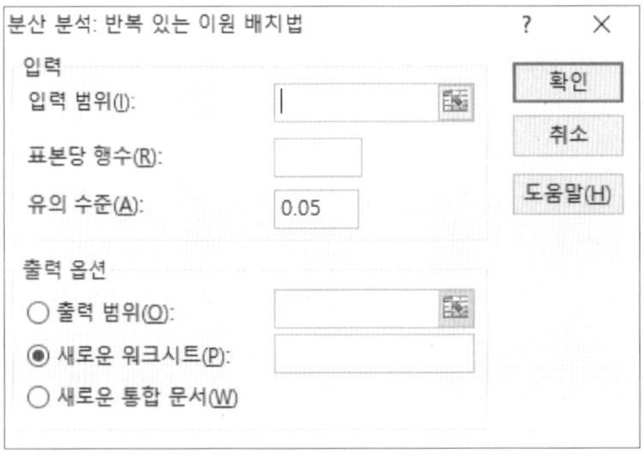

그림 4-12
이 대화 상자는 원시 데이터의 레이아웃에 약간의 주의가 필요하다.

그림 4-13은 분산 분석과 함께 사용할 데이터를 배치하는 방법을 보여 준다. 그렇지 않은 경우 데이터 집합은 이전 섹션에서 사용된 것과 동일하다.

그림 4-13

B1:E1, A2 및 A6에 레이블을 포함해야 한다.

	A	B	C	D	E
1		**Group 1**	**Group 2**	**Group 3**	**Group 4**
2	**Female**	4	2	6	10
3		3	2	6	10
4		5	6	11	4
5		4	10	5	6
6	**Male**	5	1	4	5
7		11	3	7	6
8		5	7	10	8
9		2	2	10	10

그림 4-12에 보이는 대화상자에서 '첫째 행 이름표 사용' 체크박스 선택란이 없음을 알 수 있을 것이다. 그러므로 지정한 입력 범위에 행 및 열 레이블이 모두 포함되어야 한다. 즉, 데이터가 그림 4-13에 나와 있듯이 A1:E9 범위를 입력 범위로 지정해야 한다.

또한 입력 데이터에서 행을 차지하는 요인의 각 레벨을 나타내는 행 수를 지정해야 한다. 이 경우 여성과 남성에게 각 네 개의 행이 있으므로 표본당 행 수(Rows Per Sample) 입력란에 4를 입력한다.

출력을 시작할 위치를 지정한 후 확인을 클릭하여 도구를 실행한다. 그림 4-14와 비슷한 결과를 얻는다.

그림 4-14

필자는 모든 출력 결과를 하나의 그림으로 재구성했다.

	A	B	C	D	E	F	G
1		**Group 1**	**Group 2**	**Group 3**	**Group 4**		
2	**Female**	4	2	6	10		
3		3	2	6	10		
4		5	6	11	4		
5		4	10	5	6		
6	**Male**	5	1	4	5		
7		11	3	7	6		
8		5	7	10	8		
9		2	2	10	10		
10							
11	ANOVA						
12	*Source of Variation*	*SS*	*df*	*MS*	*F*	*P-value*	*F crit*
13	Sample	0.125	1	0.125	0.015	0.903	4.260
14	Columns	68.375	3	22.792	2.763	0.064	3.009
15	Interaction	13.375	3	4.458	0.540	0.659	3.009
16	Within	198	24	8.250			
17	Total	279.88	31				

	I	J	K	L	M	N
1	Anova: Two-Factor With Replication					
2						
3	SUMMARY	Group 1	Group 2	Group 3	Group 4	Total
4	*Female*					
5	Count	4	4	4	4	16
6	Sum	16	20	28	30	94
7	Average	4	5	7	7.5	5.875
8	Variance	0.667	14.667	7.333	9	8.517
9						
10	*Male*					
11	Count	4	4	4	4	16
12	Sum	23	13	31	29	96
13	Average	5.75	3.25	7.75	7.25	6
14	Variance	14.250	6.917	8.25	4.917	10.133
15						
16	*Total*					
17	Count	8	8	8	8	
18	Sum	39	33	59	59	
19	Average	4.875	4.125	7.375	7.375	
20	Variance	7.268	10.125	6.839	5.982	

보통 기술 통계 아래에 분산 분석 테이블이 있지만 공간 활용을 위해 이동했다. 그림 4-14의 분산 분석 테이블과 그림 4-11의 분산 분석 테이블을 비교하면 정확하게 동일한 결과를 반환하는 것을 확인할 수 있다. 그러나 그림 4-12에서 4-14에 걸쳐 설명된 접근법이 훨씬 빠르다.

다른 한편으로는, 어느 쪽의 방법도 불균등 셀 크기를 수용할 수 없다. 또한 데이터 분석의 ANOVA 도구는 공변량을 수용할 수 없다. 두 경우 모두 회귀 접근법에 의존해야 한다(통계 분석을 위해 특별히 설계된 응용 프로그램은 불균형 요인설계와 관련이 있다). 다음 섹션에서는 회귀 방법을 사용하여 균형 및 불균형 2요인 설계를 처리하는 방법에 대해 설명한다.

Sheet 3 2요인 분산 분석 설계에서 회귀 분석 사용하기

이 장의 이전 섹션인 '분산 분석에 대한 회귀 접근법 사용하기'를 상기해 보자. Excel의 단일 요인 설계로 회귀 분석을 사용하기 위해 원시 데이터를 대대적으로 재구성해야 한다. 동일하게 요인 설계를 사용하여 다시 표현된다. 그림 4-15를 참조한다.

그림 4-15

이 설계는 그림 4-3과 달리 세 개가 아닌 일곱 개의 예측 변수를 요구한다.

	A	B	C	D	E	F	G	H	I	J	K	L	M	N
1		Group 1	Group 2	Group 3	Group 4		Score	S1	G1	G2	G3	Sex by G1	Sex by G2	Sex by G3
2	Female	4	2	6	10		4	1	1	0	0	1	0	0
3		3	2	6	10		3	1	1	0	0	1	0	0
4		5	6	11	4		5	1	1	0	0	1	0	0
5		4	10	5	6		4	1	1	0	0	1	0	0
6	Male	5	1	4	5		2	1	0	1	0	0	1	0
7		11	3	7	6		2	1	0	1	0	0	1	0
8		5	7	10	8		6	1	0	1	0	0	1	0
9		2	2	10	10		10	1	0	1	0	0	1	0
10							6	1	0	0	1	0	0	1
11							6	1	0	0	1	0	0	1
12							11	1	0	0	1	0	0	1
13							5	1	0	0	1	0	0	1
14							10	1	-1	-1	-1	-1	-1	-1
15							10	1	-1	-1	-1	-1	-1	-1
16							4	1	-1	-1	-1	-1	-1	-1
17							6	1	-1	-1	-1	-1	-1	-1
18							5	-1	1	0	0	-1	0	0
19							11	-1	1	0	0	-1	0	0

회귀 기법을 사용하여 2단계 ANOVA를 실행하려면 그림 4-15의 B2:E9 같은 행 범위 대신 원시 데이터를 Excel 목록(또는 원하는 경우 Excel 표)으로 다시 작성해야 한다. 이 목록은 그림 4-15의 범위 G2:N33에 나타난다. 전환하는 작업은 할 일이 많아 보이지만, 꼭 그렇지는 않다. 필자는 그림 4-17에서 수월하게 작업할 수 있는 방법을 보여 줄 것이다.

먼저 그림 4-16의 결과를 살펴본다.

그림 4-16

LINEST() 함수는 전체 회귀식의 검정만 반환한다.

L9 | fx =RSQ($A$2:$A$33,C2:C33-TREND(C2:C33,$B2:B33))

	I	J	K	L	M	N	O	P	Q	R
1			=LINEST(A2:A33,B2:H33,,TRUE)							
2		-0.313	0.938	-0.813	1.438	-1.813	-1.063	-0.063	5.938	
3		0.879	0.879	0.879	0.879	0.879	0.879	0.508	0.508	
4		0.293	2.872	#N/A	#N/A	#N/A	#N/A	#N/A	#N/A	
5		1.418	24	#N/A	#N/A	#N/A	#N/A	#N/A	#N/A	
6		81.875	198.000	#N/A	#N/A	#N/A	#N/A	#N/A	#N/A	
7										
8			S1	G1	G2	G3	Sex by G1	Sex by G2	Sex by G3	Within
9		% of Variance	0.04%	8.93%	7.62%	7.88%	1.43%	2.98%	0.37%	70.75%
10										
11			% of Variance	SS	df	MS	F	Prob of F		
12		Sex	0.04%	0.125	1	0.125	0.015	0.903		
13			8.93%							
14			7.62%							
15		Group	7.88%	68.375	3	22.79	2.763	0.064		
16			1.43%							
17			2.98%							
18		Sex by Group	0.37%	13.375	3	4.458	0.540	0.659		
19		Within	70.75%	198.000	24	8.25				
20										

그림 4-16의 LINEST() 결과는 그림 4-15의 범위 G2:N33에 있는 목록을 기반으로 한다. A에서 H까지의 열에는 함수에 필요한 데이터가 있으며, 공간 절약을 위해 그림 4-16은 I열에서 시작한다.

Note

이 책 대부분의 그림에서 현재 수행되고 있는 작업이 무엇인지 살펴볼 수 있다 그림 4-16은 많은 부분이 진행되고 있음을 알려 준다. 출판사의 웹 사이트(www.hyejiwon.co.kr)를 방문하여 이 책과 함께 제공되는 Excel 통합 문서 예제를 다운로드할 것을 추천한다. 독자 컴퓨터에 예제 워크시트를 열어 두면 그림 4-16에 대한 설명을 훨씬 쉽게 이해할 수 있을 것이다.

먼저 그림 4-16의 LINEST() 함수는 Sex 및 Group이 얼마나 자주 변수 Score를 예측하는지 전체 회귀 방정식을 보고한다. 그림 4-14와 그림 4-16에서 J2:Q6의 LINEST() 결과를 비교할 때 일치하는 유일한 점은 다음과 같다.

- 셀 J6의 회귀 제곱합은 그림 4-14의 B13:B15에서 주효과와 상호 작용 효과에 대한 총 제곱합 합계와 같다.
- 셀 K6의 잔차 제곱합은 그림 4-14의 B16에서의 제곱합과 같다.

따라서 LINEST()는 전체 회귀에 대해 기술적이고 추론된 정보를 제공하며 하나의 예측 변수만 조사하면 충분하다. 다음으로, 전체 방정식은 하나의 예측자에 관한 것이다. 그러나 다중 요인 또는 하나의 요인 및 공변량이 있는 상황에서 각 요인이 그 자체로 중요한 영향을 미치는지 여부와 결과의 상호 작용이 중요한지 여부를 알고 싶을 수 있다. 이러한 개별 분석은 LINEST()가 반환하는 통합 F-비율 내부에 숨겨져 있다.

이러한 개별 분석은 다음 수식이 포함된 셀 K9에서 시작한다.

```
=RSQ(A2:A33,B2:B33)
```

이는 0.04%를 반환하며, B열의 Sex 벡터와 공유되는 A열의 결과 변수 Score의 분산 비율이다. Excel의 RSQ() 함수는 두 개의 개별 변수 사이에서 R^2을 반환한다는 것을 상기한다. K9:R9의 나머지 분석은 다중 회귀 분석을 통해 작업하고 있지만 RSQ() 함수를 광범위하게 사용한다. 이에 대해 앞으로 살펴볼 것이다.

Sex에는 단 하나의 벡터가 있다. 두 개의 값 1과 −1만 있기 때문이다. Group 변수는 이와 다르게 네 개의 가능한 값을 가지며 C, D 및 E열에 세 개의 벡터가 있다.
첫 번째 변수인 Sex의 수식은 고려해야 할 첫 번째 변수이므로 특별하다. 즉, Sex 이전에 다른 변수가 방정식에 입력되지 않았으므로 미리 처리할 필요가 없다. 그러나 첫 번째 Group 변수인 G1이 방정식에 입력될 때 Sex 벡터를 고려해야 하며, L9 셀의 방정식으로 이를 수행해야 한다.

```
=RSQ($A$2:$A$33,C2:C33-TREND(C2:C33,$B2:B33))
```

수식의 끝 부분을 먼저 가져온다.

```
TREND(C2:C33,B2:B33)
```

이것은 C열의 값 또는 G1 벡터의 값을 B열의 값(Sex 벡터)으로부터 예측한 결과를 반환한다.

다음으로, Sex 벡터에서 G1 벡터를 예측한 결과를 G1 벡터에서 뺀다.

```
C2:C33-TREND(C2:C33,B2:B33)
```

후자는 G1의 잔차를 반환한다. 실제 G1 값에서 예측된 G1 값을 뺀 결과이다(R의 잔차 함수도 잔차를 반환하지만 Excel의 TREND() 함수처럼 적합한 모델을 먼저 맞추어야 한다).

마지막으로, 셀 L9의 전체 공식은 A열의 Score와 잔차(Sex 벡터로부터 G1 벡터를 예측한 후 G1에 남은) 사이의 R^2을 반환한다.

두 예측 벡터인 Sex와 G1이 서로 연관되기 때문에 중요하다. 분산을 공유하기 때문에 Score 변수와 S1을 수행하면 Score 변수와 G1에도 영향을 미친다.

G1을 회귀 방정식에 추가할 때 Sex를 예측 변수로 합치면 이미 Sex에 기인한 경우 Score의 분산을 G1로 표시하지 않도록 해야 한다. 그러므로 G1에서 Score의 R^2을 계산할 때, Sex로 예측할 수 없는 G1 역시 이 방법을 따른다. G1의 잔차가 있는 R^2 점수를 얻으면 이미 Sex와 관련된 Score의 분산이 아닌 고유 분산으로 작업할 수 있다. 그림 4-16에서 M9:Q9 범위의 나머지 값은 셀 L9에 설정된 패턴을 따른다. 다음 L9 수식을 다시 살펴 보자.

```
=RSQ($A$2:$A$33,C2:C33-TREND(C2:C33,$B2:B33))
```

그리고 아래는 M9의 수식이다.

```
=RSQ($A$2:$A$33,D2:D33-TREND(D2:D33,$B2:C33))
```

셀 L9를 오른쪽으로 한 열만큼 끌어서 셀 M9의 수식을 얻을 수 있다. 이 경우 다음과 같은 결과가 발생한다.

출력 결과 변수 Score는 RSQ()에 대한 첫 번째 인수인 $A$2:$A$33으로 유지된다. 현재 변수 G2는 D2:D33에 있으며 주요 수식을 한 셀만큼 오른쪽으로 드래그하면 범위 주소가 올바르게 조정된다.

수식이 오른쪽으로 드래그됨에 따라 이미 회귀 방정식에 있는 변수의 범위 주소가 다음과 같이 변경된다.

```
$B2:B33 → $B2:C33
```

물론 달러 기호는 B의 첫 번째 열을 고정하고 C 열을 포함하도록 주소를 확장한다. 중요한 점은 여기서 G2 벡터를 방정식에 추가할 때 Sex 및 G1에서 G2를 회귀하여 얻은 잔차 값을 구하려고 한다는 것이다. 이 작업은 G2의 잔차가 방정식의 예측자인 Sex 및 G1과 독립적이라는 것을 보장한다. 그러면 G2와 Score의 R^2은 더 이상 모호하지 않게 되며, Sex나 G1과도 분산을 공유하지 않는다.

동일한 프로세스가 셀 Q9를 통해 수행되며, 여기서 최종 결과와 관련된 R^2은 다음 수식으로 나타난다.

```
=RSQ($A$2:$A$33,H2:H33-TREND(H2:H33,$B2:G33))
```

이 수식은 G3과 Sex 사이의 최종 상호 작용 벡터와 Score 사이의 R^2을 계산한다.

Note

범위 L9:Q9의 값에 대한 또 다른 용어는 제곱된 준부분 상관관계(Semipartial Correlations)이다.

이 값은 Sex, G1, G2, ... G3별 Sex와 사용 가능한 분산을 연결한 후 셀 내 분산의 백분율(Score에 남아 있는 분산의 양)을 계산하기 위해서만 남긴다. R^2 셀 내부는 셀 R9에서 다음 공식에 의해 가장 쉽게 계산된다.

```
=1-SUM(K9:Q9)
```

확인을 위해 셀 K9:Q9에서 R^2 값의 합계를 얻고 Score의 총 제곱합(279.875)을 곱하면 된다. 결과 81.875는 셀 J6에서 LINEST()로 반환된 회귀 제곱합과 동일하다. 마찬가지로 셀 R9의 셀 분산 비율 내에서 279.875로 곱해진 70.75%는 셀 K6에서 LINEST()로 보고된 잔차 제곱합 198을 반환한다.

여기서 사소하지만 레이아웃 문제가 남아 있다. R^2 값의 유도 방법은 RSQ() 수식에서 혼합된 참조 주소 지정과 Excel 목록 형식의 예측 벡터 배열을 결합하는 방법에 따라 달라진다. 따라서 R^2 값은 9행에 남지만 기존 분산 분석 테이블은 다른 열이 아닌 다른 행의 변동 요인으로 배치된다.

Excel의 TRANSPOSE() 함수로 이 문제를 극복할 수 있다. 그림 4-16의 레이아웃이 주어졌을 때, K12:K19에서 Ctrl + Shift + Enter를 사용하여 아래 수식을 배열로 입력한다.

```
=TRANSPOSE(K9:R9)
```

그 다음 각 결과에 대한 R^2 값을 열 L에 더하고 결과에 Score의 총 제곱합을 곱한다. 예를 들어, 셀 L15의 수식은 다음과 같다.

```
=SUM(K13:K15)*DEVSQ(A2:A33)
```

분산 분석 테이블의 나머지 부분은 평균 제곱을 얻기 위해 자유도에 따라 제곱합을 나누고, 그 평균 제곱 결과를 F-비율들을 얻기 위해 그룹 내 평균 제곱으로 나눈다.

마지막으로 회귀 분석의 기초를 구성하는 Sex와 Group 벡터를 채우는 효율적인 방법을 살펴보겠다. 그림 4-17을 참조한다.

그림 4-17
LINEST() 함수는 요인 수준으로 문자가 아닌 숫자를 요구한다.

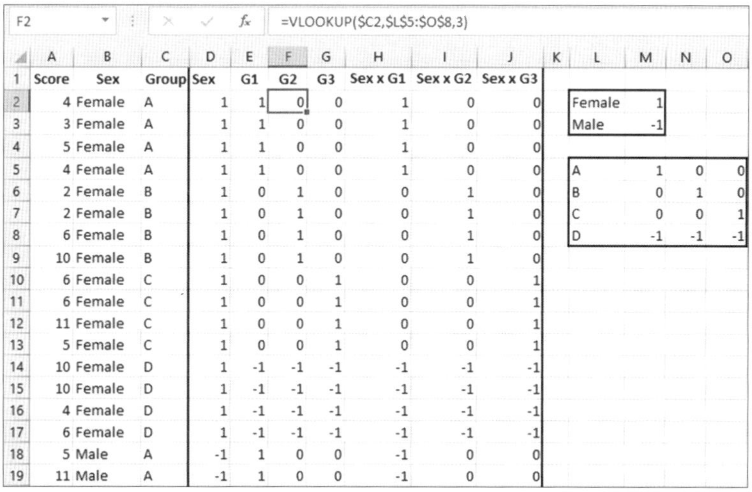

F2 =VLOOKUP($C2,$L$5:$O$8,3)

	A	B	C	D	E	F	G	H	I	J	K	L	M	N	O
1	Score	Sex	Group	Sex	G1	G2	G3	Sex x G1	Sex x G2	Sex x G3					
2	4	Female	A	1	1	0	0	1	0	0		Female	1		
3	3	Female	A	1	1	0	0	1	0	0		Male	-1		
4	5	Female	A	1	1	0	0	1	0	0					
5	4	Female	A	1	1	0	0	1	0	0		A	1	0	0
6	2	Female	B	1	0	1	0	0	1	0		B	0	1	0
7	2	Female	B	1	0	1	0	0	1	0		C	0	0	1
8	6	Female	B	1	0	1	0	0	1	0		D	-1	-1	-1
9	10	Female	B	1	0	1	0	0	1	0					
10	6	Female	C	1	0	0	1	0	0	1					
11	6	Female	C	1	0	0	1	0	0	1					
12	11	Female	C	1	0	0	1	0	0	1					
13	5	Female	C	1	0	0	1	0	0	1					
14	10	Female	D	1	-1	-1	-1	-1	-1	-1					
15	10	Female	D	1	-1	-1	-1	-1	-1	-1					
16	4	Female	D	1	-1	-1	-1	-1	-1	-1					
17	6	Female	D	1	-1	-1	-1	-1	-1	-1					
18	5	Male	A	-1	1	0	0	-1	0	0					
19	11	Male	A	-1	1	0	0	-1	0	0					

이 방법은 'Male' 및 'D'와 같은 텍스트 값을 LINEST()가 처리할 수 있는 숫자 값으로 변환함과 동시에, LINEST()가 예측변수로 사용할 벡터에 속하는 1, 0 및 −1로 이펙트 코딩 규칙을 이용하기 위해서 Excel의 VLOOKUP() 함수를 사용하는 것이다.

Note

더미(Dummy) 코딩(1과 0으로만 사용) 또는 직교(Orthogonal) 코딩(코드는 다양한 요인에 따라 다름)과 같이 이펙트 코딩 이외 다른 코딩 시스템을 사용할 수 있다. 하지만 직교 코딩은 사용에 주의를 기울여야 한다. 사실 상관관계가 있는 벡터를 상관관계가 없는 벡터로 변환하고 싶지는 않을 것이다. 사용할 때 오해만 불러 일으킬 수 있다.

키 범위(Table_array를 설명하는 용어)를 설정하는 것으로 시작한다. 그림 4-17은 L2:M3와 L5:O8 두 가지를 포함한다. 첫 번째 요인은 Sex이며 두 번째는 Group에 해당한다.

VLOOKUP() 함수를 사용하여 L2:L3에서 'Female'과 같은 기존 값을 찾고 M2:M3에 연관된 값을 반환한다. D2 셀에서 이 수식은 다음과 같으며 1을 반환한다.

```
=VLOOKUP(B2,$L$2:$M$3,2)
```

B2에 있는 'Female' 값은 L2:L3의 값과 비교되면서 L2에서 값을 찾는다. 오른쪽에 있는 한 개의 열을 살펴보며 M2 셀에서 1($L$2:$M$3의 두 번째 열)을 찾는다. 이는 D2 셀에서 반환하는 값이다.

마찬가지로 E2 셀에서 아래 수식은 L5:L8의 C2 셀에서 'A' 값을 찾는다.

```
=VLOOKUP($C2,$L$5:$O$8,2)
```

이는 값 1을 반환하며 M5 셀에서 찾을 수 있다(M은 L5:O8의 두 번째 열이다). F2:G2에서 이 수식은 동일한 패턴을 따르지만 키 테이블의 세 번째와 네 번째 열을 참조한다.

따라서 셀 F2의 수식은

```
=VLOOKUP($C2,$L$5:$O$8,3)
```

이고, G2의 수식은 아래와 같다.

```
=VLOOKUP($C2,$L$5:$O$8,4)
```

이제 D2:G2의 수식을 복사하여 데이터의 마지막 행에 붙여 넣기만 하면 된다.

남은 작업은 상호 작용 벡터를 만드는 것이다. 주요 결과 벡터의 곱이므로 H2에서 공식은 아래와 같다.

```
=$D2*E2
```

오른쪽에 두 개의 열을 복사하여 데이터 집합의 끝까지 붙여 넣으면 예측 벡터에 대한 코딩 프로세스가 완료된다.

Sheet 4 R을 이용한 균형 요인 분석하기

앞 섹션에서 설명하는 방법은 A 그룹에서 4명의 남성과 4명의 여성, B 그룹의 4명의 남성과 4명의 여성 등 각 디자인 셀에서 동일한 수의 관측 수를 갖는 2요인 설계를 분석하는 것과 관련이 있다. 이 섹션에서 코딩된 벡터를 설정한 다음 R^2 값과 개별 백터를 결정하는 RSQ() 수식을 조합하는 것은 작업량이 많아 보인다.

다만 이 작업을 한두 번 경험하면서 각 단계의 목적을 이해하면 훨씬 더 빨리 처리할 수 있을 것이다. 데이터를 배치하는 것부터 최종 F-비율 확률을 도출할 때까지 실제로 모든 과정을 지켜보는 이유이다. 독자가 이런 분석을 처음 배우거나 긴 휴직 후에 다시 보는 경우 단계별로 실제 계산을 해 봐야 한다.

분산 분석 테이블은 어떤 면에서는 사용자를 놀라게 할 수도 있다. 원시 데이터와 F-비율만 아는 경우에는 관련 설명을 항상 생각해 낼 수 없다. 그럴 땐 요약되지 않은 분석을 참조하는 것이 좋다.

그러나 R에서 무엇을 작업해야 하는지 알고 있다면 Excel만 다루는 것보다 훨씬 빨리 완료할 수 있다는 것은 의심의 여지가 없다. R은 하나 이상의 요인과 숫자 결과 변수로 적절하게 구성된 데이터 프레임을 포함하며, 이를 이용해 다중 요인 분산 분석 테이블을 조합하는 여러 가지 방법을 가진다.

분산 분석 계산을 수행하는 R 함수 중 일부는 실제로는 직접 작업하지 않으므로 보기에 혼란스러울 수 있다. 이들 함수는 다른 R 함수의 결과를 가져 와서 기존 분산 분석 테이블을 따르도록 재정렬한다.

또한 다른 R 함수의 결과를 보는 것이 혼란스러울 수 있으며, 여기서 모두 동일한 결과를 반환한다는 것을 알 수 있다. 이 섹션에서 논의된 분석은 균형 설계와 관련이 있기 때문에 그 부분을 살펴보고자 한다. 이번 Part의 끝부분에서 불균형 설계를 살펴보면 R 함수 간의 차이점이 더 명확해질 것이다.

이제 단일 요인 분산 분석에서 이미 보았던 aov 함수를 살펴보자. 그림 4-18을 참조한다.

그림 4-18

aov 함수는 자체적으로 ANOVA를 계산한다.

```
R Console
> TwoFactor <- XLGetRange(header=TRUE,stringsAsFactors=TRUE)
> aovResults <- aov(Score ~ Sex  * Group, data=TwoFactor)
> aovResults
Call:
   aov(formula = Score ~ Sex * Group, data = TwoFactor)

Terms:
                  Sex   Group Sex:Group Residuals
Sum of Squares  0.125  68.375    13.375   198.000
Deg. of Freedom     1       3         3        24

Residual standard error: 2.872281
Estimated effects may be unbalanced
> summary(aovResults)
            Df Sum Sq Mean Sq F value Pr(>F)
Sex          1   0.13   0.125   0.015  0.903
Group        3  68.38  22.792   2.763  0.064 .
Sex:Group    3  13.38   4.458   0.540  0.659
Residuals   24 198.00   8.250
---
Signif. codes:  0 '***' 0.001 '**' 0.01 '*' 0.05 '.' 0.1 ' ' 1
> |
```

그림 4-18(또한 그림 4-19 및 4-20)에서 사용된 데이터 집합은 그림 4-11~17까지 사용된 것과 동일하다. 그림 4-17의 범위 A1:C33은 그림 4-18과 같이 R의 XLGetRange 함수가 실행되는 지점의 활성 범위이다. R이 Sex 및 Group 변수를 인수로 취급하도록 XLGetRange 함수는 stringsAsFactors 인수에 TRUE 값을 포함시킨다(stringsAsFactors의 기본값은 FALSE이다. R의 인수에 관한 역사를 감안하면 그렇게 이상하게 보이지는 않는다).

Note

데이터 프레임에서 변수의 상태를 빠르게 검사하는 방법은 R의 str 함수(구조를 위한 str)이다. 아래는 해당 예제이다.

> str(TwoFactor)

그림 4-11, 4-14, 4-16에 제시된 제곱합, 자유도, 평균 제곱, F-비율 및 확률 수준을 그림 4-18과 비교하면 동일하다는 것을 알 수 있다.

aov 함수는 stats 패키지의 일부이다. 이 패키지는 R을 시작할 때 자동으로 로드되므로 데이터 세트를 사용할 수 있게 되는 순간 aov를 호출할 수 있다. 또한 aov는 분산 분석 테이블의 값을 계산하므로 균형 다중 요인(Balanced Multiple-factor) 분산 분석을 수행하는 데 필요한 유일한 함수이다.

R은 XLGetRange 함수를 통해 활성 Excel 워크시트의 선택된 범위를 가져와 TwoFactor라고 불리는 데이터 프레임을 만든다. 이 함수를 사용하려면 DescTools 패키지를 로드해야 한다.

aov 함수는 가져온 결과를 기존 분산 분석 테이블로 자동으로 형식화하지 않는 함수 중 하나이다. 그림 4-18은 분산 분석 테이블의 구성 요소로 이루어진 aovResults 객체의 내용을 보여 준다. 각 효과에 대한 제곱합과 자유도가 주어지면 분산 분석 테이블을 조합하는 것은 간단하다. summary 함수가 aovResults에 적용될 때 이와 같은 일을 한다.

그림 4-18은 두 가지 주효과 사이의 상호 작용을 명시하지 않는다. 상호 작용은 '*' 연산자의 사용으로 암시된다. 다음 구문을 사용하여 aov에 대한 각 용어를 지정할 수 있다.

```
aovResults <- aov(Score ~ Sex + Group + Sex:Group,
data = TwoFactor)
```

':' 연산자를 사용하여 상호 작용을 지정한다. 표현식은 그림 4-18에 나타난 것과 같다.

```
aovResults <- aov(Score ~ Sex * Group, data = TwoFactor)
```

그림 4-19는 동일한 결과를 얻는 다른 방법을 보여 준다.

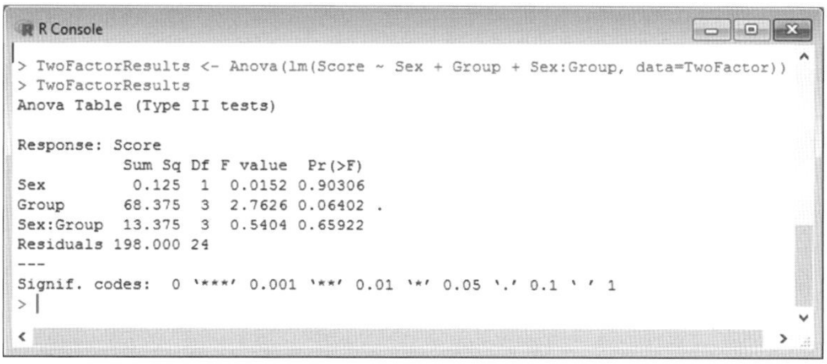
```
> TwoFactorResults <- Anova(lm(Score ~ Sex + Group + Sex:Group, data=TwoFactor))
> TwoFactorResults
Anova Table (Type II tests)

Response: Score
          Sum Sq Df F value  Pr(>F)
Sex        0.125  1  0.0152 0.90306
Group     68.375  3  2.7626 0.06402 .
Sex:Group 13.375  3  0.5404 0.65922
Residuals 198.000 24
---
Signif. codes:  0 '***' 0.001 '**' 0.01 '*' 0.05 '.' 0.1 ' ' 1
>
```

그림 4-19

Anova 함수는 lm과 같은 함수에 의존하여 분산 분석 계산을 수행한다.

Anova 함수를 사용하려면 먼저 car 패키지를 로드해야 한다. lm이 필요한 계산을 수행하면 Anova 함수는 결과를 재형식화하여 그림 4-19에 있는 분산 분석 테이블을 표시한다. Anova는 평균 제곱에 대한 열을 표시하지 않지만 그건 사용자가 스스로 계산할 수 있을 만큼 충분히 쉬우며, 제곱합과 자유도에서 F-비율을 얻을 수 있다.

Anova 결과는 불균형 디자인과 각 디자인 셀이 동일한 수의 관측치를 가지지 않는 등 더 복잡한 상황에서 함수를 어떻게 사용할지에 대한 힌트를 제공한다. 이 경우, Type I, Type II 및 Type III로 잘 알려져 있는 제곱합을 계산하는 세 가지 표준 방법이 있다. 그림 4-19와 같이 디자인이 균형을 이룰 때도 이 방법은 동일하며 Type II 접근법은 계산이 많이 필요하지 않으므로 결과에 Type II를 언급할 필요가 없다면 이 방법은 정확하다고 할 수 있다.

Anova 함수는 ':' 연산자를 사용하여 주효과 간의 상호 작용을 명확하게 호출한다는 점을 알아두자. 대신 Sex * Group을 사용하여 암시할 수도 있다.

Note

Anova 함수(그림 4-19와 car 패키지의 일부)는 이름에 대문자 A를 사용한다. anova 함수는 stats 패키지의 일부이며 이름은 전부 소문자이다.

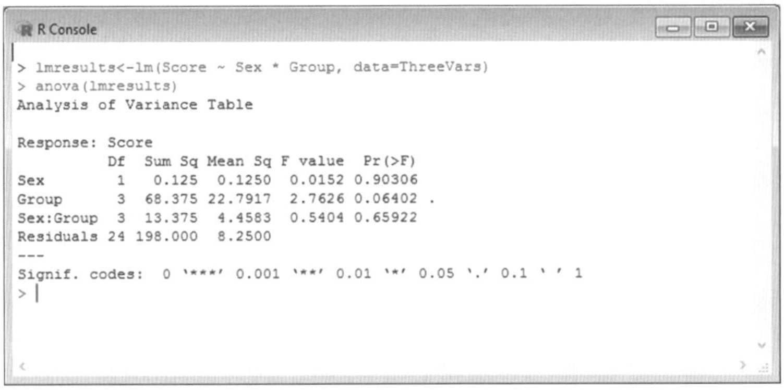

그림 4-20
anova 함수는 Anova와 같은 방식으로 동작하는 것으로 나타난다.

또 다른 대안으로 anova 함수는 stats 패키지에서 사용할 수 있다.

그림 4-20은 anova 함수와 그 결과를 호출하는 방법을 보여 준다.

Anova와 anova는 둘 다 전통적인 분산 분석 테이블을 보여 주기 위해 lm 함수(이 예제에서)의 결과를 다시 포맷한다. 서로 다른 패키지에 속해 있다는 사실과 Anova 결과가 평균 제곱에 대한 열을 생략한다는 점을 제외하면 두 함수가 동일하게 보일 수 있다.

그러나 anova와 Anova 함수에는 중요한 차이점이 있다. 다음 섹션에서는 이 차이에 대해 논의하며, 이는 디자인 셀에서 불균등 관측치 수와 코딩된 벡터 간의 상관관계에서 기인한다.

Chapter 04

Excel과 R의 불균형 2요소 설계 분석하기

코딩 벡터가 서로 어떻게 관련되어 있는지 간단하게 설명하려고 한다. 이는 R이 분석하는 세 가지 유형의 제곱합에 대한 배경 지식으로 유용하다. 다음은 이펙트 코딩 또는 더미 코딩과 같은 표준 코딩 시스템을 사용한다고 가정할 때 예상할 수 있는 결과이다.

각 디자인 셀이 동일한 수의 관측치를 포함하는 다중 요소 설계의 경우, 한 요소에 속하는 벡터는 다른 요소 또는 상호 작용에 속하는 벡터와 0.0의 상관관계를 갖는다. 그림 4-21을 참조한다.

그림 4-21

각 디자인 셀에는 네 가지 관측치가 있다.

	A	B	C	D	E	F	G	H	I	J	K
1	Prefer-ence	Party	College	Party Vector	Education Vector	Interaction Vector			*Party Vector*	*Education Vector*	*Interaction Vector*
2	48	Rep	Yes	1	1	1		Party Vector	1		
3	47	Rep	Yes	1	1	1		Education Vector	0	1	
4	46	Rep	Yes	1	1	1		Interaction Vector	0	0	1
5	45	Rep	Yes	1	1	1					
6	47	Dem	Yes	-1	1	-1					
7	46	Dem	Yes	-1	1	-1					
8	50	Dem	Yes	-1	1	-1					
9	51	Dem	Yes	-1	1	-1					
10	48	Rep	No	1	-1	-1					
11	51	Rep	No	1	-1	-1					
12	54	Rep	No	1	-1	-1					
13	53	Rep	No	1	-1	-1					
14	51	Dem	No	-1	-1	1					
15	49	Dem	No	-1	-1	1					
16	51	Dem	No	-1	-1	1					
17	52	Dem	No	-1	-1	1					

그림 4-21은 그림 4-16처럼 균형 2요인 설계를 보여 준다. 여기에는 College-No College와 Democrat-Republican으로 정의된 네 가지 디자인 셀이 들어 있다. 각 디자인 셀에는 네 가지 관측치가 있다.

H1:K4 범위의 상관 행렬을 확인한다. Party 소속, College 졸업 및 이 두 요인의 상호 작용을 나타내는 벡터 간의 상관관계를 보여 준다. 모든 상관관계는 0.0이다.

이제 그림 4-22를 살펴본다.

그림 4-22
디자인 셀은 다른 수의 관측 수를 가진다.

	A	B	C	D	E	F	G	H	I	J	K
1	Preference	Party	College	Party Vector	Education Vector	Interaction Vector			*Party Vector*	*Education Vector*	*Interaction Vector*
2	48	R	Y	1	1	1		Party Vector	1		
3	47	R	Y	1	1	1		Education Vector	0.043	1	
4	46	R	Y	1	1	1		Interaction Vector	0.149	-0.289	1
5	47	D	Y	-1	1	-1					
6	46	D	Y	-1	1	-1					
7	50	D	Y	-1	1	-1					
8	51	D	Y	-1	1	-1					
9	48	D	Y	-1	1	-1					
10	51	R	N	1	-1	-1					
11	54	R	N	1	-1	-1					
12	51	D	N	-1	-1	1					
13	49	D	N	-1	-1	1					
14	51	D	N	-1	-1	1					
15	52	D	N	-1	-1	1					

그림 4-22에서, 디자인 셀당 관측 수는 2에서 4까지 다양하다.
코딩 방법은 그림 4-21에서 사용된 것과 동일하다. 그러나 벡터에 대한 상관 행렬은 벡터 간의 상관관계가 0이 아니라는 것을 보여 준다.

동일한 디자인 셀 크기의 경우, 코딩 된 벡터는 서로 직교한다. 상관관계는 모두 0.0이므로 벡터로 공유되는 분산은 없을 수 있으며 서로 독립적이다.

두 개의 코드화 된 벡터가 서로 독립적인 경우, 즉 직교일 때 회귀 방정식을 입력하는 순서는 결과 변수와 공유하는 분산의 양과 차이가 없다. 교육 수준이 정치적 관계와 무관한 경우, 결과 변수와 Education이 공유하는 분산은 결과 척도 값과 Party 소속이 공유하는 분산에 역시 독립적이어야 한다. 그림 4-23은 이러한 개념을 보여 준다.

그림 4-23
디자인 셀은 동일한 수의 관측치를 가진다.

C19 =RSQ($A$2:$A$17,C2:C17-TREND(C2:C17,$B2:B17))

	A	B	C	D	E	F	G	H	I
1	Preference	Party Vector	Education Vector	Interaction Vector		Preference	Education Vector	Party Vector	Interaction Vector
2	48	1	1	1		48	1	1	1
3	47	1	1	1		47	1	1	1
4	46	1	1	1		46	1	1	1
5	45	1	1	1		45	1	1	1
6	47	-1	1	-1		47	1	-1	-1
7	46	-1	1	-1		46	1	-1	-1
8	50	-1	1	-1		50	1	-1	-1
9	51	-1	1	-1		51	1	-1	-1
10	48	1	-1	-1		48	-1	1	-1
11	51	1	-1	-1		51	-1	1	-1
12	54	1	-1	-1		54	-1	1	-1
13	53	1	-1	-1		53	-1	1	-1
14	51	-1	-1	1		51	-1	-1	1
15	49	-1	-1	1		49	-1	-1	1
16	51	-1	-1	1		51	-1	-1	1
17	52	-1	-1	1		52	-1	-1	1
18									
19		1.43%	48.03%	6.91%			48.03%	1.43%	6.91%

그림 4-23에서 Party와 Education 벡터는 직교한다. 벡터 간의 상관관계는 0.0이다. 따라서 벡터는 회귀 방정식에 처음 입력되는 값과 관계없이 결과 변수와 동일한 양의 분산을 공유한다. Party 벡터는 첫 번째(셀 B19)와 두 번째(셀 H19)에 입력될 때 결과 변수와의 분산에서 1.43%를 공유한다. Education 벡터도 마찬가지로 두 번째(셀 C19) 또는 첫 번째(셀 G19) 입력 여부에 상관없이 결과와 분산 값의 48.03%를 공유한다.

그림 4-24와 같이 디자인이 불균형하고 Party와 Education 벡터가 상관관계가 있는 상황(0.043, 그림 4-22 참조)과 대조된다.

그림 4-24

공유 분산의 백분율은 어느 벡터가 방정식을 먼저 입력하는지에 따라 달라진다.

H17 =RSQ($F$2:$F$15,H2:H15-TREND(H2:H15,$G2:G15))

	A	B	C	D	E	F	G	H	I
1	Prefer-ence	Party Vector	Education Vector	Interaction Vector		Prefer-ence	Education Vector	Party Vector	Interaction Vector
2	48	1	1	1		48	1	1	1
3	47	1	1	1		47	1	1	1
4	46	1	1	1		46	1	1	1
5	47	-1	1	-1		47	1	-1	-1
6	46	-1	1	-1		46	1	-1	-1
7	50	-1	1	-1		50	1	-1	-1
8	51	-1	1	-1		51	1	-1	-1
9	48	-1	1	-1		48	1	-1	-1
10	51	1	-1	-1		51	-1	1	-1
11	54	1	-1	-1		54	-1	1	-1
12	51	-1	-1	1		51	-1	-1	1
13	49	-1	-1	1		49	-1	-1	1
14	51	-1	-1	1		51	-1	-1	1
15	52	-1	-1	1		52	-1	-1	1
16									
17		0.25%	52.89%	10.01%			53.11%	0.03%	10.01%

그림 4-24에서 Party 벡터는 처음 입력될 때 결과 변수와 더 많은 분산을 공유한다(0.25% 대 0.03%). Education 벡터에 대해서도 마찬가지이다(53.11% 대 52.89%). 큰 차이는 아니지만, 다른 데이터 집합이 주어진다면 유의미한 양으로 쉽게 증가할 수 있다.

문제는 모호함과 관련이 있다. Party 소속 및 College 수준과 같은 요인이 서로 관련되어 있을 때 각 변수에 할당해야 하는 결과 변수의 변동성 양이 모호해진다. 요인들이 직교일 때 모호성은 없다. 결과와 요인의 공유된 분산은 회귀 방정식의 입력 순서에 관계없이 동일하다.

그러나 상당한 양으로 공유된 분산은 Party 소속의 차이가 '통계적으로 유의미'한지 여부를 결정하게 할 수 있다. 그리고 이 경우 공유 분산의 양은 어떤 변수가 회귀 방정식에 처음 입력되는지에 따라 임의로 결정되어져서는 안 된다. 결정은 합리적인 선택에 근거해야 하며, 그것은 Types I, II 및 III의 제곱합이 수행되는 지점이다.

다음 섹션에서 이 문제를 다루겠지만, 우선 불균등 셀 크기의 원인에 대해 조금 더 생각해 보자. 불균형 설계의 한 가지 원인은 데이터가 표본화 되는 모집단의 관계이다. 수년에 걸쳐 반복되는 연구는 응답자의 성별(Sex)과 정당(Party) 선호도 사이의 관계를 보여 준다. 최근 몇 년 동안 여성들은 공화당(Republicans)보다 민주당(Democrats)에 속한다고 보고될 가능성이 높다. 이러한 모집단에서 랜덤으로 잘 선별된 표본이 그 패턴을 따를 것이다. 균형 설계를 달성할 때까지 불균등 셀 크기로 작업하거나 선택적으로 관측치를 삭제할 수 있다.

균등한 셀 크기에 대한 관심에서 관측치를 버리는 문제는 현실의 해체(Dismemberment of Reality)라고 불리는 Kerlinger와 Pedhazur(Holt, Rinehart, and Winston, 1973)의 연구결과이다. 관측치를 폐기하면 인위적으로 요인들 사이의 실제 상관관계가 제거되므로 요인과 공유되는 결과 변수의 변동량이 변경된다. 또 다른 결과는 표본이 더 이상 취해진 모집단을 대표하지 않는다는 것이다.

이것은 실제 실험 결과에는 적용되지 않는다는 점에 유의한다. 두 가지 약물 중 하나를 50명의 남성과 50명의 여성에게 투여한 실험에서 두 가지 치료법 중 하나를 각 성별의 피실험자 25명에게 할당하는 것이 정당하다. 다른 약 대신 하나의 약을 선호하는 방법은 피실험자가 정치적 선호도를 갖는 방식과는 다르며, 무작위할당과 실험 설계의 공동 통제로 이루어진다.

Sheet 1 모호성 다루기

아래는 공유된 분산을 할당할 때 모호성을 다루기 위해 일반적으로 인정되는 세 가지 방법이다.

- Type I. 이 접근법은 선행 순서(A Priori Ordering), 계층적(Hierarchical) 또는 순차적(Sequential) 접근법으로 다양하게 불려진다. 이 접근법에서는 요인이 회귀 방정식의 입력 순서를 결정하며, 일반적으로 순서를 지정하는 이론에 근거한다.
- Type II. 실험 디자인(Experimental Design) 또는 고전적 실험(Classic Experimental) 접근법이라고도 불린다. 이 접근 방식은 분석을 한 번 이상 실행하며 요인이 분석에 입력되는 순서가 달라진다. Factor A와 Factor B를 사용하면 Factor B가 Factor A 이후의 방정식에 입력되면서 한 번 분석되고, Factor B가 Factor A보다 먼저 분석기에 입력되면서 데이터를 한 번 분석할 수 있다. 두 분석 모두 상호 작용은 주효과 이후 분석에 들어

간다. 이 방법은 다른 주효과가 분석에 들어간 후에 각 주효과를 평가하므로 결과 척도와 공유하는 분산은 해당 요인에 고유하다.

- Type III. 이 접근법은 평가될 주효과가 다른 주효과(들) 및 이를 포함하는 상호 작용 이후 분석에 입력된다는 점을 제외하면 Type II와 유사하다.

이러한 두 가지 요인에 순차적인 접근 방식을 사용하면 정당 소속과 대학 교육은 많은 의미를 갖지 못한다. Type II 또는 Type III 방법을 대신 적용하는 것이 좋다. 선행 순서 또는 순차적 접근법으로 Type I을 사용할 때 고려해야 할 시간은 한 요인이 다른 요인을 유발하거나 적어도 다른 요인보다 시간적으로 앞선다고 믿을만한 충분한 이유가 있는 경우이다.

예를 들어, 이 예제에서 정당 소속과 대학 교육 대신 정당 가입과 성별 두 가지 요인으로 가정해 본다. 2010년도 미국 인구에서 여성은 공화당보다 민주당으로 더 많이 인식되는 경향이 있다. 또한 모집단에서 잘 추출된 표본은 이러한 경향을 반영할 뿐만 아니라, 불균등 셀 크기와 해당 요인을 나타내는 코딩된 벡터 간의 상관관계에서 이를 나타내기에 증거는 충분하다.

이런 상황에서는 가입(Affiliation) 요인 앞에 성별 인자를 입력하는 것이 합리적이다. Sex는 사회적 태도를 통해 조정되므로 특정 정당 가입 때 영향을 미칠 수 있지만 정당 등록은 사람의 성별과 인과 관계가 없다. 따라서 고유하게 결과 변수를 공유하는 모든 분산 및 결과 변수와 Party 요인을 함께 공유하는 분산을 Sex 요인에 할당한다. 성별을 먼저 입력함으로써 그렇게 할 수 있다.

그러나 그림 4-24의 예제에서 사용된 교육(Education) 및 정당 가입(Party Affilation) 변수는 원인에 의한 방식으로 작동하지 않으며, 만약 그렇다 하더라도 성별(Sex) 및 정당 가입만큼 확실하지 않다. 사용자는 교육이 정당의 선택을 결정하거나 정당의 선택이 교육 수준을 결정한다고 확실한 결정을 내리는 데 어려움을 겪을 것이다.

그럼에도 불구하고 Type I 순차 접근법을 사용하기로 결정했다면 그림 4-25와 같이 시작할 수 있다.

그림 4-25

순차적 접근법은 요인들 간의 관계 성향이 잘 파악되지 않았을 때 좋은 방법은 아니다.

G7 =G2*$G$4

	A	B	C	D	E	F	G	H	I	J	K	L
1	Prefer-ence	Party Vector	Education Vector	Inter-action			Party	Education	Interaction	Residual		
2	48	1	1	1		% of Variance	0.25%	52.89%	10.01%	36.85%		
3	47	1	1	1								
4	46	1	1	1		Total SS	77.21					
5	47	-1	1	-1								
6	46	-1	1	-1			Party	Education	Interaction	Residual		
7	50	-1	1	-1		SS	0.19	40.84	7.73	28.45		
8	51	-1	1	-1								
9	48	-1	1	-1								
10	51	1	-1	-1		> summary(aov(Preference ~ Party * College, data=unbal))						
11	54	1	-1	-1								
12	51	-1	-1	1			Df	Sum Sq	Mean Sq	F value	Pr(>F)	
13	49	-1	-1	1		Party	1	0.19	0.19	0.068	0.80027	
14	51	-1	-1	1		College	1	40.84	40.84	14.355	0.00355	**
15	52	-1	-1	1		Party:College	1	7.73	7.73	2.72E+00	0.13026	
16						Residuals	10	28.45	2.85			

그림 4-25는 셀 크기가 다른 네 그룹의 피실험자를 보여 준다. B2:D15에 코딩된 벡터를 만들었지만 공간을 절약하기 위해 Republican과 Yes와 같은 요인에 대한 텍스트 값을 제거했다.

G2:J2 범위에는 그림 4-24에서 마지막으로 사용한 분석이 포함되어 있다. 이 분석은 이미 회귀 방정식에 있는 벡터로 공유되는 분산을 제외하며, 각 벡터가 출력 결과와 공유하는 분산의 백분율을 결정한다.

따라서 특정 방식 안에서 Party Affiliation이 피실험자의 대학교 학위 취득 여부를 결정할 정당한 이유가 있다고 생각한다면, Party를 먼저 입력해야 한다. 이는 결과 척도값과 0.25%의 분산을 공유한다(셀 G2 참조).

제곱합 측면에서 생각하고 싶다면 G7:J7에서 찾을 수 있으며 이 값은 G2:J2의 백분율과 셀 G4의 총 제곱합을 곱한 값이다. 이러한 제곱합은 Excel에 따른 분석과 R에 따른 분석을 G13:K16 범위에서 비교하는 것을 용이하게 한다(이 분석을 위한 데이터는 그림 4-22의 A1:C15 범위에서 선택되었다). R에 의해 보고된 제곱합은 G7:J7에서 계산된 것과 같다.

stats 패키지의 aov 또는 anova 함수에서 R의 분석을 얻을 수 있다.
그림 4-25은 셀 F10에서 시작하는 aov 함수에 대한 구문을 보여 준다. aov를 호출할 때 요인이 분석에 들어가는 순서를 제어할 수 있다. 예를 들어, College Education 요인이 Party Affiliation 요인보다 먼저 분석되려면 다음을 사용할 수 있다.

```
> summary(aov(Preference ~ College * Party, data=unbal))
```

제곱합(또는 공유 분산의 비율)을 할당하는 이러한 순차적 접근은 이 데이터에 대한 좋지 않은 선택이라는 점을 다시 한번 강조한다. 두 요인 중 하나에 우선 순위를 부여하기 위해 설득력 있는 이론적인 근거가 없으므로 Type II 또는 Type III 접근법이 더 나은 선택일 수 있다. 고전적인 실험 접근법인 Type II를 사용하는 예는 그림 4-26을 참조한다.

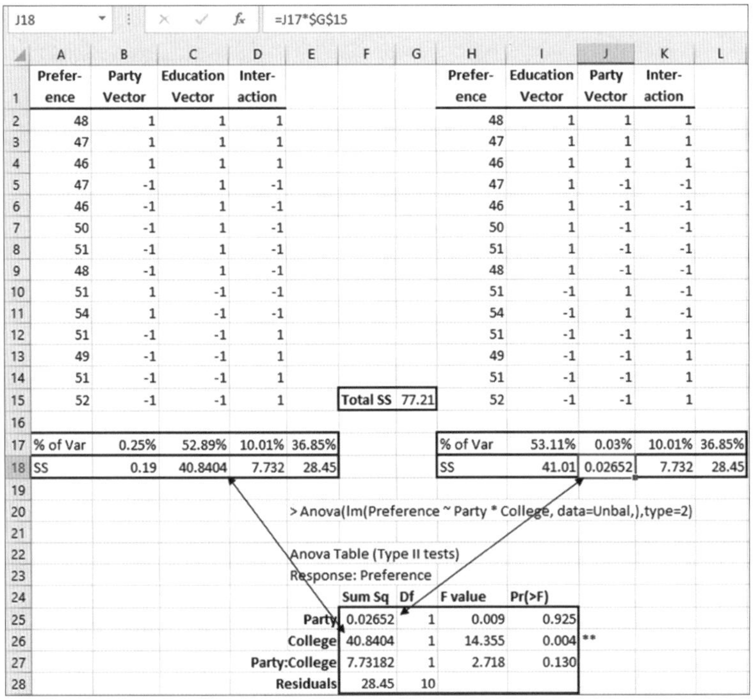

J18 =J17*$G$15

	A	B	C	D	E	F	G	H	I	J	K	L
1	Prefer-ence	Party Vector	Education Vector	Inter-action				Prefer-ence	Education Vector	Party Vector	Inter-action	
2	48	1	1	1				48	1	1	1	
3	47	1	1	1				47	1	1	1	
4	46	1	1	1				46	1	1	1	
5	47	-1	1	-1				47	1	-1	-1	
6	46	-1	1	-1				46	1	-1	-1	
7	50	-1	1	-1				50	1	-1	-1	
8	51	-1	1	-1				51	1	-1	-1	
9	48	-1	1	-1				48	1	-1	-1	
10	51	1	-1	-1				51	-1	1	-1	
11	54	1	-1	-1				54	-1	1	-1	
12	51	-1	-1	1				51	-1	-1	1	
13	49	-1	-1	1				49	-1	-1	1	
14	51	-1	-1	1				51	-1	-1	1	
15	52	-1	-1	1		Total SS	77.21	52	-1	-1	1	
16												
17	% of Var	0.25%	52.89%	10.01%	36.85%			% of Var	53.11%	0.03%	10.01%	36.85%
18	SS	0.19	40.8404	7.732	28.45			SS	41.01	0.02652	7.732	28.45
19												
20					> Anova(lm(Preference ~ Party * College, data=Unbal,),type=2)							
21												
22					Anova Table (Type II tests)							
23					Response: Preference							
24						Sum Sq	Df	F value	Pr(>F)			
25					Party	0.02652	1	0.009	0.925			
26					College	40.8404	1	14.355	0.004	**		
27					Party:College	7.73182	1	2.718	0.130			
28					Residuals	28.45	10					

그림 4-26
Excel은 회귀 방정식에 요인이 입력되는 순서를 변경할 때 편리한 응용 프로그램은 아니다.

그림 4-26은 Excel이 모든 유용한 도구에 대해 R과 같은 응용 프로그램이 제공하지 않는 문제를 나타낼 수 있는 한 가지 이유를 강조한다.

Type II 방법으로 제곱합을 할당하는 데 필요한 접근법을 따르기 위해 다음과 같은 두 가지 방법으로 기본 데이터를 정렬해야 한다. 이 예제에서 하나의 배열은 분석에 처음 들어가는 Party 벡터를(A1:D15 범위) 가지고 다른 배열은 Education 벡터가 먼저 입력된다(H1:K15 범위).

그 이유는 LINEST() 및 TREND()와 같은 워크시트 함수는 예측변수가 연속되는 열이 왼쪽에서 오른쪽 순서로 있어야 하기 때문이다[그림 4-26에서는 C17:D17 및 J17:K17의 제곱 준부분 상관관계(Squared Semipartial Correlation)에 대한 수식에서 TREND() 함수를 사용한다]. 대조적으로 R과 같은 응용 프로그램은 구문에서 변수가 분석을 시작하는 순서를 자동으로 바꿀 수 있다. 예를 들어 다음 수식을 살펴 보자.

```
> Anova(lm(Preference ~ Party * College,
  data=Unbal,),type=2)
```

type=2 인수는 Party 요인을 먼저 처리한 다음 College 요인을 분석에 사용되는 마지막 주효과로 처리하도록 R에게 알린다. 원하는 경우 type=2 대신 type = "II"를 사용할 수 있다.

호출된 함수는 첫 번째 글자가 대문자인 Anova이며, anova와는 다른 함수이다. anova 함수는 type 인수를 사용하지 않는 stats 패키지의 일부이다. Anova 함수는 type 인자를 허용하고 car 패키지에 포함되어 있으므로 Anova를 사용하기 전에 이 패키지를 설치해야 한다.

그림 4-26에서 R에 의해 반환된 결과는 E22:I28 범위에 있다.

그림 4-26에서 B17:E17과 I17:L17의 공유 분산 백분율은 셀 G15의 총 제곱합을 곱하여 처음 Party를 입력하고 다음 Education을 입력한 상태로 각 효과의 제곱합을 반환한다. 다음 두 가지 사항에 유의하자.

- Party 다음에 입력된 Education에 대한 제곱합 결과가 셀 C18에 표시된다. 이것은 F26 셀의 R의 Anova 함수가 반환한 Education 제곱합과 같다.
- Education 다음에 입력된 Party에 대한 제곱합 결과가 셀 J18에 표시된다. 셀 F25에서 R의 Anova 함수로 반환된 Party의 제곱합과 동일하다.

그림 4-26의 Party와 관련된 제곱합은 그림 4-25의 셀 H7과 H14에 표시된 것과 동일하다. 그림 4-25의 순차적 분석이 방정식의 두 번째 벡터로 Party를 입력한 반면, 그림 4-26에서는 Party가 Type II 루틴에 두 번째로 입력되었기 때문이다. 다시 한 번 말하지만 분석은 방정식에서 Party와 함께 한 번 그리고 두 번째 변수로 Education과 함께 두 번 실행된다.

aov 또는 anova에 비해 Anova 함수의 주된 장점은 aov이나 anova를 두 번 실행하는 것보다 Anova에서 type = 2를 지정하는 것이 더 편리하다는 점이다. 이는 요인에 대한 호출 순서를 변경하는 것이다.

1969년 이후, 불균형 계승 설계에서 제곱의 합계를 할당하는 여러 가지 방법에 대해 상당한 수의 논문이 작성되었다. 그 해에 여기에서 논의된 세 가지 방법에 관한 논문이 Overall과 Spiegel에 의해 출간되었다. 이 책은 R과 Excel에 관한 책이고 여기서 다룰 수 있는 논쟁은 아니므로, 필자는 R(및 SAS와 같은 다른 통계 패키지)이 할당 유형을 어떻게 표시하는지에 대한 논의는 자제하고 있다.

세 번째 유형은 종종 Type III라고 불리며, type = 3 또는 type = "III"를 지정하는 Anova 함수를 사용하여 호출할 수 있다(기본값은 Type II이다). 이 할당 방법에 따라 이 섹션에서 검토한 두 가지 요소의 예제는 다른 주효과와 상호 작용 효과 후에 관심 있는 각 효과에 입력되는 것이다. 일반적으로 이미 상호 작용을 검정하고 통계적으로 유의미하다는 것을 가리킨다.

그러므로 Education의 주효과에 제곱합의 일부를 할당하기 전에 Party와 Party:Education 상호 작용을 설명하는 것이 좋다(이 주제와 관련된 문헌은 논쟁의 상당 부분에서 유의미한 상호 작용이란 주된 효과의 조사 가능 여부를 의미하는지에 중점을 두었다).

그림 4-27은 Excel과 R 컨텍스트에서 Type III을 보여 준다.

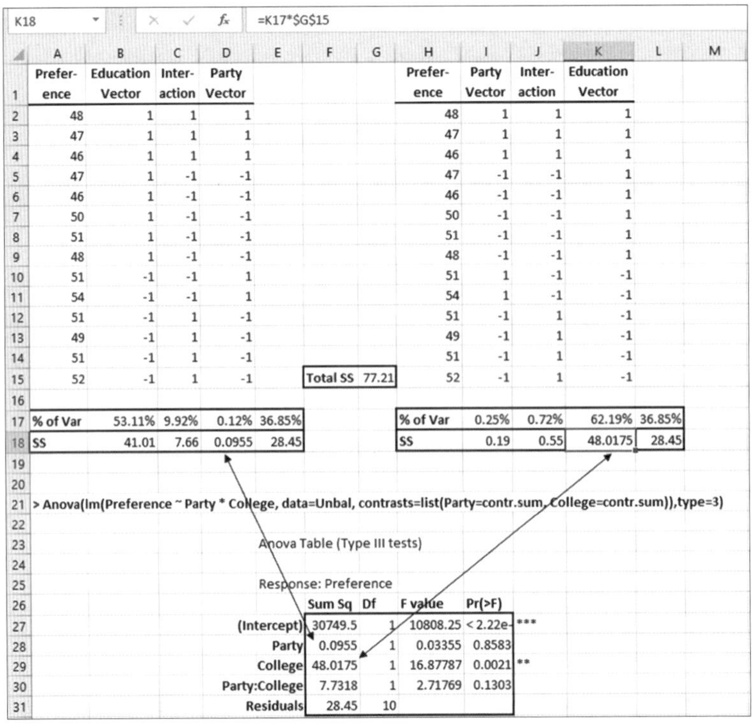
K18 =K17*$G$15

	A	B	C	D	E	F	G	H	I	J	K	L	M
1	Preference	Education Vector	Interaction	Party Vector				Preference	Party Vector	Interaction	Education Vector		
2	48	1	1	1				48	1	1	1		
3	47	1	1	1				47	1	1	1		
4	46	1	1	1				46	1	1	1		
5	47	1	-1	-1				47	-1	-1	1		
6	46	1	-1	-1				46	-1	-1	1		
7	50	1	-1	-1				50	-1	-1	1		
8	51	1	-1	-1				51	-1	-1	1		
9	48	1	-1	-1				48	-1	-1	1		
10	51	-1	-1	1				51	1	-1	-1		
11	54	-1	-1	1				54	1	-1	-1		
12	51	-1	1	-1				51	-1	1	-1		
13	49	-1	1	-1				49	-1	1	-1		
14	51	-1	1	-1				51	-1	1	-1		
15	52	-1	1	-1		Total SS	77.21	52	-1	1	-1		
16													
17	% of Var	53.11%	9.92%	0.12%	36.85%			% of Var	0.25%	0.72%	62.19%	36.85%	
18	SS	41.01	7.66	0.0955	28.45			SS	0.19	0.55	48.0175	28.45	
19													
20													
21	> Anova(lm(Preference ~ Party * College, data=Unbal, contrasts=list(Party=contr.sum, College=contr.sum)),type=3)												
22													
23					Anova Table (Type III tests)								
24													
25					Response: Preference								
26						Sum Sq	Df	F value	Pr(>F)				
27					(Intercept)	30749.5	1	10808.25	< 2.22e-	***			
28					Party	0.0955	1	0.03355	0.8583				
29					College	48.0175	1	16.87787	0.0021	**			
30					Party:College	7.7318	1	2.71769	0.1303				
31					Residuals	28.45	10						

그림 4-27
이 데이터 집합에서 특히 두 가지 주효과 사이에 약한 상호 작용이 있을 경우 일반적으로 Type II 접근 방식을 선택하게 된다.

그림 4-27에서 A1:D15의 데이터는 Party가 Education과 상호 작용(Interaction) 뒤에 나오고 H1:K15에서는 Education이 Party와 상호 작용(Interaction) 뒤에 나온다.

Type III의 아이디어는 유의미한 상호 작용이 결과 척도에서 사용 가능한 분산에서 너무 많은 부분을 할당받아서 주효과(여기서는 Party 또는 Education)가 유의미한 F-비율을 가질 만큼 충분한 분산으로 기인될 수 없다는 것이다.

이러한 관점에서 유의미한 상호 작용은 이와 관련된 주효과의 의미를 합리적으로 해석하는 것을 어렵거나 불가능하게 만든다. 이 견해에는 다양한 찬성과 반대 의견이 있다.

Party와 Education이 마지막으로 입력되는 모델의 제곱 준부분 상관관계(Squared Semipartial Correlation)는 그림 4-27에서 C17:D17 및 J17:K17의 일반적인 위치에 있다. 관련된 제곱합은 한 행 아래인 C18:D18 및 J18:K18에 있다. D18에서 Party의 제곱합은 F28 셀에 있는 R의 Type III 결과의 Party 제곱합과 동일하며, K18에 있는 Education의 값은 F29에 있는 R의 결과와 동일하다.

F30에 있는 상호 작용의 제곱합은 그림 4-26에서 Type II 분석에 대한 제곱합과 동일하며 상호 작용이 항상 마지막으로 분석에 들어간다. 유의미한 상호 작용이 있을 때 주효과의 해석에 관한 필자의 관점은 특히 이 부분과는 다르다.

필자는 제곱 준부분 상관관계(Squared Semipartial Correlation)를 통해 설명된 분산의 백분율을 도출하고 그 백분율을 제곱합으로 변환하는 것이 처음으로 이 주제를 접하거나 오랜만에 다시 돌아오는 사용자에게 유용하다는 점을 강조하고자 한다. R의 결과는 절차의 논리를 이해하는 데 도움이 되지 않지만 속도는 훨씬 빠르다

Sheet 2 효과 지정하기

aov, anova 및 Anova 함수(그리고 lm 함수의 결과에 기반한 모든 함수)는 함수가 분석하려는 효과를 정의하는 데 도움이 되는 세 가지 연산자를 인식한다.

이러한 연산자를 논의하는 것은 주효과와 상호 작용을 구별하기 위해 도움이 된다. 하나 이상의 요인이 동시에 분석되는 요인 설계에서는 각 요소 자체가 주효과를 나타내는 반면, 둘 이상의 결합 효과는 상호 작용이라고 불린다.

따라서 Sex, Drug 및 Patient Ethnicity(환자의 인종)가 요인으로 사용되는 실험에서 각 요인은 주효과로 작용한다. Sex 및 Drug의 결합 효과는 이 설계에서 가능한 상호 작용 중 하나이며 Males에 대한 약물 A의 효과, Females에 대한 약물 A의 효과, Males 및 Females에 대한 약물 B의 효과를 나타낸다.

두 가지 주효과만으로 문제를 쉽게 처리할 수 있다. 단, 두 가지 요인과 한 가지 상호 작용(Sex, Drug, 그리고 Drug에 의한 Sex)이 있다. R 함수는 사용 가능한 모든 주효과 및 상호 작용을 지정하는 다음과 같은 방법을 제공한다.

```
> Results <- aov(Score ~ Sex + Drug + Sex:Drug, data =
TwoWay)
> summary(Results)
```

이 경우 사용 가능한 주효과 및 상호 작용 효과는 수식에서 개별적으로 호출된다. 두 가지 주효과와 상호 작용에 대해 결과 ANOVA 표에 3개의 행이 표시된다. 플러스 기호는 개별 효과를 구분하는 연산자로 사용되며 콜론은 콜론이 구분하는 주효과의 상호 작용을 요청하는 연산자로 사용된다.

여기에 더 빠른 방법이 있다.

```
> Results <- aov(Score ~ Sex * Drug, data = TwoWay)
> summary(Results)
```

여기서 별표는 플러스 기호를 대신하는 연산자이다. 이 문맥에서 별표는 별표의 왼쪽에 있는 효과와 별표의 오른쪽에 있는 효과를 'Cross'하라고 함수에게 알려 준다. 즉, 명명된 효과를 주효과로 포함하는 동시에 그들 사이의 상호 작용도 포함하는 것이다. 다시 말하면, 분산 분석 테이블에는 변동 요인으로 Sex, Drug, Drug 상호 작용별 Sex가 포함된다.

두 가지 요인만 있는 요인 설계에서는 이 명령들 사이에서 선택할 항목이 많지 않다.

```
> Results <- aov(Score ~ Sex + Drug + Sex:Drug, data =
TwoWay)
> Results <- aov(Score ~ Sex * Drug, data = TwoWay)
```

두 수식 모두 동일한 결과 집합을 반환하며 플러스 기호와 콜론 대신 별표를 사용해도 시간상으로 큰 차이가 없다. 하지만 세 가지 주효과가 있다면 어떨까? 요인에 Ethnicity(인종)를 추가한다고 가정해 보자. 이제 여기에 7가지 변동 요인이 있다.

- 세 가지 주효과 : Sex, Drug 및 Ethnicity
- 세 가지 양방향 상호 작용 : Drug별 Sex, Ethnicity별 Sex, Ethnicity별 Drug
- 세 가지 상호 작용 : Ethnicity에 따른 Drug별 Sex

개별로 지정하기엔 많은 효과들이 있지만 별표를 사용하여 모두 가져올 수 있다.

```
> Results <- aov(Score ~ Sex*Drug*Ethnicity, data =
ThreeWay)
> summary(Results)
```

주효과가 나오고 두 가지 및 세 방향 상호 작용이 별표에 의해 암시된다.

플러스 기호와 콜론의 결합은 분산 분석 테이블에 나타나는 변동 요인을 조정하려는 경우 자체적으로 제공된다. 완전한 삼원 분석(Three-way Analysis)을 실행하고 유의미한 영향이 Drug와 Ethnicity의 상호 작용, 그리고 Sex뿐임을 발견했다고 가정해 보자. 제곱합과 나머지 다섯 가지 효과에 대한 자유도를 잔차(Residual) 항으로 모으려면 다음 명령을 사용한다.

```
> Results <- aov(Score ~ Sex + Drug:Ethnicity, data =
ThreeWay)
> summary(Results)
```

분산 분석 테이블의 변동 요인으로 나타나는 유일한 효과는 Sex 및 Ethnicity 상호 작용에 의한 Drug이다.

Chapter 05

Excel 및 R의 여러 비교 절차

태도 설문조사에서 제안된 채권 발행에 이르기까지 데이터를 분석한다고 가정한다. 응답자는 랜덤으로 선발되어 수백 명의 남성과 여성으로 구성된다. 전통적인 분산 분석 또는 코드화된 벡터를 사용하는 회귀 분석을 실행하고 두 그룹의 평균 차이에서 중요한 F-비율을 찾는다. 여기엔 관련된 두 그룹만 있기 때문에 유의미한 평균 차이의 소스를 정확히 알고 있으며 이는 남성과 여성의 평균으로 이루어진다.

이제 비슷한 설문 조사를 분석한다고 가정해 보자. 남성과 여성에게 각각 공화당(Republicans), 민주당(Democrats) 또는 무소속(Independents)으로 등록된 세 종류의 유권자 그룹이 있다. 여기서 유의미한 F-비율을 얻지만 이번에는 세 가지 평균이 모두 유의미한 차이가 있는지, 아니면 두 가지가 상당히 다른지, 만약 그렇다면 그 두 가지는 어떤 그룹인지 이런 부분들이 명확하지 않다. 혹은 두 개의 평균과 크게 다른 하나의 평균이 있을지도 모른다.

이것은 일련의 절차가 다루고자 하는 상황의 일종이며 총체적인 측면에서 다중비교(Multiple Comparisons)라고 알려져 있다. 이는 특정한 그룹 평균을 구별하지 못하는 전반적 F-검정(Omnibus F-Test)과는 대조적으로, 어떤 평균집합이 유의미하게 다른지를 정확히 알아내는 데 도움을 준다. 서로 다른 상황을 위해 설계되었기 때문에 다양한 다중 비교 검정이 존재한다. 다음은 그 예이다.

- 실험 결과를 보기 전에 비교를 지정하거나 결과를 볼 때까지 기다린다.
- 통계적으로 서로 독립적인 비교(직교 대조, Orthogonal Contrasts)를 제한하거나 해당 대조를 제한하지 않는다.
- 알파 수준을 개별 대비에 적용하거나 검정할 모든 대조에 적용할 수 있다.

또 다른 차별점은 다중 비교 절차가 반환하는 통계 유형이다. F-비율, t-비율 및 표준화된 범위(Studentized Range) 또는 q 통계가 각각 사용된다. Excel은

chi-square, binomial, Poisson, t, F 및 기타 분포에 대한 접근 권한을 제공하지만 q 분포는 제공하지 않기 때문에 제한적인 측면이 존재한다.
가장 자주 사용되는 다중 비교 방법 중 하나인 Tukey의 HSD(Honest Significant Difference)가 q를 참조 분포로 사용하기 때문에 q 분포를 제공하지 않는 점은 아쉬운 부분이다. Tukey의 기술로 시작해 보자.

Sheet 1 Tukey의 HSD 방법

Excel은 이 기술을 사용할 수 있지만 외부 정보에 의존해야 한다. Excel의 F.INV() 및 T.INV() 함수는 확률 및 자유도가 제공될 때 F-비율 및 t-비율을 반환한다. 그러나 Excel에는 Q.INV() 함수 또는 Q.DIST() 함수가 없다. 따라서 Excel에서 HSD 방법을 사용하기 위해 대부분의 계산을 수행할 수 있지만, q 값은 다른 곳에서 찾아야 한다(중급 레벨의 통계 책 부록에서 종종 찾아볼 수 있다).

그림 4-28은 Excel에서 해당 작업이 어떻게 이뤄지는지 보여 준다.

그림 4-28

준비계산 : HSD 절차에는 ANOVA의 데이터가 일부 필요하다.

	A	B	C	D	E	F	G	H	I	J	K	L
1	Score	Group	Grp Vector 1	Grp Vector 2		=LINEST(A2:A34,C2:D34,,TRUE)						
2	22	Grp 1	1	0		-1.606	-2.333	24.8				
3	23	Grp 1	1	0		0.514	0.514	0.36				
4	27	Grp 1	1	0		0.665	2.086	#N/A				
5	22	Grp 1	1	0		29.756	30.000	#N/A				
6	22	Grp 1	1	0		258.970	130.545	#N/A				
7	23	Grp 1	1	0								
8	22	Grp 1	1	0		Anova: Single Factor						
9	22	Grp 1	1	0								
10	22	Grp 1	1	0		SUMMARY						
11	20	Grp 1	1	0		*Groups*	*Count*	*Sum*	*Average*	*Variance*		
12	22	Grp 1	1	0		Grp 1	11	247	22.455	2.873		
13	23	Grp 2	0	1		Grp 2	11	255	23.182	0.364		
14	23	Grp 2	0	1		Grp 3	11	316	28.727	9.818		
15	23	Grp 2	0	1								
16	25	Grp 2	0	1								
17	23	Grp 2	0	1		ANOVA						
18	23	Grp 2	0	1		*Source of Variation*	*SS*	*df*	*MS*	*F*	*P-value*	*F crit*
19	23	Grp 2	0	1		Between Groups	258.970	2	129.485	29.756	0.000	3.316
20	23	Grp 2	0	1		Within Groups	130.545	30	4.352			
21	23	Grp 2	0	1								
22	23	Grp 2	0	1		Total	389.515	32				

그림 4-28은 A1:B34 범위의 데이터에 대한 기존 분산 분석의 결과를 보여 준다. 데이터 집합에는 하나의 요인만 있고 데이터 분석 추가 함수에서 분산 분석: 일원 배치법 도구를 실행한 결과는 F8:L22에 나타난다(데이터는 처음에 그림 4-2와 같이 배치되어 있었다).

C 및 D열은 그룹 구성원을 나타내는 이펙트 코드된 벡터를 포함하며 A열의 Score 변수와 함께 LINEST() 워크시트 함수를 실행한 결과가 F2:H6에 표시된다. 전반적 F-비율(Omnibus F-ratio)은 셀 F5의 LINEST()와 셀 J19의 분산 분석 도구에 의해 반환된다.

HSD 절차를 위해 셀 I20의 분산 분석 도구로 반환된 그룹 내 평균제곱(Mean Square Within)이 필요하다. 이는 LINEST()로 반환되지 않지만 셀 G6의 잔차 제곱합을 셀 G5의 잔차 자유도로 나누면 쉽게 계산된다.

F-비율은 대부분 통계적으로 유의미하지만, 어떤 그룹 평균이 중요도에 기여하는지 식별하지 못한다. 이를 확인하기 위해 그림 4-29를 살펴보자.

그림 4-29

예비 계산 : HSD 절차는 ANOVA의 데이터 일부를 필요로 한다.

E22 =B17-B$21

	A	B	C	D	E	F	G
1	Anova: Single Factor						
2	SUMMARY						
3	*Groups*	*Count*	*Sum*	*Average*	*Variance*		
4	Grp 1	11	247	22.455	2.873		
5	Grp 2	11	255	23.182	0.364		
6	Grp 3	11	316	28.727	9.818		
7							
8	ANOVA						
9	*Source of Variation*	*SS*	*df*	*MS*	*F*	*P-value*	*F crit*
10	Between Groups	258.970	2	129.485	29.756	0.000	3.316
11	Within Groups	130.545	30	4.352			
12	Total	389.515	32				
13							
14	SQRT(MS_W/n)	0.629		$_{.95}q_{3,30}$	3.486		
15							
16						p < .05?	
17	Grp 2 - Grp 1	0.727		=B17/$B$14	1.156	N	
18	Grp 3 - Grp 1	6.273		=B18/$B$14	9.973	Y	
19	Grp 3 - Grp 2	5.545		=B19/$B$14	8.817	Y	
20							
21	Half of .95 interval	2.193		Comparison	Lower limit	Upper limit	
22				Grp 1 - Grp 2	-1.466	2.920	
23				Grp 1 - Grp 3	4.080	8.466	
24				Grp 2 - Grp 3	3.353	7.738	

그림 4-29는 그림 4-28의 분산 분석 테이블을 편의상 반복한다. 각 그룹 한 쌍의 평균 간 차이를 셀 B14의 값으로 나눈다. 이 값은 분산 분석 테이블에서 그룹 내 제곱(Mean Square Within)의 제곱근을 셀당 관측 수로 나눈 값이다. 따라서 셀 B14의 공식은 다음과 같다.

```
=SQRT(D11/B4)
```

이 시점에서 우리는 외부 정보 소스에 의존해야 한다. 이 예제에서는 알파가 0.05로 설정되었다고 가정하므로 세 그룹에 대한 q-분포의 95번째 백분위수와 분산 분석의 잔차 또는 그룹 내 자유도에 해당하는 총 30개의 자유도를 조회한다. 테이블 값은 3.486이다(셀 E14 참조).

Excel로 돌아가 보자. 범위 B17:B19에는 세 그룹 평균 간 차이값이 있다. E14:E19 셀의 세 가지 q 값에 도달하기 위해 셀 B14의 각 차이값을 나눈다. 절댓값이 임계 q 값인 3.486을 초과하는 값은 0.05 알파 레벨에서 중요한 차이값으로 간주된다. 이 경우 Group 3의 평균은 Group 1과 2의 평균과 크게 다르다.

HSD 방법의 한 가지 유용한 기능은 평균 차이에 주변의 신뢰 구간을 동시에 배치할 수 있다는 것이다. 그림 4-29에서는 A21:F24 범위에서 수행되었다. B21 셀에서 B14 셀의 값에 셀 E14의 테이블에서 조회한 q 값을 곱하여 95% 신뢰 구간 넓이의 절반을 계산한다. 셀 E22:F24는 계산된 평균 차이에 신뢰 구간의 절반을 더하거나 차감하면서 각 신뢰 구간을 정의하는 값을 설정한다.

예를 들어, Groups 1과 2의 평균 차이 95% 신뢰 구간은 −1.466에서 2.920까지이다. 신뢰 구간은 0.0이므로, 그룹 평균 간의 신뢰할만한 차이가 있다고 말할 수 없다. 나머지 두 신뢰 구간은 0에 미치지 않으므로 평균이 95% 신뢰 수준에서 유의미한 차이가 있다고 결론 내릴 수 있다.

이것은 상당한 양의 작업이며, 그림 4-30을 참조하여 R에서 어떻게 다루는지 살펴보겠다.

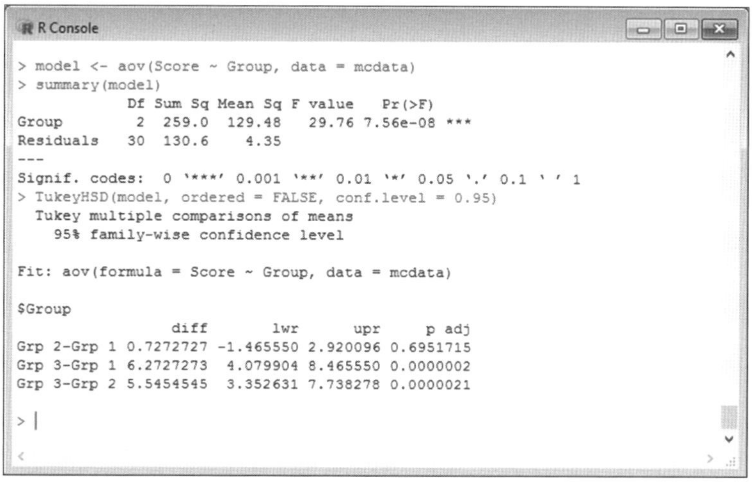

그림 4-30

두 개 또는 세 개의 함수 호출만으로 ANOVA와 Tukey 다중 비교를 실행할 수 있다.

먼저 데이터 모델을 설정한다. aov 함수는 다음과 같이 편리하게 작업할 수 있다.

```
model <- aov(Score ~ Group, data = mcdata)
```

초기 분석을 확인하기 위해 다음 명령을 사용하여 aov 호출 결과를 표시할 수 있다.

```
summary(model)
```

마지막으로 TukeyHSD 함수를 호출한다.

```
TukeyHSD(model, ordered = FALSE, conf.level = 0.95)
```

여기서 사용된 인수는 다음과 같다.

- model : aov의 결과를 저장한 객체의 이름이다.
- ordered = FALSE : 이 인수를 TRUE로 설정하면 TukeyHSD 함수는 그룹을 결과 변수 평균의 오름차순으로 표시한다. 이번 예제처럼 데이터가 이미 정렬되어 함수로 전달될 경우 order 인수는 어떤 영향도 미치지 않는다.
- conf.level = 0.95 : 함수가 계산하려는 신뢰 구간의 유형이다. 여기서는 95% 신뢰 구간에 해당한다. 동등하게, conf.level은 1.0 - 알파이다. 여기서 알파는 사용자가 허용하는 참 귀무가설을 기각할 확률이다.

TukeyHSD 함수는 그룹 평균의 각 쌍에 대해 다음 결과를 반환한다.

- 평균 차이
- 요청된 신뢰 구간의 하한선(Lower Bound)
- 요청된 신뢰 구간의 상한선(Upper Bound)
- 모집단 평균의 차이가 0.0인 경우 계산된 크기만큼 q 통계를 관찰할 확률

이 결과의 네 번째 열에서 주어진 대조(Contrast)에 대한 확률에 p adj라는 라벨이 붙어 있는 이유는 Tukey HSD 방법이 일반적으로 집단별 오류율(Familywise Error Rate)이라는 것을 사용하기 때문이다. 따라서 알파를 0.05로 설정하면(즉, 0.95까지의 신뢰 수준), 다음 하나 또는 그 이상의 대비를 검정하여 Type I 오류를 겪을 확률이 5%이다.

다음 섹션에서 논의할 Newman-Keuls와 같은 방법은 대비 기반 오류율(Contrast-based Error Rate)을 사용한다. 이 경우, 검정하는 각 대비에 대해 5%

의 오류율이 적용된다. 다른 점은 대비 기반 오류율이 모임 기반 오류율(Family-based Error Rate)보다 유의미하게 더 많은 대비를 선언한다는 점이다(따라서 Type I 오류를 더 많이 가짐).
p adj 값은 개별 대비 중 모임 기반 오류율을 분배하기 위한 시도를 나타낸다.

Sheet 2 Newman-Keuls 방법

또 다른 다중 비교 절차인 Newman-Keuls는 Tukey의 HSD 방법과 적어도 두 가지 면에서 밀접한 관련이 있다.

- Newman-Keuls 방법은 HSD와 마찬가지로 q-분포에 의존한다.
- 두 가지 방법 모두 관측된 가장 큰 차이를 검정하는 것으로 시작하고, 평균 차이가 선택된 알파 수준에서 중요하지 않다고 판단될 때 멈추는 것으로 그룹 평균 범위를 처리한다.

두 가지 방법의 주요 차이점은 Tukey HSD 방법이 모임 기반 오류율을 사용하는 반면 Newman-Keuls 방식은 대비 기반 오류율을 사용한다는 것이다.
그림 4-31은 Newman-Keuls가 Excel에서 어떻게 작동하는지 보여 준다.

그림 4-31
q의 임계값은 대비의 선택 수 변화로 나타나는 평균 수에 따라 변경된다.

C20 =B20/$B$17

	A	B	C	D	E	F	G
1	Anova: Single Factor						
2							
3	SUMMARY						
4	*Groups*	*Count*	*Sum*	*Average*	*Variance*		
5	Grp 1	11	247	22.455	2.873		
6	Grp 2	11	255	23.182	0.364		
7	Grp 3	11	316	28.727	9.818		
8							
9							
10	ANOVA						
11	*Source of Variation*	*SS*	*df*	*MS*	*F*	*P-value*	*F crit*
12	Between Groups	258.970	2	129.485	29.756	0.000	3.316
13	Within Groups	130.545	30	4.352			
14							
15	Total	389.515	32				
16							
17	Standard error	0.629					
18							
19		Mean difference	q	Critical q			
20	Grp 3 - Grp 1	6.273	9.97	$_{.95}q_{3,30}$	3.486		
21	Grp 3 - Grp 2	5.545	8.82	$_{.95}q_{2,30}$	2.888		
22	Grp 2 - Grp 1	0.727	1.16	$_{.95}q_{2,30}$	2.888		

그림 4-31은 분산 분석: 일원 배치법 도구의 결과를 반복한다. 다시 말하면, 그룹 평균 및 그룹 간 평균 제곱(Mean Square Within)을 구하는 편리한 방법이라

고 할 수 있다. 그 값은 여기에서 4.352로, 그룹당 관측 수로 나눠지고 결과의 제곱근은 셀 B17에서 취해진다.

이 값은 각 그룹 쌍 사이의 차이로 나눠지며 결과는 E20:E22에 표시된 q의 임계값과 비교된다. 비율의 절댓값이 임계값을 초과하는 경우 그룹 평균 간의 대비는 선택된 알파 수준에서 유의미하다.

q의 임계값은 대조에 사용할 수 있는 평균 수의 함수로 변경된다는 점을 명심한다. 첫 번째 대조에서는 세 가지 대조에서 가장 큰 차이를 선택하며, 이는 항상 가장 큰 평균에서 가장 작은 평균을 뺀 것이다(그리고 여기까지의 과정에서 Tukey HSD 검정은 항상 Newman-Keuls와 동일하다). 따라서 q의 임계값을 얻으려면 3(groups)과 30 df 또는 groups×(n−1)을 고려한다.

이 대비가 중요하다고 판단되면 여기에 있는 것처럼 두 종류의 대비 그룹으로 이동한다. 우리는 세 가지 평균 사이에서 선택해 왔고 이제 두 가지 평균(Group 1 대 Group 2와 Group 2 대 Group 3) 중에서 결정하고 있다. 따라서 q의 임계값은 그림 4-31의 D20:E22 범위에 표시된 것과 같이 평균의 수가 더 작아지도록 조정된다.

이 경우 Tukey의 HSD 검정과 Newman-Keuls는 Group 3의 평균이 Group 1 및 Group 2의 평균과 크게 다르다는 것과 Group 1과 Group 2가 서로 크게 다르지 않다는 의미에서 동일한 결과를 반환한다.

R을 사용하면 같은 결과를 얻을 수 있다. 그림 4-32를 참조한다.

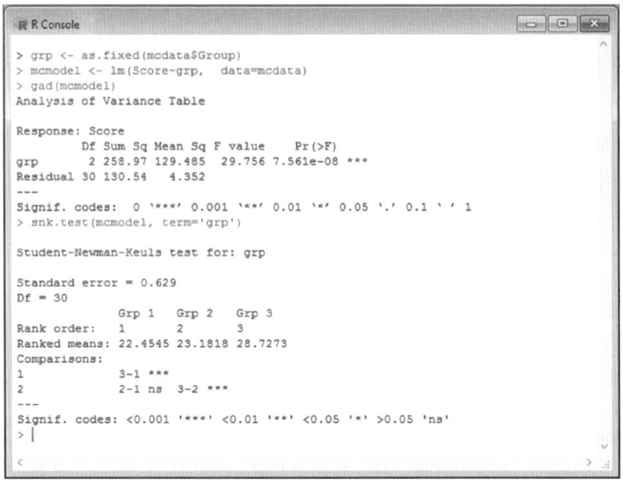


```
> grp <- as.fixed(mcdata$Group)
> mcmodel <- lm(Score~grp,  data=mcdata)
> gad(mcmodel)
Analysis of Variance Table

Response: Score
         Df Sum Sq Mean Sq F value    Pr(>F)
grp       2 258.97 129.485  29.756 7.561e-08 ***
Residual 30 130.54   4.352
---
Signif. codes:  0 '***' 0.001 '**' 0.01 '*' 0.05 '.' 0.1 ' ' 1
> snk.test(mcmodel, term='grp')

Student-Newman-Keuls test for: grp

Standard error = 0.629
Df = 30
              Grp 1   Grp 2   Grp 3
Rank order:   1       2       3
Ranked means: 22.4545 23.1818 28.7273
Comparisons:
1             3-1 ***
2             2-1 ns  3-2 ***
---
Signif. codes: <0.001 '***' <0.01 '**' <0.05 '*' >0.05 'ns'
> |
```

그림 4-32

이 함수를 사용하려면 먼저 GAD 패키지를 설치해야 한다.

이 함수를 실행하려면 GAD 패키지가 필요하다. 이 함수는 고정되거나 무작위 및 교차 또는 중첩된 요인을 사용하여 설계를 처리하도록 특별히 코딩된다. 이러한 구별은 분산 분석의 F-비율을 구축하는 데 사용할 적절한 제곱합에 영향을 미친다.

결과적으로 snk.test 함수를 사용하여 Newman-Keuls 다중 비교를 수행하려는 경우 먼저 그룹 변수가 고정되어 있는지 또는 랜덤인지 패키지에 알릴 필요가 있다. 다음 문장으로 이 작업을 수행할 수 있다.

```
grp <- as.fixed(mcdata$Group)
```

R은 원본 그룹 변수에서 발견된 값과 동일하게 고정 인수로 grp를 설정한다. Group은 이전 섹션에서 Tukey HSD 검정으로 논의된 요인이며 mcdata 데이터 프레임에 있다.

그런 다음 stats 패키지의 lm 함수를 사용하는 Group의 함수로 Score에 대한 모델을 생성한다.

```
mcmodel <- lm(Score~grp, data=mcdata)
```

GAD의 평균으로 적합한 모델을 살펴본다.

```
gad(mcmodel)
```

분산 분석 테이블에서 모두 잘 진행되었다면 다음 명령으로 Newman-Keuls 검정을 실행할 수 있다.

```
snk.test(mcmodel, term='grp')
```

이것은 mcdata 데이터 프레임을 가져온 후에 정렬한 고정 계수 grp를 사용하여 Newman-Keuls 검정을 실행한다. 검정 결과는 그림 4-32에 나와 있으며 이는 그림 4-31의 Excel에서 반환한 결과와 일치한다는 점을 알아두자.

Sheet 3 Excel과 R에서 Scheffé 절차 사용하기

여기서 다룰 마지막 다중 비교 절차는 Scheffé이다. Tukey의 HSD 검정 또는 Newman–Keuls보다 상당히 유연하며 통계적인 의미에서는 덜 강력하다. 실험 결과를 확인한 후에 사전 기준으로 사용할 수 있으며 단순한 쌍별 대비보다 관련된 비교를 더 많이 처리할 수 있다. Scheffé 검정에는 다른 장점도 존재하지만 우선적인 단점은 통계적 힘이 부족하여 다른 기술은 중요하다고 판단하는 여러 비교를 이 검정은 중요하지 않다고 선언하는 것이다.

그림 4–33은 Scheffé 검정을 사용하여 쌍별 대비를 평가하는 방법을 나타내며, 이 섹션의 이전 예제에서 사용된 데이터 집합과는 좀 더 복잡한 대조를 보여 준다.

그림 4-33

Scheffé 절차는 흥미로운 대비를 정의하는 것으로 시작한다.

F2 =MMULT(B2:D2,$B$11:$B$13)

	A	B	C	D	E	F	G	H	I
1		Grp 1	Grp 2	Grp 3		ψ	S_ψ	Ratio	Critical F
2	Grp 3 - Grp 1	-1	0	1		6.273	0.889	7.052	2.575
3	Grp 3 - Grp 2	0	-1	1		5.545	0.889	6.234	
4	Grp 2 - Grp 1	-1	1	0		0.727	0.889	0.818	
5	(Grp 3 + Grp 1)/2 - Grp 2	0.5	-1	0.5		2.409	0.770	3.127	
6									
7	MS_W	4.352							
8	Confidence level	95%							
9							95% Confidence Interval		
10		Mean	n				Lower bound	Upper bound	
11	Grp 1	22.455	11			Grp 3 - Grp 1	3.982	8.563	
12	Grp 2	23.182	11			Grp 3 - Grp 2	3.255	7.836	
13	Grp 3	28.727	11			Grp 2 - Grp 1	-1.563	3.018	
14						(Grp 3 + Grp 1)/2 - Grp 2	0.425	4.393	

그림 4–33의 B2:D5 범위에 있는 대비 행렬은 네 가지 대비를 정의한다. 그룹 평균의 가중치는 행렬의 숫자로 정의된다. 따라서 행렬의 첫 번째 행에 의해 정의된 대비는 Group 3(1) – Group 1(–1)이다. 네 번째 대조는 Group 1(0.5)과 Group 3(0.5)의 평균 – Group 2(–1)로 정의된다 주어진 대비의 가중치의 합은 0이어야 한다[가중치(Weight)와 동의어로 사용되는 용어는 계수(Coefficient) 또는 대비계수(Contrast Coefficient)이다].

범위 B11:B13에는 실제 그룹 평균이 포함된다. 각 대비에 대한 가중치가 곱해지고 결과가 합산된다. 필자는 데이터가 배치된 방식으로 인해 Excel의 MMULT() 함수를 사용하여 곱셈과 덧셈을 처리하는 것이 편리하다는 것을 알게 되었다. 예를 들어, 다음은 F2 셀에서 사용하는 수식이다.

```
=MMULT(B2:D2,$B$11:$B$13)
```

이 공식의 결과는 대개 psi로 지칭되며, 대비 가중치의 곱과 연관된 그룹 평균의 합이다. 2행의 첫 번째 대조의 경우 psi는 Groups 1의 그룹 평균에서 Groups 3의 그룹 평균을 뺀 6.273이다. 5열에 있는 네 번째 대조의 psi 값은 Groups 1과 Groups 3의 그룹 평균의 평균값(Average of The Means)에서 Groups 2의 그룹 평균을 뺀 값이다.

G2:G5에서 발견되는 psi의 표준 오류는 셀 G2에서 사용되는 아래 수식으로 계산된다.

```
=SQRT($B$7*MMULT(B2:D2^2,1/$C$11:$C$13))
```

즉,

- B2:D2에서 대비 가중치의 제곱
- 곱하기 C11:C13에 있는 셀당 관측 수의 역수
- 그 값들의 합산된 수치(곱셈과 합계는 MMULT() 함수의 결합 효과임)
- 곱하기 분산 분석에서 그룹 내 평균 제곱의 합(B7)
- 마지막으로 그 값의 제곱근

Note

디자인 셀당 동일한 수의 관측치를 사용하면, 어떤 대조의 표준 오차도 동일한 가중치를 사용하는 다른 대조와 관련하여 일정하다.

H열에서는 psi의 표준 오차에 대한 각 psi의 비율이 형성된다.

열 H의 각 비율은 그림 4-33의 셀 I2에 표시된 임계값과 비교된다. 이 데이터의 경우 셀 I2의 수식은 다음과 같다.

```
=SQRT(2*F.INV.RT(1-B8,2,30))
```

이 수식에서 숫자 2의 두 인스턴스는 모두 여기에 있는 Group 요인의 자유도를 나타낸다. 디자인은 요인 Group의 세 가지 레벨을 가지므로 자유도는 2이다. 숫자 30은 분산 분석 테이블의 그룹 내 평균 제곱과 연관된 자유도이다.

수식의 F-분포에 대한 참조는 2와 30의 자유도를 기반으로 하는 F-분포의 값을 반환한다. 1 - B8은 여기에서 0.05를 반환한다. 이는 1.0에서 B8 셀에 지정된 신뢰 수준을 뺀 값이다. 따라서 F.INV.RT() 함수는 2와 30의 자유도를 갖는 F-분포에서 오른쪽 꼬리의 5%를 잘라내는 F-비율을 반환한다.

필자는 분포의 오른쪽 꼬리 측면에서 생각하는 것이 편하다고 생각하지만 이는 개인적인 취향이다. 임계값 왼쪽 분포의 95%를 생각한다면 같은 결과를 얻을 수 있다. 그 다음 아래 수식을 대신 사용할 수 있다.

```
=SQRT(2*F.INV(B8,2,30))
```

주어진 대비에 의해 정의된 평균 차이가 F.INV() 함수에 지정된 수준에서 중요한지 여부를 확인하려면 psi의 절댓값과 표준 오차의 비율을 임계값과 비교한다. 비율이 임계값보다 크면 이 대비가 중요하다고 간주된다. 그림 4-33의 분석을 통해 행 2, 3 및 5의 대비가 유의미한 차이를 나타낸다고 결론을 내릴 수 있다.

다음 단계는 psi 값 주위에 신뢰 구간을 두는 것이다. 각 psi에 대해 해당 대조의 표준 오차와 셀 I2의 임계값의 곱을 빼고(하한선) 더한다(상한선). 예를 들어 셀 G11의 수식은 다음과 같다.

```
=F2-G2*$I$2
```

그리고 셀 H11에서 수식은 다음과 같다.

```
=F2+G2*$I$2
```

셀 G13과 H13으로 정의된 것처럼 0.0에 걸친 신뢰 구간은 연관된 대비를 0과 크게 다르지 않다고 판단한다. 신뢰 구간은 psi 비율과 임계값의 비교 결과를 반영하지만 분석에 대한 추가 정보를 가져온다.

Tukey의 HSD 방법과 Scheffé 절차로 보고된 신뢰 구간은 동시 신뢰 구간이며 두 가지 방법에 의해 채택된 집단별 오류율(Family-wise Error Rates)을 반영한다. Group 1의 평균에서 Group 2의 평균을 뺀 것과 같이 주어진 대비와 연관된 신뢰 구간에는 이와 관련된 확률을 가지지 않는다.

선택한 알파 값이 0.05이고 작성한 신뢰 구간이 95% 간격이라고 가정한다. 대조 1의 신뢰 구간에 이 연구를 수행한 횟수의 대비 95% 모집단 값이 포함되어 있다는 것은 사실이 아니다. 그러나 이 연구에서 수행된 모든 신뢰 구간이 연구를 수행한 횟수의 95%에서 대비의 모집단 값을 포착한다고 진술하는 것은 사실이다.

Tukey의 HSD 검정은 Scheffé 검정보다 강력하다. 그림 4-33의 95% 신뢰 구간을 그림 4-29에 보고된 신뢰 구간과 비교한다. Tukey의 방법을 사용하여 생성된 값은 더 좁으며 0에 도달할 확률이 더 낮으므로 통계적으로 더 강력하다.

일반적으로 간결한 문제에서 R을 사용하면 훨씬 편하다. 그림 4-34를 참조한다.

그림 4-34

대비 행렬을 정의하는 것은 다소 까다로울 수 있다.

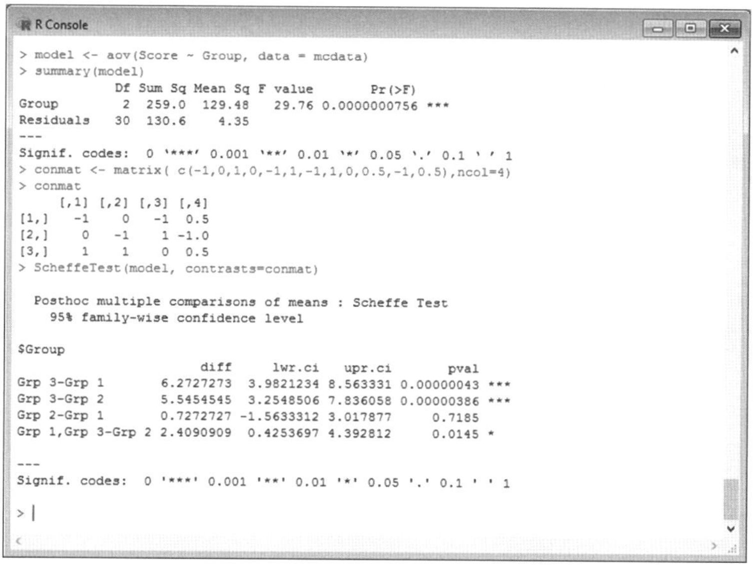

```
R Console
> model <- aov(Score ~ Group, data = mcdata)
> summary(model)
            Df Sum Sq Mean Sq F value       Pr(>F)
Group        2  259.0  129.48   29.76 0.0000000756 ***
Residuals   30  130.6    4.35
---
Signif. codes:  0 '***' 0.001 '**' 0.01 '*' 0.05 '.' 0.1 ' ' 1
> conmat <- matrix( c(-1,0,1,0,-1,1,-1,1,0,0.5,-1,0.5),ncol=4)
> conmat
     [,1] [,2] [,3] [,4]
[1,]   -1    0   -1  0.5
[2,]    0   -1    1 -1.0
[3,]    1    1    0  0.5
> ScheffeTest(model, contrasts=conmat)

  Posthoc multiple comparisons of means : Scheffe Test
    95% family-wise confidence level

$Group
                        diff     lwr.ci   upr.ci       pval
Grp 3-Grp 1        6.2727273  3.9821234 8.563331 0.00000043 ***
Grp 3-Grp 2        5.5454545  3.2548506 7.836058 0.00000386 ***
Grp 2-Grp 1        0.7272727 -1.5633312 3.017877     0.7185
Grp 1,Grp 3-Grp 2  2.4090909  0.4253697 4.392812     0.0145 *

---
Signif. codes:  0 '***' 0.001 '**' 0.01 '*' 0.05 '.' 0.1 ' ' 1

> |
```

DescTools 패키지에는 사용자의 지정에 따라 그룹 평균 간의 대비를 계산하고 평가하는 함수인 Scheffe Test가 포함되어 있다. 그림 4-34는 이 절차를 보여준다. 시작하기 전에 두 가지 항목이 필요하다.

- 요인 및 숫자 변수가 있는 데이터 프레임. 이전 예제에서와 같이 여기서 요인의 이름은 Group이고 숫자 변수의 이름은 Score이다. 데이터 프레임 자체의 이름은 mcdata이다.
- 패키지 DescTools는 library 함수를 통해 로드해야 한다.

그림 4-34의 명령어는 aov 함수를 통해 model이라는 이름의 선형 모델을 만든다. 일반적으로 aov가 반환한 결과를 보려면 summary 함수를 사용한다.

다음으로 대비를 정의한다. 여러 가지 방법 중 하나를 사용할 수 있지만, 필자가 선호하는 것 중 하나는 c 함수와 matrix 함수를 결합한 것이다. c 함수는 값을 벡터 또는 목록에 결합하고 matrix 함수는 벡터 또는 목록을 행렬로 변환한다. 따라서 대비 가중치를 그림 4-33의 B2:D5 범위와 비슷한 행렬에 저장하려면 다음과 같은 명령문을 사용할 수 있다.

```
conmat <- matrix( c(-1,0,1,0,-1,1,-1,1,0,0.5,-1,0.5),ncol=4)
```

여기서 conmat는 행렬을 포함하는 객체이다. 결과를 확인하려면 그림 4-34와 같이 명령 프롬프트에 개체 이름인 conmat를 입력한다.

행렬 함수에는 결과 행렬이 있는 열의 수를 지정하는 인수가 포함된다. 여기서는 네 개의 열이 해당한다. 다중 비교와 관련된 대부분의 글에서 서로 대비되는 대비 가중치 혹은 계수의 행렬은 다른 행에, 그리고 각 요인 수준은 다른 열에 표시하는 것이 일반적이다.

ScheffeTest 함수는 함수 코딩의 효율성을 활용하기 위해 행렬을 전치(Transpose)하려고 한다. 그림 4-33의 범위 B2:D5에 표시된 행렬을 그림 4-34에 표시된 행렬과 비교하면 행과 열이 교환됨을 알 수 있다.

예를 들어, c 함수에 전달된 처음 세 인수는 최종 행렬의 첫 번째 열에 있는 값으로 판명된다. 이는 직관에 어긋나 보이지만 행렬을 채우기 위해 선택한 방법과는 상관없이 이 부분은 기억해 두어야 한다.

이제 ScheffeTest 함수를 사용할 차례이다.

```
ScheffeTest(model, contrasts=conmat)
```

그림 4-34에서 볼 수 있듯이 각 대조 값을 되돌려 놓는다. 전형적으로, 쌍 단위의 평균 간 차이와 다른 평균의 조합 간 차이를 반환하는 더 복잡한 대조를 사용한다. 또한 대비 값에 대한 신뢰 구간의 상한선 및 하한선을 얻는다. 기본값은 95% 신뢰 구간이지만 다음 두 함수 호출을 사용하여 다른 신뢰 수준을 지정할 수 있다.

```
ScheffeTest(model, contrasts=conmat, conf.level = .90)
ScheffeTest(model, contrasts=conmat, conf.level = .99)
```

그림 4-34의 95% 신뢰 구간과 그림 4-33의 95% 신뢰 구간을 비교하여 일치하는지 확인한다.

Chapter 06

Excel과 R의 공분산 분석

이 파트를 끝내기 전에 공분산 분석(ANCOVA)을 살펴보자. 알려진 바와 같이, 공분산 분석은 분산 분석(ANOVA)에 숫자 변수를 추가하여 하나 이상의 요인(예 : 성별 및 치료법)과 수치 공변량[Age 또는 Unit Price(단가) 등]에 따라 결과 변수의 변동성을 설명한다.

제곱합 및 셀 내 교차곱이 포함된 전통적인 기법의 공분산 분석은 지루하고 오류를 내기 쉽다. 여기서 발생할 수 있는 위험 요소를 증명할 때를 제외한다면, 필자는 전통적인 기법의 공분산 분석을 사용하지 않으며 대신 회귀 접근법을 훨씬 선호하는 편이다.

Sheet 1 Excel에서 회귀 분석을 사용하는 공분산 분석지

하나 이상의 요인으로 분산 분석(ANOVA)에 공변량을 추가할 때는 적어도 아래 두 가지를 염두에 두어야 한다.

- 공변량과 결과 사이의 관계를 사용하여 결과 변수의 요인 수준을 동일하게 유지하는 데 도움이 될 수 있다. 랜덤으로 피대상자를 선택하고 할당하더라도 두 개 이상의 그룹이 동일한 기반에서 시작할 수 없다. 무작위 할당을 돕기 위해 공변량과 결과 척도 사이의 상관관계를 사용할 수 있다. 이를 공분산 분석의 편향 축소(ANCOVA's Bias Reduction) 기능이라고 한다.
- 결과 척도의 분산 내 유효 분수(Useful Fraction)가 그룹 내 셀 오류 용어(Within Cell Error Term) 대신 공변량에 기인하는 경우가 종종 있다. 그룹 내 셀 평균 제곱(Within Cell Mean Square)이 감소하면 F-비율이 증가하고 결과는 더 민감한 F-검정이 된다. 이를 공분산 분석의 파워 증강(ANCOVA's Power Enhancement) 기능이라고 한다.

실질적으로, 공분산 분석은 편향을 줄일 수 있는 것보다는 더 안정적으로 통계적 검증력을 증가시킬 수 있다.

1요인 분산 분석에 공변량(Covariate)을 추가하면 적어도 처음에는 공변량 그 이상을 추가하게 된다. 두 변수, Sex 및 Treatment(치료법)가 상호 작용할 수 있는 것처럼 공변량도 해당 요인과 상호 작용할 수 있다. 공변량-인자 상호 작용(Covariate-factor Interaction) 및 통계적 유의성을 검정해야 한다. 그림 4-35는 Excel 내에서 이 과정이 어떻게 동작하는지 보여 준다.

그림 4-35
이 워크시트는 모델 비교 접근법을 사용하여 요인-공변량 상호 작용을 검정한다.

J21 =J16*(H13+I13)

	A	B	C	D	E	F	G	H	I	J	K	L	M	N
1								=LINEST(A3:A20,B3:F20,,TRUE)						
2	Out-come	Covari-ate	Group Vector 1	Group Vector 2	Covariate by Group Vector 1	Covariate by Group Vector 2		0.09	-0.09	-1.73	1.18	0.54	68.67	
3	77	18	1	0	18	0		0.18	0.19	4.26	4.16	0.13	3.16	
4	80	23	1	0	23	0		0.841	1.10	#N/A	#N/A	#N/A	#N/A	
5	80	18	1	0	18	0		12.65	12	#N/A	#N/A	#N/A	#N/A	
6	81	22	1	0	22	0		77.14	14.63	#N/A	#N/A	#N/A	#N/A	
7	77	19	1	0	19	0								
8	78	21	1	0	21	0		=LINEST(A3:A20,B3:D20,,TRUE)						
9	80	23	0	1	0	23		0.16	-0.72	0.54	68.66			
10	79	20	0	1	0	20		0.35	0.50	0.13	2.90			
11	82	24	0	1	0	24		0.836	1.04	#N/A	#N/A			
12	81	21	0	1	0	21		23.86	14	#N/A	#N/A			
13	83	25	0	1	0	25		76.76	15.01	#N/A	#N/A			
14	83	26	0	1	0	26								
15	83	26	-1	-1	-26	-26		Source	R^2 Delta	R^2 Delta	df	MS Delta	F	Prob of F
16	85	28	-1	-1	-28	-28		Gp by X	=H4-H11	0.004	2	0.0021	0.156	0.856
17	82	24	-1	-1	-24	-24		Within	=1-H4	0.159	12	0.0133		
18	84	27	-1	-1	-27	-27		Total	=J16+J17	0.164				
19	83	27	-1	-1	-27	-27								
20	82	23	-1	-1	-23	-23			Source	SS Delta	df	MS Delta	F	Prob of F
21									Gp by X	0.38	2	0.19	0.156	0.856
22									Within	14.63	12	1.22		
23									Total	15.01				

공간을 절약하기 위해, 그림 4-35는 Groups 1, 2 및 3의 요인을 생략하고 해당 요인을 나타내기 위한 두 개의 이펙트 코드 벡터를 사용한다. 또한 이 그림에는 요인 공변량 상호 작용을 나타내는 두 개의 벡터가 포함된다. 이는 2요인-벡터 각각에 대한 공변량의 곱이다.

결과 변수, 공변량, 요인 벡터 및 요인 공변량 상호 작용을 사용하여 전체 모델에서 LINEST()를 실행할 수 있다. LINEST() 결과는 H2:M6의 그림 4-35에 나와 있다. 이 모델의 R^2(0.841)은 셀 H4에 나타난다.

공변량과 유일한 요인에 대한 결과 척도를 회귀하는 보다 제한된 모델은 요인-공변량 상호 작용 벡터를 생략하면서 H9:K13에 나타난다. 이 모델의 R^2(0.836)은 셀 H11에 나타난다.

따라서 모델에 요인-공변량 상호 작용을 포함시킨 결과 척도의 더 많은 분산에서 0.841 - 0.836 = 0.005 또는 0.5% 이상을 예측할 수 있다. 공유 분산의 비율은 H16:N18 범위의 F-검정을 통해 검증되며, 여기서 이 비율은 중요하지 않은 것으로 판명된다. 분산 비율 대신 제곱합을 사용하는 분석은 I21:N23 범위에서 반복된다(물론 같은 결과와 함께).

따라서 요인–공변량 상호 작용에 대해 걱정할 필요가 없으며 공변량 및 요인의 효과를 주효과로 분석할 수 있다. 해당 ANCOVA는 그림 4–36에 나와 있다.

그림 4-36

이 워크시트는 모델 비교 방법을 사용하여 요인의 주요 효과를 검정한다.

K15 =H15-$I$3*(I15-$I$18)

	A	B	C	D	E	F	G	H	I	J	K	L	M	N
1	Group	Outcome	Covar	Group Vector 1	Group Vector 2									
2	1	77	18	1	0		=LINEST(B2:B19,C2:E19,,TRUE)					=LINEST(B2:B19,C2:C19,,TRUE)		
3	1	80	23	1	0		0.16	-0.72	0.5401	68.66		0.67	65.61	
4	1	80	18	1	0		0.35	0.50	0.13	2.90		0.08	1.88	
5	1	81	22	1	0		0.84	1.04	#N/A	#N/A		0.81	1.04	
6	1	77	19	1	0		23.86	14	#N/A	#N/A		69.23	16	
7	1	78	21	1	0		76.76	15.01	#N/A	#N/A		74.55	17.23	
8	2	80	23	0	1									
9	2	79	20	0	1		Source	SS Formula	Unique SS	df	MS	F	Prob of F	
10	2	82	24	0	1		Between	=G7-L7	2.21	2	1.11	1.03	0.3817	
11	2	81	21	0	1		Within	=H7	15.01	14	1.07			
12	2	83	25	0	1		Total	=M7	17.23	16				
13	2	83	26	0	1									
14	3	83	26	-1	-1			Outcome	Covariate		Adjusted Outcome			
15	3	85	28	-1	-1		Mean, Grp 1	78.83	20.17		80.39			
16	3	82	24	-1	-1		Mean, Grp 2	81.33	23.17		81.27			
17	3	84	27	-1	-1		Mean, Grp 3	83.17	25.83		81.67			
18	3	83	27	-1	-1		Grand Mean	81.11	23.06					
19	3	82	23	-1	-1									

그림 4–36의 모델 비교에서 범위 G3:J7에는 공변량과 요인 모두에 대한 결과 변수의 회귀에 대한 LINEST() 결과가 포함되어 있다. 범위 L3:M7은 공변량에 대한 결과 변수의 회귀 결과만 포함한다.

제곱합으로 측정된 두 모델 간 차이는 두 모델의 회귀 제곱합 차이를 포함하는 셀 I10에 있다. 범위 G10:M12의 나머지 부분은 L3:M7에서 LINEST() 분석의 요인이 없는 경우에만 발생하는 차이의 통계적 유의성을 검정한다.

G10:N12의 분석은 세 그룹이 공변량에 대해 동일한 방법으로 시작한 경우의 결과를 나타낼 수 있도록 조정된 세 그룹의 평균 차이를 검정한다. 분석은 조정된 평균이 크게 다르지 않다는 것을 말해 준다.

그림 4–36의 범위 H15:K17에서 관측된 평균과 조정된 평균을 모두 찾을 수 있다. 조정된 평균은 결과 척도에 대한 그룹 평균, 공변량에 대한 회귀계수, 그리고 공변량에 대한 그룹 평균과 공변량의 총 평균값 사이의 차이를 사용하여 계산된다. 예를 들어 셀 K15에서 Group 1에 대해 조정된 평균은 다음 공식으로 계산된다.

```
=H15-$I$3*(I15-$I$18)
```

아래에서 다시 살펴보자.

- 공변량(I15)에 대한 Group 1의 평균과 공변량의 총평균($I$18)의 차이를 구한다.
- 그 차이에 공변량에 대한 회귀계수($I$3)를 곱한다.
- Group 1(H15)에 대한 결과 척도의 관측된 평균에서 위의 값을 뺀다.

Note

요인과 공변량 사이에서 0이 아닌 상호 작용에 대한 가설을 기각했기 때문에 세 그룹 모두에 대해 조정된 평균을 계산할 때 동일한 회귀계수를 사용할 수 있다. 그 가설을 유지할 필요가 있다면 조정된 평균에 도달하기 위해 다른 기술을 사용해야 할 것이다.

조정된 평균은 결과 척도에 대한 원본 평균보다 훨씬 더 긴밀하다. 분명한 점은 세 그룹은 공변량과 결과 척도 모두에 상당한 차이를 가지고 시작했으며, 결과 척도에 대한 차이는 그룹이 공변량과 같아질 때 줄어들었다.

Sheet 2 R의 ANCOVA

지금까지 이 책은 R 콘솔의 스크린 샷을 통해 특정 분석을 수행하는 데 필요한 명령을 보여 주었다. 이 섹션에서는 공분산 분석(ANCOVA)을 수행하는 과정을 보여 줄 것이다. 공분산 분석 자체는 최소한의 명령으로 수행할 수 있지만, 몇 가지 함수를 사용하려면 부가적인 설명이 필요하고 조정된 평균을 다루는 것은 더 지루한 일이기 때문이다.

이 예제에서는 Excel 워크시트에 원시 데이터를 이미 설정하고 워크시트를 활성화했으며, 해당 워크시트의 데이터를 선택한 것으로 가정한다. 이것은 그림 4-36에서 동일한 데이터로 나타나며, A1:C19 범위를 선택한 경우와 같다.

그림 4-36의 A1:C19에서 R로 데이터를 가져오기 위해 DescTools 패키지를 로드한다.

```
> library(DescTools)
```

InputData라는 데이터 프레임으로 데이터를 가져온다.

```
> InputData <- XLGetRange(header=T)
```

너무 많은 명령을 사용해야 한다면, 변수가 명명될 때마다 데이터 프레임 이름을 반복하거나(예 : InputData$Group) 데이터 프레임의 이름을 별도의 인수로 반복하여 지정하는 것을 피하고 싶을 것이다(예 : data=InputData). 따라서 attach 함수를 사용하여 데이터 프레임을 R의 검색 경로에 넣을 수 있다.
이후 검색 경로에서 데이터 프레임을 제거하기 위해 detach를 사용한다.

```
> attach(InputData)
```

Group을 하나의 요인으로 설정한다. XLGetRange의 stringsAsFactors 인수보다는 factor 함수를 사용한다. Excel에 저장된 Group 값은 문자열(Strings)이 아닌 정수(Integers)이기 때문이다.

```
> GroupFactor <- factor(Group)
```

결과 변수에서 각 그룹의 조정되지 않은(관측된) 평균을 구해야 한다. 한 가지 좋은 방법은 tapply 함수를 사용하는 것이다. tapply 함수는 인수로 요약되는 변수의 이름(여기서는 Outcome(결과)), 그룹을 설정하는 변수의 값(여기서는 GroupFactor), 그리고 원하는 요약(여기서는 평균)을 인수로 취한다.

```
> Unadjusted <- tapply(Outcome, list(GroupFactor), mean)
```

따라서 여기에 결과 변수의 조정되지 않은 그룹 평균이 있다.

```
> Unadjusted
```

R은 Group 1의 경우 78.8, Group 2의 경우 81.3, Group 3의 경우 83.2로 응답한다. 이제 lm 함수를 사용하여 데이터를 선형 모델에 맞춰 AncovaModel이라는 객체에 저장한다.

```
> AncovaModel <- lm(Outcome ~ Covar * GroupFactor)
```

anova 함수를 사용하여 AncovaModel의 모델을 전통적인 분산 분석 테이블로 포맷하고 결과를 AncovaTable에 저장한다.

```
> AncovaTable <- anova(AncovaModel)
> AncovaTable
```

테이블은 다음과 같다.

표 4-1
분산 테이블 분석

Response: Outcome

	Df	Sum Sq	Mean Sq	F value	Pr(>F)
Covar	1	74.548	74.548	61.1342	4.75E-06
GroupFactor	2	2.215	1.107	0.9081	0.4293
Covar : GroupFactor	2	0.382	0.191	0.1564	0.8569
Residuals	12	14.633	1.219		

lm 함수는 별표로 연결된 Covar 및 GroupFactor 변수로 호출되었다. 이 연산자는 R에 두 가지 효과뿐만 아니라 상호 작용까지도 수행해야 한다고 알려 준다.

따라서 공분산 분석표에 표시된 모델에는 상호 작용 효과가 포함된다. 상호 작용이 매우 약하고 통계적으로 유의미하지 않은 것을 볼 수 있다. 그림 4-35의 I21:N23 범위 내에서 동일한 효과에 대한 Excel의 분석과 함께 요인별 공변량 상호 작용에 대한 결과를 비교해 보자.

상호 작용을 고려할 사항에서 제외한다면, 상호 작용 효과 없이 공분산 분석을 다시 실행할 수 있다. 이를 수행하기 위해 lm 함수의 별표를 플러스 기호로 바꾼다.

```
> AncovaModel <- lm(Outcome ~ Covar + GroupFactor)
> AncovaTable <- anova(AncovaModel)
> AncovaTable
```

다음은 공변량에 의한 요인 간 상호 작용을 생략하는 테이블이 어떻게 나타나는지 보여 준다.

표 4-2
요인 간 상호 작용을 생략한 분산 테이블 분석

Response: Outcome

	Df	Sum Sq	Mean Sq	F value	Pr(>F)
Covar	1	74.548	74.548	69.5109	8.44E-07
GroupFactor	2	2.215	1.107	1.0326	0.3817
Residuals	14	15.015	1.072		

이 결과를 그림 4-36의 결과와 비교하면 일치하는 부분이 나타난다(예 : 셀 L7의 Covar 효과의 제곱합, 셀 I10의 GroupFactor 효과의 제곱합, 셀 I11의 그룹 내 제곱합).

그러나 그림 4-36에서 광범위하게 사용되는 LINEST()는 각 효과에 대한 제곱합이 아닌 전반적인 회귀에 대해서만 보고하기 때문에 직접 비교하기 어렵다.

제곱 준부분 상관관계를 사용하여 각 효과에 대한 R^2 값을 분리하고 R에서 나온 결과와 직접 비교하기 위해 이들을 제곱합으로 이동해야 한다. 그림 4-37을 참조한다.

그림 4-37

효과의 제곱합을 R의 lm과 anova 함수의 조합으로 반환된 것과 비교한다.

E22 =RSQ($B$2:$B$19,E2:E19-TREND(E2:E19,$C2:D19))

	A	B	C	D	E	F	G	H
1	Group	Outcome	Covar	Group Vector 1	Group Vector 2			
2	1	77	18	1	0			
3	1	80	23	1	0			
4	1	80	18	1	0			
5	1	81	22	1	0			
6	1	77	19	1	0			
7	1	78	21	1	0			
8	2	80	23	0	1			
9	2	79	20	0	1			
10	2	82	24	0	1			
11	2	81	21	0	1			
12	2	83	25	0	1			
13	2	83	26	0	1			
14	3	83	26	-1	-1			
15	3	85	28	-1	-1			
16	3	82	24	-1	-1			
17	3	84	27	-1	-1			
18	3	83	27	-1	-1			
19	3	82	23	-1	-1			
20								
21			Covar	Group Vector 1	Group Vector 2	Within	Total	
22		R^2 for vector	0.812	0.022	0.003			
23		R^2 for effect	0.812		0.024	0.164		
24		Sum of Squares	74.548		2.215	15.015	91.778	

그림 4-37은 R^2 값과 R^2 값에서 회귀 방정식에 들어간 각 벡터의 제곱합을 유도한다. R^2 값은 그림 4-27의 이 장에서 가장 최근에 나타난 제곱 준부분 상관관계를 기준으로 한다. 제곱 상관관계는 공유된 분산의 백분율을 나타내며 관련된 제곱합은 결과 변수의 총 제곱합에 R^2 값을 곱하여 계산된다.

이 방법을 사용하면 Excel과 R이 동일한 결과를 반환하는지 쉽게 확인할 수 있다. 이 섹션 앞부분에서 분산 분석 표에 주어진 R의 출력 결과에 있는 제곱합을 그림 4-37의 24행에 있는 제곱합과 비교한다.

결과 척도에서 그룹 평균을 구해야 하며, 이번에는 공변량과 결과 척도 간의 관계에 맞게 조정해야 한다.
요인 수준이 포함된 새 변수를 설정하여 시작한다.

```
> PredictionGroups <- factor(c(1,2,3)
```

Note

c 함수는 인수를 벡터 또는 값들의 목록에 결합한다. 이 경우 결과는 하나의 요인으로 바뀐다.

공변량 전체 평균의 세 가지 인스턴스를 포함하는 또 다른 변수를 설정한다.

```
> PredictionCovariates <- rep(mean(Covar), 3)
```

여기서 rep 함수는 변수 Covar의 평균을 세 번 복제한다.

PredictionBasis라는 이름의 새 데이터 프레임을 설정한다. 이 변수의 이름은 lm 모델(GroupFactor 및 Covar)을 작성하는 데 사용되지만 Prediction- Groups와 PredictionCovariates에서 방금 생성된 값을 사용한다.

```
> PredictionBasis <- data.frame(GroupFactor = PredictionGroups, Covar = PredictionCovariates)
```

이제 공변량의 전체 평균을 가진 데이터 프레임이 각 세 그룹에 할당된다.

```
> PredictionBasis
```

	GroupFactor	Covar
1	1	23.05556
2	2	23.05556
3	3	23.05556

이제 lm 모델에서 발견된 공변량의 회귀계수를 PredictionBasis에 설정된 값에 적용하고 그 결과를 AdjustedMeans에 저장한다.

```
> AdjustedMeans <- predict(AncovaModel, PredictionBasis)
> AdjustedMeans
```

R은 Group 1의 경우 80.4, Group 2의 경우 81.3, Group 3의 경우 81.7로 응답한다. 이러한 평균을 그림 4-36의 K15 : K17에 표시된 Excel에서 반환한 값과 비교한다.

Note

predict 함수는 lm 함수로 생성된 모델만이 아닌 다양한 모델에서 작동한다. 여기서 사용된 첫 번째 인수는 lm에 의해 생성된 모델이고 두 번째 인수는 사용을 예측하는 값이 있는 데이터 프레임이며, 예측값(Predicted Values)을 반환하는 특정 모델과 함께 사용한다. 자세한 정보는 아래 명령을 사용하여 제공되는 간단한 문서를 확인해 본다.

```
> ??predict.lm.
```

Part 5

Excel 및 R의 로지스틱 회귀

Part 4는 다른 집단의 평균 차이에 대한 신뢰도 평가를 다루는 특정 종류의 회귀 분석에 대해 상당히 많은 자료를 포함한다. 이런 특정 종류의 질문이 쟁점이 되는 경우, 콜레스테롤 수치(수치 척도로 측정)와 같은 변수로 결과를 정량화하는 것이 일반적이다. 또한 보통 인자(Factor)로 불리는 하나 이상의 변수[예 : 남성과 여성, 약물이나 위약(Placebo)]로 측정 결과를 집계한다. 이러한 요인은 회귀 분석을 사용하여 데이터를 분석할 때 숫자 값으로 코딩되지만 일반적으로 명목 척도로 측정된다.

또한 연령(Age)과 같은 요인과 함께 공변량을 숫자 척도로 측정하여 포함시킬 수도 있다. 예를 들어, 피대상자의 나이를 조정하면서 약을 복용한 사람들과 위약을 복용한 사람의 평균 콜레스테롤 수치에 차이가 있는지 확인할 수 있다. 이와 같은 방법은 전적으로 사용 가능하며, 역할을 바꿔가며 다루기에 좋은 방안이라고 할 수 있다. 그 다음 피대상자의 연령과 콜레스테롤 수치에 대한 지식으로 약물이나 위약을 사용했는지 여부를 예측할 수 있다.

몇 개의 공칭값(Nominal Values)으로 출력 결과를 분석하는 이런 종류의 문제는 20세기에서 판별 함수 분석(Discriminant Function Analysis)이라고 하는 다변량 기술로 대부분 처리되었으며, 이 기술은 여전히 제 기능을 다하며 널리 사용되고 있다. 그러나 1950년대 이후로는 로지스틱 회귀(Logistic Regression)와 같은 다른 기술이 더 자주 사용되고 있다.

지금까지 사용된 것처럼, 로지스틱 회귀 분석은 승산(Odds), 로그(Logarithms) 및 최대 우도(Maximum Likelihood) 기법에 따른다. 또한 Buy(구매)/Don't Buy(구매하지 않음) 또는 Male(남성)/Female(여성) 등과 같은 이항 변수(Binomial Variable)를 예측하기 위해 요인이나 공변량 또는 모두를 예측자로 사용한다.

또한 로지스틱 회귀(Logistic Regression)를 사용하기 위한 두 가지 이상의 대안 중에서 상대적인 발생 빈도를 예측할 수 있다. 예를 들어, Yes/No 또는 Male/Female 척도로 두 가지 대안으로만 구성되어 측정된 변수는 이항 변수라고 한다. Train/Plane/Car 또는 Ford/Toyota/GM/Audi와 같이 여러 개의 대안이 있을 경우는 다항 변수(Multinomial Variables)라고 한다.

Excel은 이항 로지스틱 회귀를 상당히 쉽게 처리한다. Part 5에서는 관련된 절차를 검토할 것이다. 승산, 확률, 로그 같은 가장 기본적인 수식 및 함수를 포함하며 모두 Excel의 해 찾기 추가 기능에서 지원된다.
Excel이 완벽하게 처리할 수 있긴 하지만 다항 로지스틱 회귀 분석은 좀 더 복잡하며, 데이터를 적절하게 배치해야 하는 어려움에 비해 Excel을 플랫폼으로 사용할 때 얻을 수 있는 이점은 별로 없다.

따라서 이 파트에선 Excel에서 다항 로지스틱 회귀를 보여 주지 않는다. R은 이항 및 다항 로지스틱 회귀를 처리할 수 있는 mlogit 함수를 제공하며 Part 5에서는 이를 사용하는 방법을 보여 준다. mlogit은 적용하기에 복잡한 함수이기 때문에, 필자는 R의 glm 함수도 보여 줄 것이다. glm 함수는 비록 다항 로지스틱 회귀를 수행하지는 못하지만 mlogit보다 간단한 구문으로 이항 상황을 처리한다.

Chapter 01

선형 회귀 및 명목 변수 문제

Excel에는 LOGISTIC() 함수가 없다. 사용자 정의 함수를 직접 개발하지 않는 한 LINEST()와 같은 단일 워크시트 함수를 입력할 수 없으며, 일반적으로는 로지스틱 회귀 분석에서 가져온 결과를 얻을 수 있다.

그러나 Excel에는 로지스틱 회귀 분석을 수행하는 데 필요한 세 가지 기능이 있다.

- 로그(Logarithms)를 계산할 수 있다.
- 카이제곱 값(chi-squared value)의 확률을 계산할 수 있다.
- 해 찾기(Solver)라는 추가 기능을 호출할 수 있다.

이 세 가지 기능이 중요한 이유를 살펴보겠다.

범주형(또는 명목상) 변수를 예측된 변수로 갖는 데이터 집합에 대해 표준 선형 회귀 분석을 실행할 수 있다. 이렇게 하려면 0과 1 같은 숫자 값으로 Buy vs. Does not Buy 또는 Win vs. Lose와 같은 명목값을 코딩해야 한다. 또한 Height를 Weight의 예측자로 사용할 수 있는 것처럼 숫자 변수를 예측자로 사용할 수 있다. 그리고 Part 4에서 논의된 바와 같이 코딩된 명목 변수를 사용하여 1은 뉴욕(New York)을 나타내고 −1은 로스앤젤레스(Los Angeles)를 나타내도록 할 수 있다.

Excel의 LINEST() 함수와 같은 선형 회귀를 사용할 수 있기 때문에 명목상의 예측된(Predicted) 변수를 꼭 그렇게 사용해야 한다는 것은 아니다. 선형 회귀 분석의 기본 결과를 사용하여 도달 범위를 확장하는 경우가 많다. 예를 들어, 예측값 주위에 신뢰 구간을 설정하거나 표본을 추출한 모집단의 R^2이 실제 0.0일 수 있는지 추정하는 방법을 사용한다.

일반적인 선형 회귀 분석은 관측 값에서 예측값을 차감하여 잔차(Residuals)에 도달한다. 그러나 선형 회귀를 사용하여 명목 변수를 추정할 때 잔차는 일반적인 가정을 따르지 않는다. 이러한 가정은 정규 분포와 예측자의 다른 값에서 등분산(Homogeneous Variances)을 포함한다. 다음 섹션에서는 선형 회귀를 사용하여 이항 변수를 추정할 때 이러한 가정을 위반하면 어떤 문제가 발생하는지에 대해 설명한다.

Sheet 1 확률 문제

다시 말하지만 적절한 코딩은 이항 변수를 예측하는 선형 회귀 분석을 확실하게 실행할 수 있다. 그러나 회귀 분석이 완료된 후에는 익숙한 후속 추론 작업에 확신을 갖지 못할 수도 있다. 이러한 추론은 잔차가 정상적으로 분포하고 적어도 대략적으로 동일한 분산을 갖는다고 종종 가정한다.

잔차가 이러한 가정을 충족시키면 예측된 값에 대한 신뢰 구간을 설정하는 데 더 많은 확신을 갖게 된다. 예측변수의 축을 따라 다른 점에 위치한 잔차는 등분산을 가지며, 해당 축의 다른 점에서 생성된 신뢰 구간을 비교할 수 있다. 이것은 추정치의 표준 오차가 축상의 다른 점에서와 같이 그 축상의 한 점에서 동일하다는 것을 말하는 또 다른 방법일 뿐이다. 또한 이러한 신뢰 구간은 정규 분포 또는 밀접하게 관련된 t-분포의 사용에 따라 달라질 수 있다. 그러나 이진 예측된 변수에서 다른 잔차값의 빈도에 대한 막대 그래프를 작성하면 그 차트가 정상 커브와 전혀 닮지 않음을 알 수 있다.

그림 5-1과 5-2는 이항 척도에서 측정된 예측된 변수와 함께 다른 종류의 문제를 보여 준다.

그림 5-1

예측자는 유의미하게 더 큰 값을 취할 수 있지만 예측된 변수는 그렇지 않을 수 있다.

	A	B	C
1	Win	Ad Dollars ($000)	Predicted Probability of Win
2	0	5	-0.42
3	0	10	-0.12
4	0	14	0.12
5	0	14	0.12
6	0	16	0.24
7	0	16	0.24
8	0	16	0.24
9	0	16	0.24
10	0	16	0.24
11	0	16	0.24
12	0	16	0.24
13	0	16	0.24
14	1	16	0.24
15	0	16	0.24
16	1	16	0.24
17	0	18	0.36
18	0	18	0.36
19	0	18	0.36
20	0	18	0.36
21	0	18	0.36

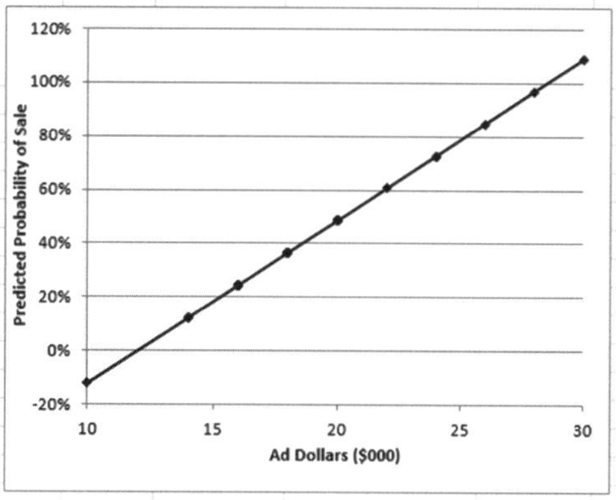

그림 5-1은 표준 선형 회귀를 사용하여 숫자 변수에서 명목 변수(여기서는 이항 변수)를 예측할 때 발생할 수 있는 상황을 보여 준다. 실제 명목상의 변수는 정당 후보자가 주어진 투표 지구에서 승리했는지 여부를 나타내며, Win이 1, Loss가 0이 되도록 기록되었다. 예측변수는 정치 광고에서 각 지구가 지출한 달러일 것이다.

예측된 변수를 1과 0으로 코딩하는 것은 회귀를 사용하여 한 지역의 우승 가능성을 예측하는 것과 같다. 관측 데이터는 실제 Win(승리)에 대해 1 또는 100%, 실제 Loss(패배)에는 0 또는 0%를 나타내지만, 회귀 방정식은 지출한 광고 수에 따라 0에서 1까지의 값을 예측한다.

평소처럼 관측된 예측자에 대해 예측된 결과를 도식화하면 직선이 된다(그리고 예측변수에 대해 실제 결과를 도식화하면 Excel에서 차트로 표시할 선형 추세선과 동일하다). 광고 달러가 28,000을 초과하면 우승 확률이 100%를 초과한다. 그리고 광고 달러가 13,000 이하로 떨어지면, 우승 확률은 마이너스가 된다.

이는 수학적으로는 문제가 되지 않는다. 0% 미만 또는 100% 초과에 대한 산술적인 제한은 없다. 그러나 논리적으로는 또 다른 이야기이다. 주 전역(Statewide)에 걸친 후보자의 통신 책임자로서 선거 행사를 운영하고 있다면, 이 지역에서 우승확률이 −28% 또는 112%라고 예측된 결과를 원하진 않을 것이다.

> **Note**
>
> 이런 종류의 논리적인 변칙은 한 가지 이유에서 비롯된다. 일부 사람들이(필자의 관점에서 잘못되었다고 보는) 강제적으로 상수 또는 절편을 0으로 하는 회귀 접근 방식을 채택하기 때문이다. 논쟁의 한 가지 예는 면적에 대한 생산량을 회귀하는 경우 면적이 0일 때 예측된 생산량이 0이어야 한다는 것이다. 그러나 모델이 적절하고 데이터가 정확하다면 회귀 분석은 회귀 방정식에 의해 암시된 다른 관계를 왜곡시키지 않고 상수를 0에 가깝게 놓을 것이다.

이제 그림 5-1과 5-2를 비교해 본다.

그림 5-2
최대 우도 기법은 필요에 따라 곡선을 구부린다.

	A	B	C	D	E
1	Win	Ad Dollars ($000)	Prediction from TREND()	Prediction from Maximum Likelihood	Log Likelihood
2	0	5	-0.42	0.00	0.00
3	0	10	-0.12	0.01	0.01
4	0	14	0.12	0.06	0.06
5	0	14	0.12	0.06	0.06
6	0	16	0.24	0.15	0.16
7	0	16	0.24	0.15	0.16
8	0	16	0.24	0.15	0.16
9	0	16	0.24	0.15	0.16
10	0	16	0.24	0.15	0.16
11	0	16	0.24	0.15	0.16
12	0	16	0.24	0.15	0.16
13	0	16	0.24	0.15	0.16
14	1	16	0.24	0.15	1.92
15	0	16	0.24	0.15	0.16
16	1	16	0.24	0.15	1.92
17	0	18	0.36	0.31	0.37
18	0	18	0.36	0.31	0.37
19	0	18	0.36	0.31	0.37
20	0	18	0.36	0.31	0.37
21	0	18	0.36	0.31	0.37

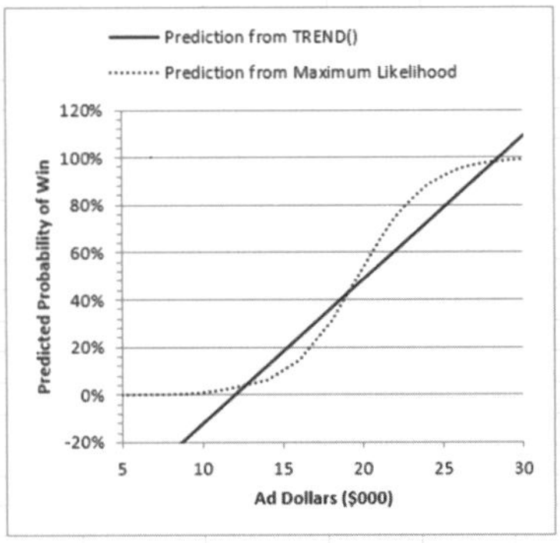

선형 회귀는 일반적으로 그림 5-1에 표시된 종류의 직선을 반환하지만 일부 데이터 유형에는 유용하지 않다. 한 가지 예로, 특정 작업을 습득하기 위해 필요한 학습 시간 같은 다양한 종류의 시간 측정값이다.

적절한 회귀 방정식은 엄격하게 선형인 구성요소(예 : x minutes)와 2차식인 구성요소(예 : x^2)를 모두 포함할 수 있다. 분석 기술이 표준 선형 회귀인 경우에도 결과는 종종 곡선 추세선이 된다. 그러나 여기서는 이런 경우에 예측된 변수와 예측자의 다른 능력 사이에서 관계를 유도하지 않는다. 충분히 실험된 시행착오적인 방법을 사용하여 예측된 값이 관측값에 가까워질 가능성을 최대화하는 계수를 찾을 것이다.

진행할 방법은 승산(Odds)과 승산비(Ratios of Odds)를 계산하는 것이다. 이는 개념적으로 다중 회귀와 유사하지만 수학적으로는 매우 다르다. 예를 들어, 계산은 상관관계와 준부분상관제곱이 아닌 확률과 승산을 기반으로 한다. 또한 R과 Excel에는 큰 차이가 있다. 그 차이점은 다양한 분석에 있지만, 필자는 Excel에서 행해진 로지스틱 회귀의 결과와 R로 행해진 결과를 대조할 때 가장 명확하다는 것을 알았다. 두 애플리케이션 모두 동일한 방정식 계수와 동일한 로그 우도를 반환한다. 또한 둘 다 McFadden의 pseudo-R^2에 대해 동일한 값을 반환한다. 그러나 Excel에서는 사용자가 결과에 도달하기 위한 과정을 볼 수 있지만 R에서 볼 수 있는 것은 결과뿐이다.

Sheet 2 확률 대신 승산 사용하기

승산(Odds)의 개념은 확률의 개념과 밀접한 관련이 있다. 기본적으로 승산은 여확률(Complementary Probabilities)의 비율이다. 예를 들어, 내일 식료품점에 갈 확률이 0.75 또는 75%라고 가정한다. 그러면 그렇게 하지 않을 확률은 0.25 또는 25%일 것이다. 식료품점에 갈 확률은 가지 않을 확률보다 3배 더 크며, 식료품점에 갈 승산은 3대1이다.

몇 가지 수식은 확률과 승산 사이의 관계를 매우 간결하게 요약한다. P는 확률을 나타내고 O는 승산을 나타낸다. 다음을 확인해 보자.

```
O=P/(1-P)
```

식료품 가게 사례에서는 다음과 같다.

```
3=0.75/(1-0.75)=0.75/0.25
```

반대로 승산에서 확률을 구하는 방법은 다음과 같다.

```
P=O/(1+O)
```

식료품 점으로 돌아가 보자.

```
.75=3/(1+3)=3/4
```

이 관계가 로지스틱 회귀에서 유용한 이유는 무엇일까? 100% 이상의 확률 예측으로 야기되는 문제들 중 하나를 다루기 때문이다.

그림 5-2를 다시 한번 살펴보자. 점선은 예측된 확률을 나타내지만 관련된 승산으로부터 계산된 확률이다. 예측 방정식은 한 지역에서 지출한 광고 비용의 수를 기반으로 한 우승 승산(the Odds of a Win)을 예측하며, 소비되는 금액이 증가함에 따라 높아진다.

예제에서는 승산이 10,000 대 1까지 예측되지만 무한히 높을 수도 있으며, 주어진 공식을 사용하여 확률로 다시 변환된다. 그리고 아무리 높은 승산이라도 관련된 확률은 100%보다 클 수 없다. 물론 승산이 높을수록 확률은 100%에 가까워지지만 100%를 초과하지는 않는다. 그림 5-3은 승산과 확률이 0%에서 100% 사이의 확률을 유지하는 방법을 알려 준다.

그림 5-3

확률과 승산 사이의 비선형 관계는 확률을 적절한 범위 내로 유지시킨다.

B2 =A2/(1+A2)

	A	B	C	D
1	Odds	Probability		
2	0.0001	0.01%		
3	0.001	0.10%		
4	0.01	0.99%		
5	0.1	9.09%		
6	1	50.00%		
7	10	90.91%		
8	100	99.01%		
9	1,000	99.90%		
10	10,000	99.99%		
11				

Sheet 3 승산 로그 사용하기

확률을 100% 이상으로 예측하는 문제를 해결하기 위해 확률을 승산으로 변환하는 것은 도움이 된다. 그러나 승산은 상대적으로 작은 예측값이 확률을 0% 미만으로 반환하고자 하는 다른 방식으로는 도움이 되지 않는다.

승산에 대한 공식의 분자는 확률 값이다. 아래 공식을 다시 확인하자.

```
O=P/(1-P)
```

여기서 0% 미만의 확률을 다루고 싶지는 않다. 이 말은 0보다 작은 승산은 다루지 않을 것임을 의미한다. 방정식 분자의 확률이 양수이면 승산 또한 양수이다.

그렇다면 방정식의 해가 예측값을 따르도록 허용하며, 음확률(Negative Probability)을 허용하지 않고 음의 예측된 값을 반환하도록 하는 방법은 무엇일까? 답은 승산의 로그(Logarithms)를 사용하는 것이다. 잘 기억나지 않는다면 잠시 살펴보자. 로그는 다른 숫자를 반환하기 위해 밑의 숫자를 올리는 거듭제곱이다. 기본 숫자가 2.718이라고 가정한다. 그러면 숫자 10의 로그는 2.302이다. Excel은 아래 구문을 사용한다.

```
10 = 2.718 ^ 2.302
```

2.718이라는 숫자가 기본(Base)이며, 자연 로그(Natural Logarithms)에 사용된다. 더 정확하게 말하면, 10의 자연 로그(Natural Log)는 2.302이다.

로그(Logarithms 또는 logs)에는 다양한 용도가 있지만 여기서 중요한 특성은 이론적으로 0보다 훨씬 낮은 값을 가질 수 있으며 음의 무한대까지 확장될 수 있다는 것이다. 그러나 프로세스를 되돌려 Base값을 다시 구하면 그 값은 항상 양수이다.

자연 로그는 1보다 작은 수에 적용되면 음수이다. 따라서 1의 자연 로그는 0이다. 0.5의 자연 로그는 −0.69이며, 0.1의 자연 로그는 −2.3이다. 즉, 예측 방정식을 사용하여 음수를 반환하고, 로그로 취급한 음수 값을 다시 대수 표현으로 바꿀 수 있다.

Excel에는 이 프로세스에 유용한 LN() 및 EXP()의 두 가지 워크시트 함수가 있다. 예를 들어 '=LN(10)'은 자연 로그 10의 값인 2.302를 반환한다. 그리고 '=EXP(2.302)'는 자연 로그 2.302의 원래 값인 10을 반환한다(EXP() 함수는 안티로그(Antilog)라고 불리는 실제 값을 반환한다).

현재 상황에서 LN()과 EXP()의 사용은 다음과 같다. 예측 방정식이 음수인(가령 −15) 승산의 로그를 반환했다고 가정한다.

이는 예측변수의 값이 평균에 비해 매우 작은 경우에만 가능하다. 우리는 로그를 예측한다는 것을 알고 있기 때문에 음의 값이 나왔다고 해서 계산이 막히지 않는다.
예측된 값인 −15를 로그에서 승산으로 변환한다.

```
=EXP(-15)
```

이는 0.00000031를 가지게 된다. 비록 작은 승산이지만 음수는 아니다.
이 모든 결과는 예측 방정식을 사용하여 0보다 상당히 낮은 값을 반환하고 로그를 사용하여(실제로는 안티로그) 음수를 승산으로 변환하고, P=O/(O+1) 수식을 사용하여 승산을 확률로 변환할 수 있음을 나타낸다.

여기에 퍼즐 한 조각이 더 있다. 해 찾기(Solver)를 사용하여 예측 방정식에서 되돌아오는 값의 정확성을 극대화한다. 해 찾기에 대해서는 조금 뒤에 살펴보기로 한다.
다음 Chapter에서는 로지스틱 회귀 작업을 수행하는 승산 및 로그와 원본 관측치를 조합하는 방법을 보여 줄 것이다.

Chapter 02

로그 승산부터 확률까지

그림 5-4

범위 A1:D3은 해 찾기(Solver)에서 사용하도록 예약되어 있다.

	A	B	C	D
1		Coefficients		
2	Intercept	Sticker	Age	City
3	1.0000	0.0000	0.0000	0.0000
4				
5	**Sell**	**Sticker**	**Age**	**City**
6	No	34.261	12	Claremont
7	No	30.583	12	Claremont
8	No	31.522	9	Claremont
9	No	30.222	11	Claremont
10	No	26.516	4	Claremont
11	No	33.955	9	Claremont
12	No	25.347	11	Claremont
13	No	33.521	17	Claremont
14	No	25.600	13	Claremont
15	No	28.989	14	Walnut
16	No	33.754	14	Claremont
17	No	28.919	17	Claremont
18	Yes	29.164	11	Walnut
19	No	33.675	16	Claremont
20	Yes	34.124	17	Claremont
21	No	26.465	15	Claremont
22	No	29.180	6	Walnut
23	No	34.178	16	Walnut
24	No	25.327	15	Claremont

그림 5-4에 표시된 데이터는 Claremont와 Walnut이라는 서로 다른 지자체에 위치한 두 중고차 용지의 판매 데이터를 나타낸다. 용지의 소유자는 중고차 연도 및 정가, 그리고 용지가 위치한 도시가 차량 판매 확률에 미치는 영향을 알고 싶을 것이다. 모든 레코드를 그림 5-4에서 볼 수 있는 것은 아니며, 데이터는 41행까지 확장된다.

범위 A2:D2의 절편과 계수값은 초기값으로 설정되어 분석이 시작되는 위치가 된다. 첫 번째 단계는 두 텍스트 변수인 Sell 및 City를 숫자 변수로 다시 작성하는 것이다. 그림 5-5를 참조한다.

그림 5-5

Excel에서는 Sell 및 City 변수의 수치를 재코딩해야 하지만 R은 이를 대신 처리한다.

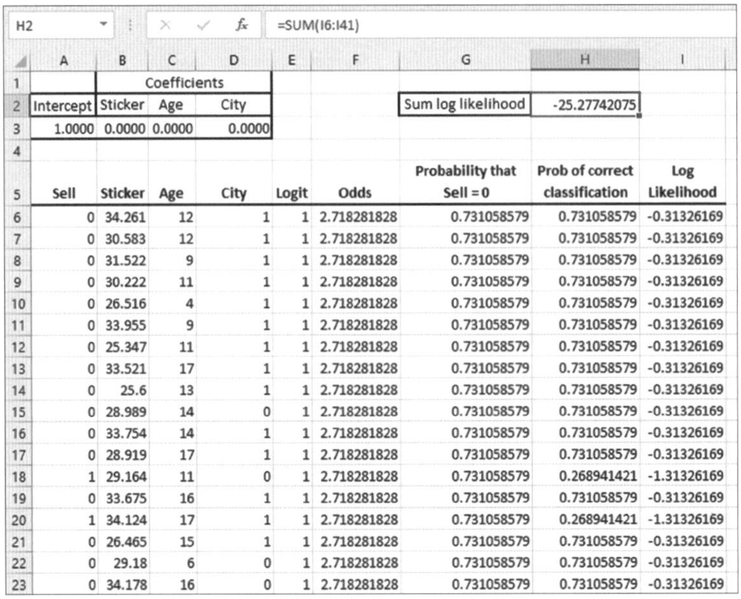

H2 | =SUM(I6:I41)

	A	B	C	D	E	F	G	H	I
1		Coefficients							
2	Intercept	Sticker	Age	City			Sum log likelihood	-25.27742075	
3	1.0000	0.0000	0.0000	0.0000					
4									
5	Sell	Sticker	Age	City	Logit	Odds	Probability that Sell = 0	Prob of correct classification	Log Likelihood
6	0	34.261	12	1	1	2.718281828	0.731058579	0.731058579	-0.31326169
7	0	30.583	12	1	1	2.718281828	0.731058579	0.731058579	-0.31326169
8	0	31.522	9	1	1	2.718281828	0.731058579	0.731058579	-0.31326169
9	0	30.222	11	1	1	2.718281828	0.731058579	0.731058579	-0.31326169
10	0	26.516	4	1	1	2.718281828	0.731058579	0.731058579	-0.31326169
11	0	33.955	9	1	1	2.718281828	0.731058579	0.731058579	-0.31326169
12	0	25.347	11	1	1	2.718281828	0.731058579	0.731058579	-0.31326169
13	0	33.521	17	1	1	2.718281828	0.731058579	0.731058579	-0.31326169
14	0	25.6	13	1	1	2.718281828	0.731058579	0.731058579	-0.31326169
15	0	28.989	14	0	1	2.718281828	0.731058579	0.731058579	-0.31326169
16	0	33.754	14	1	1	2.718281828	0.731058579	0.731058579	-0.31326169
17	0	28.919	17	1	1	2.718281828	0.731058579	0.731058579	-0.31326169
18	1	29.164	11	0	1	2.718281828	0.731058579	0.268941421	-1.31326169
19	0	33.675	16	1	1	2.718281828	0.731058579	0.731058579	-0.31326169
20	1	34.124	17	1	1	2.718281828	0.731058579	0.268941421	-1.31326169
21	0	26.465	15	1	1	2.718281828	0.731058579	0.731058579	-0.31326169
22	0	29.18	6	0	1	2.718281828	0.731058579	0.731058579	-0.31326169
23	0	34.178	16	0	1	2.718281828	0.731058579	0.731058579	-0.31326169

그림 5–5에 보이는 워크시트는 Excel에서 로지스틱 회귀 분석을 실행하는 데 있어 제일 큰 몫을 차지한다. Chapter 03에서는 그림 5–5에서 다뤄진 작업을 설명한다.

Sheet 1 텍스트 변수 재코딩하기

Sell 변수가 코딩되어 Yes(판매된 자동차)는 1이 되고 No는 0이 된다. 이러한 1과 0의 특정 값은 Age, Sticker Price 및 City의 값을 가능한 정확하게 나타내어 판매 확률을 예측하기 위해 중요하다.

자동차가 성공적으로 팔리면 그 사건의 확률은 1이다. 판매되지 않는 한 판매 이벤트가 발생할 확률은 0이다. Sell 같은 예측된 변수 대신 예측변수에 대한 문제는 이와 다르다. City 변수를 사용하여 수행하려는 것은 판매용 자동차의 위치(또는 판매되었을 당시의 위치)를 구별하는 것이다.

우리의 목표는 변수의 값을 숫자로 만들어서 계수로 곱하는 것이다. 이러한 조건을 감안한다면, 해당 코드는 1과 0처럼 쉽게 3.1416과 67이 될 수 있다.

Sheet 2 이름 정의하기

이 작업은 필수는 아니지만 차후에 더 편리해진다. 다음과 같이 네 개의 이름이 정의된다.

- Intercept : A2 셀은 Intercept라는 이름으로 지정된다.
- StickerCoef : B2 셀에는 'sticker shock(비싼 가격에 의한 충격)' 같은 자동차 가격이 저장되며 StickerCoef라는 이름이 지정된다. 자동차의 표기 가격, 셀 내용이 예측 방정식의 계수라는 것을 명확하게 하기 위해 'Coef' 태그가 정의된 이름의 끝에 첨부된다(나머지 두 이름과 동일).
- AgeCoef : 자동차가 제조된 후 경과한 연도 수이다.
- CityCoef : 자동차가 판매용으로 제공되거나 판매된 도시이다.

이 이름들은 워크시트 수식을 보다 쉽게 이해하고 자체적으로 문서화할 수 있도록 정의되었다. 다음 섹션에서 첫 번째 수식 집합을 살펴보겠다.

Sheet 3 로짓(Logits) 계산하기

아래에서 E6 셀에 사용된 Excel 수식은 로지스틱 회귀(Logistic Regression)에서 logit이라는 용어를 사용한다.

```
=Intercept+StickerCoef*B6+AgeCoef*C6+CityCoef*D6
```

이 공식은 회귀계수에 대한 최적값이 계산된 후 결과를 예측하기 위해 표준 다중 회귀 분석에서 사용하는 것과 매우 비슷해 보인다.

일반적인 최소 제곱 회귀(Least Squares Regression)에서 수식의 결과를 종종 예측된 값이라고 하며, 로지스틱 회귀 분석에서는 로짓(Logit)이라고 부른다.
그림 5-5에서 모든 로짓, 즉 E6:E41 범위의 값은 1.0과 같다. 해 찾기(Solver)를 사용하여 최상의 예측 결과를 얻는 계수를 아직 찾아내지 못했기 때문이다. 절편을 1.0으로 설정하고 모든 계수를 0.0으로 설정하면 방금 주어진 로짓 공식은 각 레코드에 1.0을 반환할 수밖에 없지만, 이는 곧 바뀔 것이다.

Sheet 4 승산 계산하기

F6:F41 범위에서 F열에 있는 값이 모두 2.718인 것 또한 사실이다. F6 셀의 수식은 다음과 같다.

```
=EXP(E6)
```

이 수식은 E6 셀의 값의 안티로그를 반환하며 F41로 복사되고 붙여 넣어진다. 자연 로그의 밑은 2.718임을 상기하자. 숫자로 되어 있는 자연로그는 다른 값을 얻기 위해 2.718로 제곱되는 거듭제곱이다. 2.718 자체를 얻고 싶다면 자연 로그의 밑인 2.718을 첫 번째 거듭제곱으로 올리며, 그 결과는 2.718이 된다.
EXP() 함수는 안티로그를 반환한다. EXP() 함수에 1과 같은 자연 로그를 지정하면 결과는 로그의 밑이 된다. 이는 로그의 거듭제곱으로 제곱한 숫자이다. 그림 5-5의 F열에서 1의 안티로그를 얻으며, 이 값은 2.718이다. 즉, 첫 번째 거듭제곱으로 제곱된 밑 2.718은 2.718이 된다.
Part 5의 앞부분에서, 필자는 몇 가지 이유로(0%보다 낮은 확률 또는 100%보다 높은 확률을 포함하여) 예측 방정식으로 로짓 또는 로그 승산을 계산할 것을 언급한 바 있다. 승산은 관련 확률을 100% 미만으로 유지하고 로그는 관련 확률을 0%보다 높게 유지한다.

그리고 로짓(Logit)은 예측변수의 주어진 조합에 대한 결과에서 승산의 로그(Log of Odds)이다. 로그 승산(Log Odds, 즉 E열의 로짓)의 안티로그를 계산하면 열 F의 승산을 얻는다.

Sheet 5 확률 계산하기

열 F에서 승산을 얻었다면 확률을 구하는 것은 간단하다. 셀 G6의 수식은 다음과 같다.

```
=F6/(1+F6)
```

다음은 이 장의 앞부분에서 제공된 더 일반적인 공식을 적용한다.

```
Probability = Odds/(1+Odds) 또는 P = O/(1+O)
```

거의 목적지에 도달했다. 열 G에 확률이 있지만 이는 올바르지 않다. 범위 G6:G41에 예측값이 주어지면 A열에 있는 값에서 자동차 판매가 발생하지 않은 확률, 즉 A6:A41에 있는 값이 0인 확률이 포함된다.
여기서 원하는 것은 세 가지 예측변수 값을 기반으로 레코드가 실제로 관찰된 Sell의 값을 가질 확률이며, 변환 작업은 어렵지 않다. 셀 H6의 수식은 아래와 같다.

```
=IF(A6=0,G6,1-G6)
```

Sell 변수의 값이 0이면 방정식에 의해 예측된 확률 또한 정확한 예측 확률이다. 따라서 G6에 있는 값을 H6으로 복사한다.
그러나 A6의 값이 1이면 G6에 있는 확률은 잘못된 예측의 확률이다. 그러므로 G6에서 발견된 확률에서 1을 뺀 값을 H6에 넣는다. 그리고 H6을 H41 아래로 복사한다.

Sheet 6 로그 우도 얻기

해 찾기를 시작하기 전 마지막 단계는 각 레코드와 관련된 확률의 로그 우도를 얻는 것이다. 이 프로세스는 로짓을 확률로 변환하기 위해 로그를 사용하는 것과는 연관이 없으며, 예측 방정식의 전반적인 정확도를 추정하는 것과 관련이 있다.
관찰된 데이터의 특성이 매우 정확하여 결과 변수를 완벽하게 예측할 수 있다고 가정한다. 이 경우 각 레코드에 대해 관찰할 확률은 1.0이다. 100% 확률로 이루어지는 판매를 예측하면 발생하지 않는 판매를 똑같은 정확성으로 예측하게 된다.

판매 및 판매 실패가 독립적인 사건이라는 사실을 감안할 때, 모든 기록을 정확하게 예측할 확률은 개별 확률의 연속적인 곱이다. 즉, 모든 개별 레코드의 확률을 곱하여 정확한 예측의 전체 우도를 얻는다.
분명히 개별 확률이 1.0에 가까울수록 전체 확률은 1.0에 가까워진다. 개별 확률이 0.0에 가까울수록 그들의 연속된 결과는 0.0이 된다.

Note

이 예에서 '판매 및 판매 실패는 독립적인 사건'이라는 가정은 한 자동차의 판매(또는 판매 실패)가 다른 자동차를 판매할 확률에 어떤 영향도 미치지 않는다는 것을 의미한다.

그러나 로지스틱 회귀의 관례는 확률(그림 5-5의 H6:H41 범위에 표시된 것)을 로그로 변환하고 그 로그를 합산하는 것이다. 그 결과는 동일하지만 로그를 합산하는 것은 확률을 곱하는 것보다 덜 복잡하다(덧붙이자면, 1950년대에 로지스틱 회귀 분석 기술이 개발 중에 있었다). 숫자 집합의 연속된 곱의 로그는 그 수의 로그합과 같음을 기억한다.

예를 들어, 다음 Excel 구문을 사용하면 -3.101을 반환한다.

```
=LN(.9*.5*.1)
```

아래 수식 또한 -3.101을 반환한다.

```
=LN(.9) + LN(.5) + LN(.1)
```

이것은 1보다 작은 수의 로그를 음수로 사용하는 밑에 관계없이 일반적인 로그의 경우에 해당된다. 예를 들어,이 장에서 수행된 자연 로그를 사용하는 Excel 수식은 다음과 같다.

```
=LN(0.9)
```

이는 -0.105를 반환하며, 아래 공식은 -0.357을 반환한다.

```
=LN(0.7)
```

이 두 가지 일반적인 사항은 다음과 같다.

- 확률 범위는 0.0에서 1.0 사이이다. 따라서 확률 로그는 모두 음수이다.
- 확률이 1.0에 가까워지면 관련 로그는 0.0에 접근한다. 예측이 완전하고 모든 개별 확률이 1.0이라고 가정한다. 그러면 연속된 곱은 1.0이 될 것이고, 관련된 로그의 합은 0.0이 될 것이다.

60여 년 전에 흔히 사용하던 슬라이드 규칙(Slide Rules)과 엔지니어링 테이블(Engineering Tables) 같은 도구로 모든 확률의 연속된 곱을 계산하는 것은 아주 까다로운 작업이었다. 각 확률의 로그를 얻고 로그 전체를 얻는 것이 훨씬 쉬우며, 오늘날까지 쓰이는 방식이다. 그림 5-5에서 셀 H2는 I6:I41 범위에서 로그의 합계를 보여 준다. 합계가 0에 가까울수록 확률의 연속된 곱은 1에 가깝고, 연속된 곱이 1에 가까울수록 방정식에 의해 더 정확한 예측이 반환된다.

Note

완전한 예측의 연속된 곱은 1이고 완전한 예측의 로그의 합은 0이다. 0의 거듭제곱으로 제곱된 모든 실수가 1과 같음을 명심한다면 두 숫자 사이의 관계를 기억하기가 더 쉬울 것이다. 따라서 2.718과 같은 로그 집합의 밑을 0의 거듭제곱(완벽한 로그 우도)으로 제곱하면 결과는 1(완전한 연속된 곱)이다.

워크시트를 올바르게 설정했다면 이제 해 찾기로 넘어갈 차례이다.

Chapter 03

해 찾기 배포하기

해 찾기(Solver)는 Excel에 제공되는 추가 기능이다. 최소한 여기서의 목적은 그림 5-5의 A2:D2에서 절편과 계수를 최적화하여 셀 H2에서 로그 우도의 합이 가능한 0.0에 가까워지도록 하는 것이다.

Sheet 1 해 찾기 설치하기

오래전 Excel의 여러 버전에선 Excel을 업데이트 하거나 새 버전의 Excel을 설치할 때마다 그에 해당하는 해 찾기를 지정해야 했다. 이제 더 이상 그렇지 않은 것 같지만, 여전히 해 찾기를 Excel로 가져와 리본에 표시해야 한다.
이 과정은 리본에 데이터 분석 추가 기능을 가져오는 단계와 거의 동일하다. 다음 단계를 따른다.

① 리본에서 파일을 클릭한다.
② 탐색 모음에서 옵션을 선택한다.
③ Excel 옵션 창에서 탐색 모음의 추가 기능을 클릭한다.
④ 창 하단의 관리 드롭다운에 Excel 추가 기능이 나타나는지 확인한다.
⑤ 이동을 클릭한다. 추가 기능 창이 나타난다. 해 찾기 추가 기능 체크박스에 클릭한다.
⑥ 확인을 클릭한다.

창이 사라지면 이제 리본 데이터 탭에서 해 찾기에 대한 링크를 찾을 수 있다. 이 탭을 클릭하고 데이터 탭의 분석 그룹을 찾는다. 대개 오른쪽 끝에 있다. 해당 그룹에서 해 찾기에 대한 링크가 표시되어야 한다.

Sheet 2 로지스틱 회귀 분석을 위한 해 찾기 사용하기

해 찾기가 설치된 상태에서 그림 5-5에 보이는 모든 요소를 포함하여 데이터가 포함된 워크시트로 전환한다. 셀 H2를 선택하거나 로그 우도의 합을 넣기로 한 위치를 선택한다. 리본의 데이터 탭에서 해 찾기의 링크를 클릭한다. 그림 5-6에 있는 해 찾기 매개 변수를 포함하는 대화 상자가 나타난다.

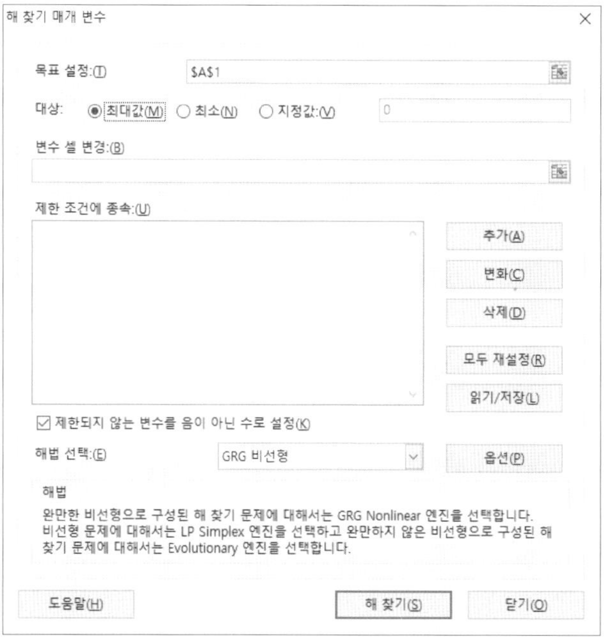

그림 5-6

해 찾기의 기본 대화 상자 버전은 설치된 Excel 버전에 따라 다르게 나타날 수 있지만 중요한 컨트롤은 사용할 수 있을 것이다.

그림 5-6의 대화 상자는 어려워 보이지만, 현재로서는 몇 가지 항목만 필요하다. 다음은 각 단계별로 수행할 항목이다.

① 해 찾기 링크를 클릭하면 활성 상태였던 셀의 주소가 해 찾기에서 선택되었을 수 있다. 그렇지 않다면 목표 설정(Set Objective) 편집 상자를 클릭한 다음 레코드의 로그 우도를 합산하는 수식을 저장한 워크시트의 셀을 클릭하기만 하면 된다.
그림 5-5에서는 H2 셀이다.

② 최댓값 옵션 버튼이 선택되었는지 확인한다.

③ 변수 셀 변경(By Changing Variable Cells) 편집 상자를 클릭하고 워크시트에서 A3:D3을 드래그한다. 워크시트를 재배열한 경우 사용하려는 예측변수에 대한 계수를 더한 절편을 포함시켜야 한다.

④ 해법 선택(Select a Solving Method) 드롭 다운에서 GRG 비선형(Nonlinear)을 선택한다.

⑤ 옵션 버튼을 클릭한다. 해 찾기 옵션 대화 상자에서 GRG 비선형 탭을 클릭한다. 이제 그

림 5-7과 같은 옵션 대화 상자가 나타난다.

⑥ 중앙 미분 계수(Central Derivatives) 옵션 버튼을 클릭하고 Multistart 사용 체크박스에 표시한다. 확인을 클릭한다.

⑦ 해 찾기 매개 변수 대화 상자로 돌아간다. 해 찾기를 클릭한다.

그림 5-7

중앙 미분 계수를 선택하면 결과가 R의 결과와 정확히 일치할 가능성이 커진다.

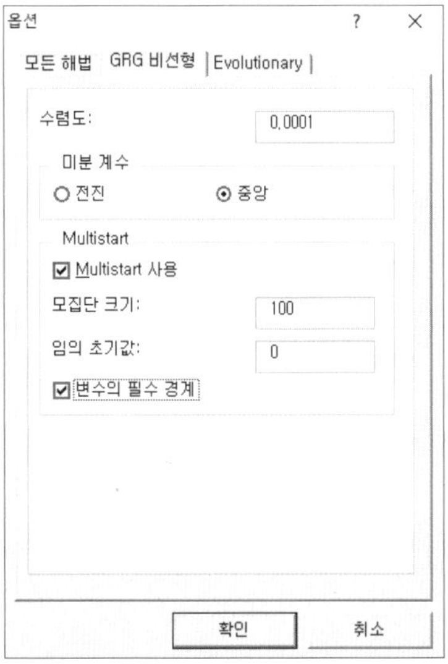

몇 초의 처리 시간 이후에 해 찾기는 솔루션에 도달했음을 알려 준다. 해 찾기 해 보존(Solver Solution Keep) 버튼이 선택되어 있는지 확인하고 확인을 클릭한다. 그림 5-8에 표시된 워크시트를 확인한다.

그림 5-8

최적화된 회귀계수는 B3:D3 범위에 있다.

H2 =SUM(I6:I41)

	A	B	C	D	E	F	G	H	I
1		Coefficients							
2	Intercept	Sticker	Age	City			Sum log likelihood	-20.21463676	
3	3.2517	-0.1079	-0.0332	1.9388					
4									
5	Sell	Sticker	Age	City	Logit	Odds	Probability that Sell = 0	Prob of correct classification	Log Likelihood
6	0	34.261	12	1	1.096304	2.993082982	0.749566937	0.749566937	-0.28825966
7	0	30.583	12	1	1.493017	4.450500638	0.816530615	0.816530615	-0.20269087
8	0	31.522	9	1	1.491438	4.443478498	0.816293938	0.816293938	-0.20298077
9	0	30.222	11	1	1.565189	4.783576678	0.827096612	0.827096612	-0.18983377
10	0	26.516	4	1	2.19756	9.00302055	0.900030196	0.900030196	-0.10532696
11	0	33.955	9	1	1.229012	3.417850283	0.773645566	0.773645566	-0.25664144
12	0	25.347	11	1	2.091011	8.093091065	0.890026396	0.890026396	-0.11650416
13	0	33.521	17	1	1.00995	2.745464977	0.733010452	0.733010452	-0.31059532
14	0	25.6	13	1	1.997254	7.368791156	0.880508429	0.880508429	-0.12725578
15	0	28.989	14	0	-0.34032	0.711539848	0.41573081	0.41573081	-0.87771732
16	0	33.754	14	1	1.084521	2.958023228	0.747348628	0.747348628	-0.2912235
17	0	28.919	17	1	1.506327	4.510132914	0.818516175	0.818516175	-0.20026212
18	1	29.164	11	0	-0.2595	0.771439402	0.435487322	0.564512678	-0.57179244
19	0	33.675	16	1	1.026574	2.791485764	0.736251153	0.736251153	-0.30618398
20	1	34.124	17	1	0.94491	2.572582576	0.720090445	0.279909555	-1.27328874
21	0	26.465	15	1	1.837486	6.280726673	0.862651072	0.862651072	-0.14774499
22	0	29.18	6	0	-0.09505	0.909325364	0.476254797	0.476254797	-0.74180228
23	0	34.178	16	0	-0.96648	0.380418748	0.275582136	0.275582136	-1.28886956

그림 5-8에 보이는 것은 최소 제곱 회귀 방정식과 비슷하다. 해 찾기는 예측변수의 계수와 방정식의 절편에 대해 다른 값을 시도했으며 A3:D3 범위의 최종값에 도달하기 위해 상당히 정교한 알고리즘을 따랐다.

이렇게 처리하는 것이 현명하지 않을 수도 있지만, 이 시점에서 적어도 아직 판매를 위해 제공되지 않은 차량에 이 방정식을 적용하는 것은 가능하다. 표준 최소 제곱 회귀 방정식과 마찬가지로 방정식에서 가격(Sticker), 나이(Age) 및 도시(City)를 자동차의 값에 연결하여 계수와 절편으로 조정된 결과를 곱한다.

Note

이러한 결과를 서로 다른 자동차에 적용하는 것이 현명하지 않은 이유는 결과가 다른 데이터 집합으로 안정적일 것이라고 믿을만한 충분한 이유가 아직 없다는 것이다. 교차 분석이라고 하는 새로운 데이터로 분석하는 것을 먼저 반복하는 것이 가장 좋다.

방정식은 로짓값(로그 승산)을 반환한다. 최소 제곱 회귀 분석에서는 찾고 있던 예측값을 이제 가지고 있다. 이 값은 TREND() 함수의 결과이거나 아마도 LINEST()가 반환한 계수와 절편을 사용했을 것이다.

로지스틱 회귀 분석에서 이 값을 가지기 전에 해야 할 일이 조금 있다. 예측 방정식의 결과는 로그 승산 또는 로짓이며, 판매 확률을 구해야 한다. 그래서 몇 가지 간단한 단계로 마무리한다.

① 안티로그 기능을 사용하여 로짓을 확률로 변환한다. 관심있는 자동차의 로짓이 셀 J5에 있으면 다음 공식을 사용할 수 있다.
=EXP(J5)

② 적절한 공식을 적용하여 승산을 확률로 바꾼다. 승산이 셀 K5에 있으면 확률을 구하기 위해 아래 수식을 사용할 수 있다.
=K5/(K5+1)

그림 5-8의 A6:D41 범위에서 제공된 데이터 집합이 주어지면서, 아직 판매되지 않은 자동차의 판매 확률을 예측할 수 있는 최상의 방정식을 얻었다. 해 찾기는 셀 H2에서 로그 우도의 합계를 결합하여 최대화하는 계수의 집합과 절편을 찾아냄으로써 가능한 최상의 예측을 보장한다.

Note

0에서 1 사이의 숫자 로그는 항상 음수이므로 합계는 항상 음수임을 상기한다. 따라서 이를 최대화하려면 가능한 한 0에 가깝게하는 것이 좋다 −20의 로그 우도를 최대화하려면 −30이 아닌 0으로 이동하는 것을 의미한다.

물론 해 찾기가 계수에 대한 최적값을 찾도록 H2에 있는 로그 우도를 최대화했는지 여부를 검증할 수 있다. A3:D3에 계수를 입력하여 다른 값을 시도해 보고 해 찾기로 조정하여 반환된 값보다 로그 확률이 향상되는지 확인한다.

Chapter 04

로지스틱 회귀 분석의 통계 검정

이론가와 실무자는 일반적인 최소 제곱 회귀에서와 같은 방식으로 수행되는 로지스틱 회귀를 설계하기 위한 노력에 상당한 시간과 비용을 투자했지만 원하는 만큼 매끄럽게 진행되지 않았다.

Sheet 1 로지스틱 회귀에서 R^2과 t

예를 들어, 회귀 방정식이 실제로 관찰한 결과를 얼마나 잘 예측했는지를 나타내는(추론만이 아닌) 기술적인 의미를 얻기 위해 최소 제곱 회귀에서 R^2 통계를 확인하고 싶다. 이항 또는 다항 결과로 사용된 최대 우도 절차에 대한 R^2 통계를 도출하려는 노력은 부족해 보인다.

이러한 노력의 결과는 일반적으로 유사 R^2 통계(Pseudo R^2 Statistics)라고 불린다. 이 용어는 최소 제곱 방정식에서 R^2처럼 신뢰성 있게 수행하지 않는다는 사실을 암묵적으로 인정한다. 아마도 가장 잘 알려지며 수행되는 pseudo-R^2은 McFadden의 R^2이라고 할 수 있다.

Note

최소 제곱 R^2의 동작을 모방하기 위한 많은 다양한 방법들은 통계 응용 프로그램에 의해 pseudo R^2으로 표시된다. 로지스틱 회귀 분석에서 pseudo R^2을 사용하려는 경우, 응용 프로그램 중 어떤 것이 다루어지는지 확인하는 것이 좋다.

로지스틱 회귀에 사용되는 통계를 최소 제곱 회귀로 사용하는 것과 관련된 어려움의 또 다른 예는 흔히 Wald 통계라고 불린다. 최소 제곱 회귀는 예측변수가 방정식의 정확도에 안정적으로 기여하는지 여부를 결정하는 두 가지 일반적인 방법을 제공한다.

- 예측자의 계수를 표준 오차로 나눈다. 결과는 t-통계이다. 해당 t-통계량을 잔차 자유도와 함께 사용하여 모집단의 계수가 0.0일 가능성이 있는지 결정할 수 있다(마찬가지로, t-통계량을 사용하여 계수 값 주위의 신뢰 구간을 구성할 수 있다. 0.0 이상의 범위일 수도 있고 그렇지 않을 수도 있다). 모집단 계수를 0.0으로 결정하면 분석에서 그 예측 인자를 제거하기에 좋은 인수가 있다. 이 경우, 예측자가 방정식에 추가하는 정보가 있다면 이는 샘플링 오류 때문이다.
- 모델 비교 접근법(Models Comparison Approach : 로지스틱 회귀의 맥락에서 우도 비율 검정 또는 LR 검정이라고 함)을 사용한다. 전체 모델에 대해 선형 회귀 분석을 실행한 다음 하나 또는 그 이상의 예측자가 생략된 상태에서 다시 실행한다. 비정상적으로 특이한 상황이 발생하지 않는 한 전체 모델은 제한된 모델보다 큰 R^2을 갖는다. 두 R^2 값의 차이에 대해 F-검정을 사용한다. 결과가 통계적으로 중요하지 않다고 판단되면 두 모델의 유일한 차이(예측자의 유무)는 회귀 방정식이 제공하는 정보에 추가되지 않는다. 다시 말하면, 방정식에서 예측자를 제거할 수 있다.

Wald 통계는 두 가지 대안 중 첫 번째와 유사하다. 이 대안은 t-검정에 의존하며 데이터를 한 번 통과해야 한다. 최소 제곱 분석의 일부로 Wald 통계를 사용할 수도 있다. 그 맥락에서 Wald 통계와 모델 비교 접근법은 같은 결과를 반환한다. 그러나 로지스틱 회귀의 맥락에서 두 접근법은 반드시 일치하지는 않는다. 경험에 따르면 상대적으로 작은 표본의 경우 모델 비교 방법이 Wald 통계보다 더 정확한 차이를 나타낸다. 큰 표본의 경우 두 가지 방법은 일반적으로 동일하다.

모델 비교 접근법의 적용 범위가 넓기 때문에 이 장에서는 Wald 통계보다 우선적으로 적용할 것이다(하지만 R 패키지에서 Wald 통계를 쉽게 얻을 수 있다).

Sheet 2 우도 비율 검정

R을 포함한 대부분의 응용 프로그램은 전체 방정식에 적용된 우도 비율 검정의 구성 요소를 보고한다. 이 장의 뒷부분에서 R의 모양을 볼 수 있다. 그림 5-9는 Excel의 예이다.

그림 5-9

편차(Deviance)를 얻으려면 로그 우도에 -2를 곱한다.

H3 =-2*H2

	A	B	C	D	E	F	G	H	I
1		Coefficients							
2	Intercept	Sticker	Age	City			Log likelihood	-20.21463676	
3	3.2517	-0.1079	-0.0332	1.9388			Deviance or -2LL	40.42927353	
4									
5	Sell	Sticker	Age	City	Logit	Odds	Probability that Sell = 0	Prob of correct classification	Log Likelihood
6	0	34.261	12	1	1.096304	2.993082982	0.749566937	0.749566937	-0.288259656
7	0	30.583	12	1	1.493017	4.450500638	0.816530615	0.816530615	-0.202690872
8	0	31.522	9	1	1.491438	4.443478498	0.816293938	0.816293938	-0.202980771
9	0	30.222	11	1	1.565189	4.783576678	0.827096612	0.827096612	-0.189833768
10	0	26.516	4	1	2.19756	9.00302055	0.900030196	0.900030196	-0.105326965
11	0	33.955	9	1	1.229012	3.417850283	0.773645566	0.773645566	-0.256641435
12	0	25.347	11	1	2.091011	8.093091065	0.890026396	0.890026396	-0.116504159
13	0	33.521	17	1	1.00995	2.745464977	0.733010452	0.733010452	-0.310595318
14	0	25.6	13	1	1.997254	7.368791156	0.880508429	0.880508429	-0.127255778
15	0	28.989	14	0	-0.34032	0.711539848	0.41573081	0.41573081	-0.877717319
16	0	33.754	14	1	1.084521	2.958023228	0.747348628	0.747348628	-0.291223499
17	0	28.919	17	1	1.506327	4.510132914	0.818516175	0.818516175	-0.200262121
18	1	29.164	11	0	-0.2595	0.771439402	0.435487322	0.564512678	-0.571792438
19	0	33.675	16	1	1.026574	2.791485764	0.736251153	0.736251153	-0.306183978
20	1	34.124	17	1	0.94491	2.572582576	0.720090445	0.279909555	-1.273288745
21	0	26.465	15	1	1.837486	6.280726673	0.862651072	0.862651072	-0.147744989
22	0	29.18	6	0	-0.09505	0.909325364	0.476254797	0.476254797	-0.74180228
23	0	34.178	16	0	-0.96648	0.380418748	0.275582136	0.275582136	-1.288869559

전문용어가 정말 복잡해지기 시작한다. 우리는 최적화된 계수와 예측변수에 대한 레코드 값이 주어졌을 때 이벤트의 실제 관찰된 확률과 방정식으로 예측한 확률 사이의 차이, 편차 혹은 잔차를 통해서 예측이 얼마나 어긋나는지를 측정하고 싶다.

또한 이 측정값을 q, t, F나 카이제곱과 같은 기준분포(Reference Distribution)와 비교할 수 있도록 하고 싶다. 이 경우, 전체 모집단에서 실제 관계가 없는 규모의 값을 관찰하여 해당 값이 얼마나 희귀한지 또는 얼마나 흔한지를 객관적으로 측정할 수 있다. 그 다음 4에서 50의 자유도로 3.0 이상의 F값이 중앙 F 분포에서 2.7%만 발생한다고 추론할 수 있다.

그림 5-8과 5-9의 셀 H2에서 계산되고 보이는 로그 우도는 실제 값과 예측값의 차이를 종합한 척도이다. 그러나 현재 상태로는 표준 기준 분포 중 어느 것과도 비교할 수 없다.

- F-분포는 하나의 분산과 다른 분산의 비율을 기반으로 한다. 편차는 음의 값을 가질 수 없으므로 F- ratio는 음수가 될 수 없다. 그러나 로지스틱 회귀 분석에서 로그 우도는 항상 음수이다.
- 카이제곱은 항상 양의 값이며, 다시 말해 카이제곱 분포에서 음의 로그 우도를 찾을 수 없다.
- t-분포와 q-분포는 평균값의 차이를 표준 오차로 나눈 값을 추정한다. 이것은 우도 비율에 대해 적절한 비교는 아니며, 단순히 로그의 합계를 나타낸다.

로그 확률에 −2를 곱하면, 방정식에서 제약된 변수의 수와 같은 자유도로 카이제곱 분포를 따르는 변수를 얻게 된다는 것이 밝혀졌다. 따라서 곱셈의 결과를 카이제곱 분포와 비교할 수 있으며 제약된 변수의 수를 알 수 있다(그 개념에 대해 곧 설명할 것이다).

지금까지 새로운 통계를 접해 오면서 이에 적절한 이름이 필요해 보인다. 그리고 그 이름을 부여할 수 있다면 일은 훨씬 더 간단할 것이다. 불행하게도, 사용자는 필요에 따라 다양한 이름을 다루어야 한다. 각각의 이름은 로그 우도와 −2의 곱에 대한 로지스틱 회귀 문헌에서 널리 사용되어 왔다.

- Deviance(편차), DEV 및 D
- -2LL과 2LL
- 절편만 포함하는 모델의 경우는 D_0, 절편 이외에 하나 이상의 변수가 있는 경우는 D_M
- G(아마도 적합도(goodness)의 G)와 G^2

이들이 모두 동일한 수량의 다른 이름이라는 것을 인식하며 기억하는 것은 머리가 아픈 일이다. 이 Part의 나머지 부분에서는 꽤나 대중적이고 정확한 명칭인 −2LL을 사용할 것이다. 이는 −2 곱하기 로그 우도(−2 times the Log Likelihood)의 준말이다

그림 5−10은 Excel에서 우도 비율 검정을 수행하는 방법을 보여 준다.

그림 5-10

이 워크시트는 그림 5-9에 표시된 시트를 재배치한 것이다.

P11 =CHISQ.DIST.RT(N11,O11)

	I	J	K	L	M	N	O	P
1				Coefficients				
2			Intercept	Sticker	Age	City		
3			-3.2518	0.1079	0.0332	-1.9388		
4								
5	Log Likelihood		Log Likelihood	-20.2146				
6	-0.288260463		-2LL	40.4293				
7	-0.202691007							
8	-0.20298099			LL	-2LL	Delta from intercept-only	df	P chi-square
9	-0.189833843		Intercept only	-24.0569	48.1139	#N/A		#N/A
10	-0.105326715							
11	-0.256642077		Intercept & Sticker	-23.7855	47.5710	0.5429	1	0.4612
12	-0.116503844							
13	-0.310596124		Intercept, Sticker & Age	-23.7269	47.4538	0.6601	2	0.7189
14	-0.12725547							
15	-0.877717539		Intercept, Sticker, Age & City	-20.2146	40.4293	7.6846	3	0.0530
16	-0.291224257							

그림 5-10의 범위 L9:P15는 세 가지 개별 우도 비율 검정을 보여 준다. 각각은 예측 방정식에 변수를 추가하는 통계적 유의성을 검정한다. 필자는 하나의 그림에 모든 관련된 작업을 표시하기 위해 절편과 계수를 K3:N3 범위로 이동했다.

전체 검정을 수행하려면 해 찾기를 네 번 실행해야 한다. 그러나 각 실행에 대해 해 찾기의 매개 변수를 한 번만 변경하면 프로세스가 상당히 빠르게 수행될 수 있다. 다음 단계를 따른다.

① 셀 K3의 절편 값을 1.0으로 설정하고 L3 : N3의 세 계수 값을 0.0으로 설정한다.
② 셀 L5에서 로그 우도를 선택한다.
③ 리본의 데이터 탭에서 해당 링크를 클릭하여 해 찾기를 시작한다.
④ 해 찾기 매개 변수 대화 상자의 목표 설정(Set Objective) 편집 상자에 로그 우도의 워크시트 주소가 포함되어 있는지 확인한다. 이 예제에서는 L5에 해당한다. 값을 최대화 하도록 선택한다.
⑤ 변수 셀 변경(Changing Variable Cells) 편집 상자에 Intercept 셀(여기서는 K3)을 입력한다.
⑥ 제한되지 않는 변수를 음이 아닌 수로 설정(Make Unconstrained Variables Non-Negative) 편집 상자가 체크되지 않았는지 확인한다.
⑦ 해 찾기를 클릭한다.

해 찾기는 절편의 값을 변경하고 예측 계수의 값을 0.0으로 유지하여 L5에서 로그 우도의 값을 최대화한다. 이 결과는 $-2LL_0$라고도 불리며 이 데이터를 사용하면 절편이 0.4520으로 최적화된다.

Note

값 0.4520은 E열에 있는 로짓의 평균이다. 예측자로 사용할 다른 변수가 없다면 분석을 수행하기 위해 평균 로짓(Average Logit)을 절편으로 사용하는 것이 제일 좋다.

로그 우도의 값을 수식이 아닌 값으로 저장한다. 그림 5-10의 셀 L9에서 이렇게 저장된 값을 볼 수 있다. 이는 나중에 분석에서 비교 값으로 필요하며, 선행 셀은 그때 변경될 것이다. 이것이 값으로 저장하는 이유이다.
여기까지가 하나의 과정이며 평가할 예측변수(Sticker, Age 및 City) 수만큼 세 번 더 반복해야 한다. 다음 몇 가지 단계를 따른다.

① 해 찾기를 시작한다.
② 로그 우도의 주소에 목표 설정(Set Objective) 셀을 그대로 둔다.
③ K3(절편) 및 L3(StickerCoef)를 포함하도록 변수 셀 변경(Changing Variable Cells) 편집 상자를 변경한다.
④ 해 찾기를 클릭한다.

이제 해 찾기는 셀 L3에 있는 StickerCoef라는 이름의 Intercept 및 Sticker 계수를 변경하여 로그 우도를 최대화한다. 남은 변수인 Age와 City는 계수를 0.0으로 설정하고 변수 셀 변경 목록에서 생략하여 분석에서는 제외된다.

해 찾기가 끝나면 다시 로그 우도를 복사하여 나중에 사용할 값으로 붙여 넣는다. 이는 그림 5-10의 셀 L11에서 수행되었다.
Intercept 및 StickerCoef에 AgeCoef를 추가하고 Intercept, StickerCoef 및 AgeCoef에 CityCoef를 추가하여 이전 네 단계를 두 번 더 반복한다. 그림 5-10에서와 같이 L13 및 L15 셀에서 로그 우도를 값으로 기록한다.
L9:L15 범위에서 확정된 로그 우도를 사용하여 각각에 -2를 곱하고 그 결과를 M9:M15에 배치할 수 있다. 또 하나의 단계가 필요하며, 이를 위해 제약의 문제를 간략하게 우회해야 한다.

Sheet 3 계약 조건 및 자유도

다음과 같은 세 가지 모델 집합을 비교할 준비가 되었다.

- Intercept 대 Intercept 및 Sticker
- Intercept 대 Intercept, Sticker, 그리고 Age
- Intercept 대 Intercept, Sticker, Age, 그리고 City

첫 번째 비교인 Intercept 대 Intercept 및 Sticker를 고려해 보자. 두 번째 모델에는 계수가 다양하게 바뀔 수 있는 변수인 Sticker가 하나 있다.
다른 방법으로, 첫 번째 비교를 위해 해 찾기를 두 번 실행한다. 처음 실행될 때 해 찾기가 절편을 포함하는 셀만 변경하도록 작업을 정렬한다. 다른 세 개는 계수가 0.0으로 제한된다. 즉 방정식의 결과에 영향을 미치지 않도록 한다.
제약 조건 수의 차이는 카이제곱 검정의 자유도로 간주된다. 따라서 첫 번째 비교에는 1의 자유도가 있다. 이 자유도는 두 모델 간의 -2LL 값의 차이에 적용된다. -2LL의 차이는 셀 N11에 나타나며 M9에서 M11을 뺀 값으로 계산된다.

따라서 그림 5-10의 셀 N11에서 −2LL 값의 차이를 Excel의 CHISQ.DIST.RT() 함수와 비교할 수 있다. O11 셀의 숫자 1을 사용하며, 이는 자유도 인수로서 두 모델의 제약 조건의 차이이다. P11 셀의 수식은 다음과 같다.

```
=CHISQ.DIST.RT(N11,O11)
```

이 수식은 0.4612를 반환한다. 자유도 1을 갖는 카이제곱 분포의 46% 이상이 0.5429보다 크거나 같은 값을 포함한다는 것을 의미한다. 이는 이 분포에서 카이제곱에 대해 전혀 특별한 값이 아니며, 크지 않은 표본오류는 쉽게 얻을 수 있다. 명백하게 자동차의 가격은 이 데이터 집합에서 판매 확률을 예측하는 유용한 예측자가 아니다.

두 번째 비교에는 Intercept 모델과 각기 다른 Intercept, StickerCoef 및 AgeCoef 모델이 포함된다. 따라서 두 번째 모델은 City 변수만 0.0으로 제한하고 첫 번째 모델은 세 변수를 모두 0.0으로 제한한다. 제약 조건 수의 차이는 이제 2이다. 이 값은 −2LL에 대한 두 모델의 값의 차이와 함께 셀 P13의 카이제곱 함수로 전달된다.

```
=CHISQ.DIST.RT(N13,O13)
```

이번에 CHISQ.DIST.RT() 함수는 0.7189를 반환한다. 자유도 2일 때 카이제곱 분포에서 발생하는 0.5429의 첫 번째 값보다 더 큰 −2LL 값이 발생할 가능성이 높다.

세 번째 비교에서도 유사한 추론과 계산이 사용된다. 해 찾기가 StickerCoef, AgeCoef 및 CityCoef의 세 가지 계수를 변경하는 전체 모델에 대해 Intercept 모델을 검정한다. 자유도 3을 갖는 −2LL 값의 차이는 카이제곱 값이 0.053 레벨에서 유의미할 만큼 충분히 크다.

0.05의 알파 값으로 시작한 경우 경계선 결과가 표시된다. 이 경우 예측 방정식을 신뢰할 수 없다고 결정할 필요가 있지만, 더 큰 표본 크기로 실험을 다시 수행하는 것이 더 현명한 선택일 수 있다.

Chapter 05

R의 mlogit 패키지와 로지스틱 회귀

R은 로지스틱 회귀를 수행하는 여러 가지 방법을 제공한다. 이 섹션에서는 그 중에 하나인 mlogit 패키지를 사용하는 방법과 결과의 해석 방법을 설명한다. 이번 Part의 마지막 섹션에서 논의되는 또 다른 방법은 좀 더 일반적인 glm 모델을 사용하여 로지스틱보다 더 많은 모델을 수용하는 프레임 워크에서 유사한 결과를 얻는 방법을 설명한다.

R에서 분석을 실행하는 작업은 Excel보다 훨씬 적다. Excel보다 중간 수행 과정에 대한 정보가 훨씬 적으므로 어찌 보면 당연한 일이다. 중간 정보가 특별히 필요하지 않다면 R은 확실히 바람직한 선택이지만, 로지스틱 회귀를 수행하는 과정에서 어떤 일이 일어나는지 보고 싶다면 Excel에서 수행하는 것이 훨씬 쉽다는 점을 기억한다(그러나 필자가 앞서 언급한 추가 작업을 수행해야 한다).

Sheet 1 mlogit 패키지 실행하기

여기서 예제를 따라하려면 Excel과 R에서 데이터 프레임으로 원시 데이터를 가져와야 한다. 필자는 이 책을 통해 이를 위한 가장 간단한 방법은 DescTools 패키지, 특히 XLGetRange 함수를 사용하는 것이라고 제안해 왔다. 이 방법에 대해 살펴보겠다.

그림 5-11에 표시된 워크시트는 Sell 및 City 변수가 숫자 값을 가짐으로써 원시 데이터 집합을 구성하는 옵션을 보다 명확하게 표시한다. 해당 워크시트를 활성화하여 시작한다.

그림 5-11

Sell 및 City 변수의 텍스트 값은 숫자 값으로 대체되었다.

	A	B	C	D
1	Sell	Sticker	Age	City
2	0	34.261	12	1
3	0	30.583	12	1
4	0	31.522	9	1
5	0	30.222	11	1
6	0	26.516	4	1
7	0	33.955	9	1
8	0	25.347	11	1
9	0	33.521	17	1
10	0	25.6	13	1
11	0	28.989	14	0
12	0	33.754	14	1
13	0	28.919	17	1
14	1	29.164	11	0
15	0	33.675	16	1
16	1	34.124	17	1
17	0	26.465	15	1
18	0	29.18	6	0
19	0	34.178	16	0
20	0	25.327	15	1
21	0	31.487	18	1
22	1	27.337	19	0
23	0	29.083	13	0

셀 A5:D41을 선택한다. R로 전환하고 다음 명령을 입력한다.

```
> library(DescTools)
> CarData <- XLGetRange(header = TRUE, stringsAsFactors
= TRUE)
> head(CarData,3)
> LongFormat <- mlogit.data(CarData, choice = "Sell",
shape = "wide")
> head(LongFormat)
```

그림 5-12는 결과를 보여 준다.

그림 5-12

CarData 데이터 프레임에는 각 레코드에 대해 하나의 행을 가진다(한 행에 하나의 자동차). LongFormat에는 2개의 행이 있다(행 1개와 대체 행 1개).

R Console

```
> CarData <- XLGetRange(header = TRUE, stringsAsFactors = TRUE)
> head(CarData,3)
  Sell Sticker Age City
1    0  34.261  12    1
2    0  30.583  12    1
3    0  31.522   9    1
> LongFormat <- mlogit.data(CarData, choice = "Sell", shape = "wide")
> head(LongFormat)
     Sell Sticker Age City chid alt
1.0  TRUE  34.261  12    1    1   0
1.1 FALSE  34.261  12    1    1   1
2.0  TRUE  30.583  12    1    2   0
2.1 FALSE  30.583  12    1    2   1
3.0  TRUE  31.522   9    1    3   0
3.1 FALSE  31.522   9    1    3   1
```

그림 5-12는 mlogit 패키지에서 데이터 집합의 기본 요소를 보여 준다. 'mlogit'은 다항식 로짓(Multinomial Logit)의 약자이다. 이항 로지스틱 회귀에는 Buy/Do not Buy 또는 Vote/Do not Vote와 같은 두 개의 값을 가지는 예측된 변수가 있으며, 다항 로지스틱 회귀는 Ford, Toyota, GM과 같은 두 개 이상의 값을 취하는 예측된 변수를 가진다. 이 두 회귀 사이에는 큰 차이가 있으며, 여기서 차이는 단순 단일 예측변수 회귀(Simple Single-predictor Regression)와 다중 회귀 분석 사이의 차이만큼 중요하다(그러나 그 차이는 서로 아주 다르다). 이항 로지스틱 회귀와 다항 로지스틱 회귀의 차이점은 둘을 'wide'와 'long'으로 나타내어 mlogit 함수에 표시하는 데이터 집합의 모양이다.

CarData 데이터 집합을 고려해 보자. 레코드당 하나의 행이 있으며, 하나의 레코드로 반복 없이 필요한 모든 값을 제공할 수 있다. 레코드(주어진 자동차)는 판매 또는 판매되지 않았으며, 해당 이벤트는 Sell 변수의 값으로 표시된다. 판매 여부와 상관없이 적용할 수 있는 가격(Sticker)과 경과 연수(Age)는 한 개뿐이며 자동차 판매점이 위치한 도시는 한 곳만 있다.

그러나 다차원 변수를 다루는 변수가 있다면, CarData 집합에서처럼 두 개의 변수 대신 세 개의 변수를 대안으로 사용할 수 있을까? 소비자가 Ford, Toyota 또는 GM을 살 수 있는 방법을 조사하고 있다고 하자. CarData에서 레코드당 하나의 값만 가질 수 있는 변수, 즉 가격(Sticker Price)은 Ford 가격, Toyota 가격, GM 가격의 세 가지 값을 가질 수 있다.

관계형 데이터베이스는 이러한 종류의 데이터를 매우 원활하게 처리한다. 예를 들어 고객의 수입에 대한 정보가 포함된 고객(Customer) 레코드를 부모 레코드(Parent Record)로 간주할 수 있다. ID를 통해서 고객이 고려 중인 다른 자동차를 부모 레코드에 연결할 수 있으며, 이는 자식 레코드가 된다. 자식 레코드에는 자동차 고유의 변수(Sticker, Age, GPS 등)가 포함된다. 각 부모 레코드는 해당 고객이 고려 중인 자동차 수만큼의 자식 레코드를 가질 수 있다. 그러나 R은 관계형 데이터베이스 관리 시스템이 아니며 VLOOKUP()과 같은 기능에도 불구하고 Excel이 아니므로 대체 정보를 행과 열의 2차원으로 추가 열 또는 추가 행에 넣어 여러 대안을 허용해야 한다.

Excel에서 데이터 입력을 수행하는 경우 FordCost, ToyotaCost 및 GMCost와 같은 열을 추가하여 다항식 상황을 나타낼 수 있다. 이 방법에는 장단점이 있다. 장점으로는 하나의 레코드가 하나의 행을 차지하는 것이다. 이를 통해 간단한 상관관계 분석에서부터 피벗 테이블 보고에 이르기까지 다양한 분석을 완벽하게 수행할 수 있다. mlogit 함수는 이 배열을 'wide' 모양으로 참조한다. 이 배열을 사용하면 예측된 변수에 대한 추가 대안을 수용하기 위해 더 많은 열이 추가되므로 데이터 집합이 더 넓어진다. 누군가가 Ford, Toyota 또는 GM 외의 Yugo를 고려하는 순간 사용자는 해당 가격의 또 다른 열이 필요하다.

또는 레코드가 여러 행(각 대안마다 하나씩)을 차지하도록 정렬할 수도 있다. 사용자는 선택할 수 있는 대안이 있는 것처럼 많은 레코드를 갖는 것으로 각 레코드를 다룰 수 있다. 각 행에는 특정 제조사의 가격이 포함된 열이 있다.

Note

데이터를 입력하는 유일한 목적이 데이터 분석을 위해 R로 옮기는 것이 아닌 이상, 여러 행의 레코드는 Excel에서 이례적인 선택이 될 것이다. 예를 들어, 레이아웃을 사용하여 Sticker 및 Age와 같은 상관관계를 얻는 가장 간단한 방법은 고급 필터(Advanced Filter)로 주어진 선택을 나타내는 행을 다른 위치로 복사하고, 해당 위치에서 추출된 데이터의 상관관계를 실행하는 것이다. Excel은 일반적으로 mlogit이 넓은 모양을 갖는 것으로 고려하는 데이터 집합에 대해 훨씬 더 적합하다.

이 접근법은 mlogit에서 'long'이라 부르는 데이터 집합의 형태로, 데이터 집합을 더 넓게 만드는 열을 추가하는 대신 더 길게 만드는 행을 추가한다.
mlogit 함수는 long 형식의 데이터로 작업하는 것을 선호한다. 넓은(wide) 형식의 데이터 집합을 가지고 있다면, mlogit 명령은 사용자를 대신하여 긴(long) 형식으로 변환한다.

다음 명령은 그림 5-12에서 수행되었다.

```
> LongFormat <- mlogit.data(CarData, choice = "Sell",
shape = "wide")
```

이 명령은 XLGetRange 함수를 통해 R로 가져온 데이터 프레임을 취하며 Sell의 선택 사항을 나타내도록 지정하기 때문에 Sell 변수의 값을 검사한다(여기서 선택은 자동차가 판매되었는지를 나타내며, 다른 데이터 집합에서는 구매된 자동차가 Ford, Toyota 또는 GM인지 여부를 나타낼 수 있다).

데이터 집합에 Sell 변수의 두 가지 대안이 포함되어 있으면, 이 명령은 레코드당 두 행을 생성한다. 하나는 자동차 판매 시 적용되는 데이터에 대한 TRUE이고, 나머지 하나는 자동차 판매가 없는 경우 적용되는 데이터에 대한 FALSE이다. 물론 이것은 이항 선택에 대한 중복 정보일 수 있지만 대체로 세 가지 이상의 대안이 있을 때 각 선택 항목마다 고유하다.

명령에서 지정하는 shape = "wide"는 데이터 프레임에서 정렬한 모양을 mlogit에 알려 준다. 모양 배열은 여기서 수행되는 유일한 작업이 아니므로 시작하기에 긴 모양을 가질 경우에도 mlogit.data 명령을 실행해야 한다.
다음 두 명령은 로그 우도(Log Likelihood)와 같은 방정식 및 요약 통계를 포함하여 모델을 설정하고 표시한다.

```
> LogitModel <- mlogit(Sell ~ 1|Sticker + Age + City,
data = LongFormat, reflevel = "0")
> summary(LogitModel)
```

첫 번째 명령은 LongFormat 데이터 프레임에서 mlogit 함수를 실행한 결과를 LogitModel이라는 변수에 할당한다. 두 번째 명령은 그림 5-13과 같이 Logit-Model의 내용을 표시한다.

그림 5-13

이 그림의 절편과 계수를 그림 5-10과 비교한다.

R Console

```
> LogitModel <- mlogit(Sell ~ 1|Sticker + Age + City, data = LongFormat, reflevel = "0")
> summary(LogitModel)

Call:
mlogit(formula = Sell ~ 1 | Sticker + Age + City, data = LongFormat,
    reflevel = "0", method = "nr", print.level = 0)

Frequencies of alternatives:
      0       1
0.61111 0.38889

nr method
4 iterations, 0h:0m:0s
g'(-H)^-1g = 2.19E-07
gradient close to zero

Coefficients :
               Estimate Std. Error t-value Pr(>|t|)
1:(intercept) -3.251735   4.671437 -0.6961  0.48637
1:Sticker      0.107861   0.148653  0.7256  0.46809
1:Age          0.033234   0.085474  0.3888  0.69741
1:City        -1.938803   0.777846 -2.4925  0.01268 *
---
Signif. codes:  0 '***' 0.001 '**' 0.01 '*' 0.05 '.' 0.1 ' ' 1

Log-Likelihood: -20.215
McFadden R^2:  0.15972
Likelihood ratio test : chisq = 7.6846 (p.value = 0.053)
> |
```

mlogit에 의해 반환되는 절편과 계수 및 로그 우도는 그림 5-10의 Excel 분석에서 반환된 것과 동일하다. 명령문이 mlogit 함수를 호출하는 방법을 자세히 살펴보자.

```
> LogitModel <- mlogit(Sell ~ 1|Sticker + Age + City,
data = LongFormat, reflevel = "0")
```

mlogit 함수에 표시된 첫 번째 인수는 R의 설명서에서 parts로 언급되는 세 가지 세그먼트가 있는 수식이다. parts는 '|'과 같은 수직 막대로 구분된다. 따라서 수식 설계의 스키마는 다음과 같으며, 뒤로 더 많은 인수가 이어질 수 있다.
(Sell ~ Part 1 | Part 2 | Part 3)

역순으로 표시된 parts는 다음과 같다.

- Part 3은 선택 사항이며 대안별 예측변수(예 : 자동차 제조업체가 예측된 변수인 경우 다른 자동차 제조업체의 가격)를 사용한다. 이 예에서는 대체 특정 예측변수가 없으므로 Part 3은 수식에서 생략되었다.
- 이 공식에서 Part 2는 일반 최소 제곱 분석에서 예측변수인 것처럼 모델에 Sticker, Age 및 City를 포함하도록 지정한다.
- Part 1은 Part 3과 같이 대체 특정 변수가 있지만 이 변수는 생략할 수 없다. 할당 연산자(물결표)와 Part 2의 시작을 나타내는 세로 막대 사이에 1을 삽입했다. 1의 존재는 절편을 포함하도록 mlogit을 호출한다.

mlogit 함수의 다음 인수는 데이터 소스를 식별한다. long 형식의 데이터 프레임을 mlogit에 전달하는지 확인하는 가장 확실하고 쉬운 방법은 이 섹션의 앞부분에서 설명한 것처럼 먼저 mlogit.data로 실행하는 것이다.

여기에서 사용된 함수의 세 번째 인수는 reflevel이다. 기본값이 있기 때문에 완전히 생략할 수도 있지만 약간의 설명은 필요하다. 그럼에도 불구하고, 만약 이를 생략한다면 Excel 해법에서 얻은 결과와 분명히 충돌하는 결과를 얻는다고 강조하고 싶다. 그러나 최소한 이항 문제와 함께 두 분석을 일치시키는 것은 쉽다.

K 값을 취할 수 있는 결과 변수가 있을 때 예측변수에 대해 0과 1의 값을 가진 K−1 벡터[mlogit에서는 더미(Dummies)라고 함]를 계산할 수 있다. 이 벡터들은 요인과 공변량 사이의 상호 작용의 존재를 검증하기 위한 공분산 분석에서 생성된 것과 동일하다.

선택 변수(이 예제에서는 Sell)에 사용할 수 있는 대안 중 하나는 자체 벡터에서 1로 표시되지 않는다. 해당 대안은 모든 더미에서 0을 얻는 반면, 다른 벡터는 더미 중 하나에서 1을 얻는다. 기본적으로 자체 더미 벡터로 표시되지 않는 값은 수식을 읽을 때 mlogit에서 처음 발견한 값이다.

그러나 reflevel 인수를 사용하여 기본값을 대체하고 자체 벡터를 갖지 않는 선택 변수의 값을 지정할 수 있다. 주기적으로 업데이트되는 데이터 집합에서 정기적으로 mlogit을 실행하면 mlogit이 수식을 읽을 때 만나는 선택 값을 꼭 확인해야 할 필요가 없다.

이는 이전 예제처럼 선택 변수가 0/1, TRUE/FALSE 및 yes/no와 같은 2개의 값만 취할 수 있는 이진 상황에서는 아무런 가치가 없다는 점에 유의한다. 이진 상황에서 K는 2이고 더미 벡터는 하나만 만들 수 있다. 따라서 벡터와 예측자의 계수를 곱한 하나의 인스턴스만 평가될 수 있다.

대조적으로, 다항식 상황에서 선택 변수에 세 가지 자동차가 포함된 경우 Toyota(0 또는 1)에 가격 계수를 곱하여 나타내는 벡터 하나와 GM(다시, 0 또는 1)에 가격 계수를 곱하는 벡터가 있을 수 있다. Ford는 기본적으로 mlogit이 만나는 선택 변수의 첫 번째 값으로 생략될 수 있지만 Toyota 및 GM 벡터 모두에서 0을 얻는다.

특정 값, 0 또는 1을 reflevel로 지정할 때 이항 상황에서 어떤 일이 발생하는지 보려면 mlogit 문에서 확인한다. reflevel이 0인 mlogit을 실행한 다음 reflevel을 1로 다시 실행해서 결과를 비교한다. 로그 우도처럼 전체 방정식을 설명하는 결과는 변경되지 않음을 알 수 있다. 이진일 경우에는 절편과 계수의 부호만 다르다.

예를 들어 reflevel = 0을 설정하면 방정식의 절편은 −3.2517이 된다. reflevel = 1을 설정하면 방정식의 절편은 3.2517로 반환된다. 물론 이 결과를 Excel에서 복제할 수 있으며, 그 효과는 더 쉽게 나타난다. 그림 5−9의 워크시트에서 H6 셀의 수식은 다음과 같다.

```
=IF(A6=1,G6,1-G6)
```

절편과 계수의 값을 적고 다음을 수행한다.

① H6의 방정식을 다음과 같이 변경한다.
=IF(A6=0,G6,1-G6)

② H6의 수식을 복사하여 데이터 집합의 맨 아래에 붙여 넣는다.

③ 이전과 같은 설정으로 해 찾기를 다시 실행한다.

mlogit와 마찬가지로 절편과 계수의 부호가 변하지만 절댓값은 변하지 않는다는 것을 알 수 있다. 이것은 Excel과 mlogit이 서로 다른 방식으로 스왑(Swap)을 구현할지라도, 분석에서 1과 0의 역할을 교환(Swapping)하기 때문이다.

Sheet 2 모델과 mlogit 비교하기

그림 5-10은 네 가지 모델에 대한 로그 우도와 -2LL을 보여 준다(Intercept / Intercept, Sticker / Intercept, Sticker, Age / Intercept, Sticker, Age, City). 방정식에 변수가 추가될 때 -2LL의 증분(Increment)을 검정하는 것이 목적이다.

R에서 비슷한 분석을 수행하는 간단한 방법은 그림 5-10에서 모델을 정의하는 다양한 변수 셀을 사용하여 Excel의 해 찾기를 네 번 실행하는 것처럼 mlogit을 네 번 실행하는 것이다. R에는 자동으로 모델 비교를 완료하는 함수가 있지만 이 책은 mlogit으로 작성되었으므로 이 기능은 설명하지 않는다.

다음 명령은 각 모델에 대한 로그 우도를 선택하는 방법의 예이다.

```
> LogitModel <- mlogit(Sell ~ 1, data = LongFormat)
> summary(LogitModel)
> LogitModel <- mlogit(Sell ~ 1|Sticker, data = LongFormat)
> summary(LogitModel)
> LogitModel <- mlogit(Sell ~ 1|Sticker + Age, data =
LongFormat)
> summary(LogitModel)
> LogitModel <- mlogit(Sell ~ 1|Sticker + Age + City,
data = LongFormat)
> summary(LogitModel)
```

mlogit 요약 끝에서 우도 비율은 적절한 카이제곱 검정 통계를 제공한다. 또한 mlogit의 요약 끝에 있는 실제 카이제곱 값과 관련된 p 값을 그림 5-10의 N11:P15에 표시된 값과 비교할 수 있다.

Chapter 06

R의 glm 함수 사용하기

R의 mlogit 패키지에 있는 mlogit 함수는 데이터 프레임이 'long' 모양을 따르기 위해 필요한 요구 사항과 그 구문에 의해 복잡한 양상을 띈다. 그러나 필자는 이항 및 다항 선택 변수를 모두 수용하기를 원하기 때문에 이 복잡성은 이해할 수 있다. Part 5의 시작 부분에서 언급했듯이, 이항 분석과 다항 데이터를 분석할 때 그 차이는 중요하며 모델을 정의하는 보다 복잡한 수단의 사용을 정당화할 수 있을 것이다.

R은 또한 모델을 기반으로 다양한 분석을 수행할 수 있는 일반 선형 모델 기능을 제공한다. 이 함수는 기본 통계 패키지에 포함되어 있으므로 이를 실행하기 위해 특정 제공 패키지를 다운로드할 필요는 없다. Excel에서 사용할 데이터를 정렬하는 것처럼(mlogit이 'wide'라고 하는 목록과 같이) 배치된 데이터를 가리킬 수 있다. 필연적으로 이 함수의 이름은 glm이다.

glm을 사용하기는 쉽지만 다항 선택 변수는 수용할 수 없다. 다항 변수를 분석할 필요가 없다면(적어도 세 가지를 포함하는 자동차 제조사와 같이) glm만으로도 큰 문제는 없으며, 길고 넓은(long and wide) 데이터 프레임 형태와 세 갈래로 갈라진 공식으로 인한 어려움은 겪을 필요가 없을 것이다.

그림 5-14는 glm과 그 결과를 호출하는 방법을 보여 준다.

그림 5-14
glm 함수는 계수의 z-검정을 반환하지만 mlogit는 t-검정을 반환한다.

```
R Console

> glmlogit <- glm(Sell ~ Sticker + Age + City, data = CarData, family = "binomial")
> summary (glmlogit)

Call:
glm(formula = Sell ~ Sticker + Age + City, family = "binomial",
    data = CarData)

Deviance Residuals:
    Min       1Q   Median       3Q      Max
-1.6055  -0.7603  -0.5285   0.9833   1.9267

Coefficients:
            Estimate Std. Error z value Pr(>|z|)
(Intercept) -3.25174    4.67144  -0.696   0.4864
Sticker      0.10786    0.14865   0.726   0.4681
Age          0.03323    0.08547   0.389   0.6974
City        -1.93880    0.77785  -2.493   0.0127 *
---
Signif. codes:  0 '***' 0.001 '**' 0.01 '*' 0.05 '.' 0.1 ' ' 1

(Dispersion parameter for binomial family taken to be 1)

    Null deviance: 48.114  on 35  degrees of freedom
Residual deviance: 40.429  on 32  degrees of freedom
AIC: 48.429

Number of Fisher Scoring iterations: 4

> |
```

그림 5-14에서 사용된 glm 함수는 Excel에서 XLGetRange 함수를 통해 직접 얻은 자동차 데이터를 데이터 프레임으로 사용한다. 이 범위는 그림 5-11에 나와 있다.

glm 함수의 family 인수는 이항(Binomial)을 지정한다. 여기서 이항 로지스틱 회귀를 수행하고 있기 때문이다. glm으로 사용할 수 있는 다른 family에는 gaussian, Gamma 및 poisson이 있다.

계수의 검정에서 t-분포가 아닌 정규 분포 사용으로 인한 차이와는 별도로, logistic 방정식은 mlogit과 Excel에 의해 반환된 방정식과 동일하다. 전체 통계에는 로그 우도 또는 −2LL이 포함되어 있지 않지만 logLik 함수를 사용하여 로그 우도를 선택할 수 있다(−2LL을 계산하는 데 사용할 수 있다).

```
> logLik(glmlogit)
```

여기서 glmlogit은 glm 함수에 의해 반환된 결과이다. logLik를 입력할 때 대소문자를 구분하도록 주의한다.

Part 6

주성분 분석

주성분 분석(Principal Components Analysis)을 통해 Excel에서 기본으로 제공하는 워크시트 함수로 설계할 수 있는 통계 분석 유형을 넘어서게 된다. 기본 기술 통계 또는 t-검정을 포함한 추론 검정뿐만 아니라 분산과 공분산 분석, 회귀 분석과 로지스틱 회귀에서 Excel의 AVERAGE(), DEVSQ(), LINEST(), F.DIST.RT(), EXP()와 같은 분석을 결합하기 위한 워크시트 함수를 더 살피지 않아도 된다.

그러나 간접적으로만 관찰되는 기본 변수를 이해하기 위한 분석에서 Excel은 도움이 필요하다. 이러한 분석에는 이번 Part의 주제인 주성분 분석과 관련된 요인분석과 같은 영역이 포함된다.

Note

요인을 주성분과 구분하는 것은 어려울 수 있다. 이는 보통 사용자의 관점에 달려 있다. 일부 사용자는 주성분을 사용 가능한 변수의 복합체로, 그리고 변수는 파생된 요소의 복합체로 간주한다. 다른 이들은 이를 그랜드 오페라와 가요의 소리처럼 근본적으로는 차이가 없는 구별로 여긴다.

이러한 분석은 관측 및 측정 가능한 변수와 관련이 있으나 관측되지 않는 변수를 상관행렬에서(혹은 거의 동등하게 공분산 행렬에서) 추출하여 관측 변수 간의 관계를 설명하고자 한다. 이렇게 하는 목적은 수백 가지 변수가 포함된 데이터 집합을 이해하는 데 실용적이고 실질적인 도움을 줄 수 있기 때문이다. 네댓 가지 잠재 변수로 100가지 변수를 설명해야 한다면 사용자는 더 작은 데이터 집합으로 작업하는 것을 선호할 것이다. 그러나 데이터에서 관찰되지 않은 변수를 식별하고 추출하는 방법이 필요하며 Excel은 EXTRACT()나 EIGENVALUE() 혹은 그와 유사한 개념의 워크시트 함수를 제공하지 않는다.

Note

Excel에서 VBA를 사용하면서 사용자 정의 함수(UDF, User-Defined Function)를 작성하여 데이터 집합에서 구성요소를 추출할 수 있다. 이번 Part와 함께 제공되는 통합문서에는 해당 기능을 수행하는 VBA 서브 루틴이 포함되어 있다. 함수가 아닌 서브 루틴으로 코딩되었지만 UDF로 변환하는 데 필요한 몇 가지 변경 사항을 허용한다. 원하는 경우 코드를 편집할 수 있다.

분석을 통해 고유 값과 고유 벡터의 형태로 주성분을 추출한 후에 Excel의 워크시트 함수로 넘길 수 있다. 주성분 분석과 요인분석에 익숙하지 않다면 그렇게 하는 것이 좋다. 내부 프로세스를 이해하기 위해 다음과 같은 작업을 수행하면 유용한 학습 경험이 될 것이다.

- 고유값(Eigenvalues)의 제곱근이 고유벡터(Eigenvectors)와 결합하여 요인구조(Factor Structure) 행렬을 얻는 방법
- 고유값 제곱근의 역이 고유 계수와 결합하여 요인계수(Factor Coefficients) 행렬을 얻는 방법
- 고유값 크기가 보유할 구성요소 숫자를 결정하는 방법

이번 Part에서는 Excel에서 주성분 분석을 실행하는 프로세스에 대해 설명과 함께 R 함수를 사용하여 동일한 분석을 얻는 방법을 알려 준다. 이전 Part에서와 마찬가지로, 두 가지 응용 프로그램을 사용하여 동일한 결과 집합을 정렬하는 방법을 보여줌으로써 R로의 전환을 쉽게 할 수 있다.

Chapter 01

Excel을 사용하는 주성분

이번 Part의 예는 모두 그림 6-1에 표시된 작은 데이터 집합을 기반으로 한다. 여기에는 3개의 변수와 20개의 레코드만 포함된다. 일반적으로 분석의 외부 유효성을 강화하기 위해 20개 이상의 레코드가 필요하며, 세 가지 이상의 변수가 나타날 것이다. 이러한 종류의 분석의 주요 기능 중 하나가 데이터 규모를 줄이는 것이기 때문에 주성분 분석을 실행하려는 노력을 정당화하기 위해 일반적으로 관측 변수는 10개 이상이다.

그러나 이번 Part의 목적은 Google 애널리틱스에서 한 달 동안 수집한 모든 변수를 분석하는 것이 아니라 Excel과 R에서 주성분 분석이 어떻게 수행되는지를 보여 주는 것이기 때문에 3개의 변수와 20개의 사례로도 목적을 달성하는 데 충분하며, 레코드와 변수의 수를 제한하면 보다 명확한 수치를 표시하여 살펴볼 수 있다(그림 6-1 참조).

그림 6-1

일반적으로 이러한 관측 변수들 사이에는 상당한 상관관계가 나타날 것으로 예상된다.

B24 =STDEV.S(B2:B21)

	A	B	C	D	E
1	Visit	Visit Length	Page Views	Pages	
2	1	7	4	3	
3	2	4	1	8	
4	3	6	3	5	
5	4	8	6	1	
6	5	8	5	7	
7	6	7	2	9	
8	7	5	3	3	
9	8	9	5	8	
10	9	7	4	5	
11	10	8	2	2	
12	11	9	5	2	
13	12	8	4	2	
14	13	9	2	3	
15	14	8	4	7	
16	15	3	1	4	
17	16	3	1	3	
18	17	8	2	6	
19	18	1	2	5	
20	19	3	1	7	
21	20	6	3	3	
22					
23	Means	6.35	3.00	4.65	
24	SDs	2.39	1.56	2.39	

Excel에서 주성분 분석을 시작하는 한 가지 방법은 이 책 출판사의 웹 사이트(http://www.hyejiwon.co.kr/)에서 제공되는 PCA.xlsm 통합문서를 여는 것이다. 분석 데이터를 포함하는 통합문서를 열기 전에 PCA.xlsm을 연다. 그 이유는 데이터 통합문서를 먼저 연 후 PCA.xlsm을 열면 데이터 통합문서가 활성 상태일 때 Excel 리본에 추가 기능 탭이 표시되지 않을 수 있기 때문이다. 이 탭은 PCA 코드에 대한 링크가 있는 곳이다.

Note

PCA.xlsm 통합문서의 코드는 추가 기능이 아니더라도 추가 기능 탭을 통해 접근할 수 있다(파일 이름의 확장자가 .xlsa인 경우 추가 기능을 나타낸다). xlsm 통합문서는 통합문서에 관련된 Workbook_Open() 이벤트가 있는 경우 리본의 추가 기능 탭에 표시된다. 필자는 VBA 코드를 검사하고 편집할 수 있도록 가능한 쉽게 만들고 싶었기 때문에 통합문서를 .xlsm 파일로 남겼다.

Sheet 1 대화 상자 탐색하기

먼저 PCA.xlsm을 연 다음 데이터 통합문서를 열고 리본의 추가 기능 탭을 클릭한 다음 Principal Components 링크를 클릭한다. 그림 6-2와 같은 대화 상자가 나타난다.

그림 6-2

PCA에 입력하여 상관 행렬 또는 원시 데이터를 사용할 수 있다.

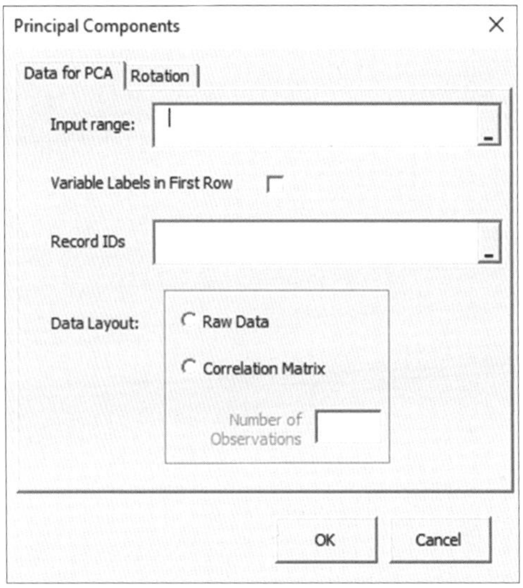

분석을 준비하기 위해 대화 상자의 옵션 선택을 완료한다. 그림 6-1에 표시된 데이터를 분석하려는 경우 다음 단계를 수행한다.

① 입력 범위 상자를 클릭하고 범위 B1:D21까지 드래그한다. 이 범위에 A2:A21을 포함시키지 않는다.
② Variable Labels in First Row 체크박스에 표시한다.
③ the Record IDs 상자를 클릭하고 A2:A21까지 드래그한다. 이 범위에 A1 셀을 포함하지 않도록 주의한다.
④ Raw Data 옵션 버튼을 선택한다.
⑤ 대화 상자의 위쪽에 있는 Rotation 탭을 클릭한다. 그림 6-3을 참조한다.

그림 6-3

일반적으로 데이터를 처음 실행할 때 변수의 수만큼 많은 요인(Factors)을 유지한다.

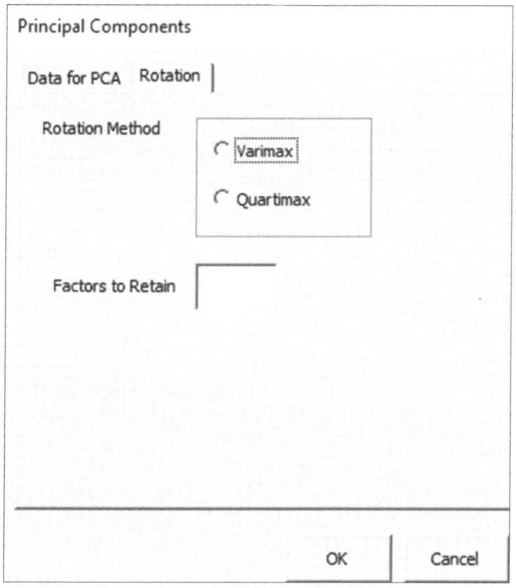

⑥ Varimax Rotation을 선택한다.
⑦ Factors to Retain 편집 상자에 3을 입력한다.

그림 6-2와 6-3에 표시된 대화 상자와 관련하여 염두에 두어야 할 몇 가지 항목이 있다.

- 테이블이 아닌 Excel 목록을 사용하고 있는데도 열 머리글이 없으면 Variable Labels 체크박스를 선택하지 않는다. 이 코드는 변수 1, 변수 2 등과 같은 변수 이름을 제공한다.
- 회전되지 않거나 회전된 요인점수를 올바른 레코드와 보다 정확하게 연관시킬 수 있도록 Record ID를 권장한다. 원하는 경우 숫자 대신 'Barry'와 같은 이름을 사용할 수 있다.
- 원시 데이터 대신 정방 상관 행렬을 사용할 수 있다. 이러한 접근 방식은 원시 데이터에 접근할 수 없지만 상관 행렬이 있거나 Excel 워크시트에 편리하게 제공할 원시 데이터가 너무 많은 경우에 의미가 있다. 행렬은 Excel의 데이터 분석 추가 기능에서 상관 도구로 생

성되어 단지 정렬의 주 대각선(Main Diagonal) 아래에 값이 있는 형태가 아니라 정사각형이어야 한다(필자는 삼각형 입력을 허용하였다).

- 상관 행렬을 입력하여 사용하는 경우 상관관계를 기반으로 하는 레코드 수를 제공해야 한다. 이는 Bartlett의 구형성(Sphericity) 검정을 수행하는 데 필요하다. 상관관계를 제공하면 개별적인 요인 점수를 얻지 못할 것이다. 원시 데이터는 요인점수를 생성하기 위해 요인점수 계수와 함께 사용해야 한다.
- Quartimax 요인 회전은 이전처럼 자주 사용되지 않지만 수행하기 쉽고 Varimax 회전의 결과와 비교하기 위해 여기에 포함하였다.
- 주어진 데이터 세트에서 PCA를 처음 실행할 때 변수 숫자만큼의 요인을 유지하는 것이 일반적이다. 그로 인해 후속 실행에서 유지해야 하는 요소를 판단할 수 있다. 그러나 유지된 요인의 수는 회전된 해법에만 적용된다. 5개의 변수가 있는 경우 회전되지 않은 기본 결과에서 5요소 분석을 얻는다.

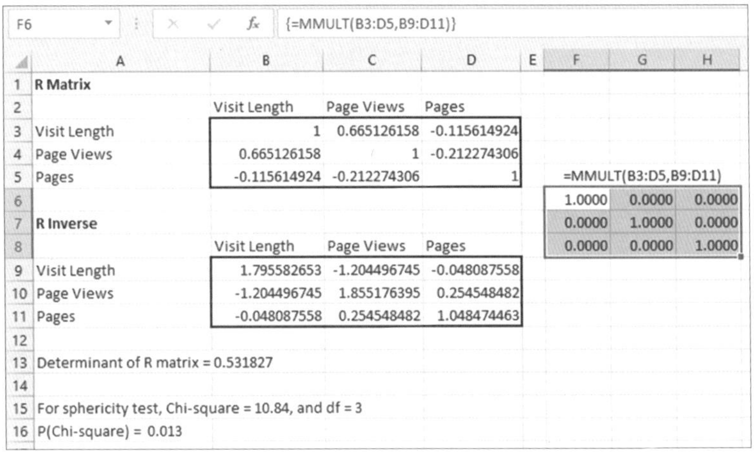

F6 | {=MMULT(B3:D5,B9:D11)}

	A	B	C	D	E	F	G	H
1	**R Matrix**							
2		Visit Length	Page Views	Pages				
3	Visit Length	1	0.665126158	-0.115614924				
4	Page Views	0.665126158	1	-0.212274306				
5	Pages	-0.115614924	-0.212274306	1		=MMULT(B3:D5,B9:D11)		
6						1.0000	0.0000	0.0000
7	**R Inverse**					0.0000	1.0000	0.0000
8		Visit Length	Page Views	Pages		0.0000	0.0000	1.0000
9	Visit Length	1.795582653	-1.204496745	-0.048087558				
10	Page Views	-1.204496745	1.855176395	0.254548482				
11	Pages	-0.048087558	0.254548482	1.048474463				
12								
13	Determinant of R matrix = 0.531827							
14								
15	For sphericity test, Chi-square = 10.84, and df = 3							
16	P(Chi-square) = 0.013							

그림 6-4
이 그림은 워크시트의 처음 몇 가지 분석만 보여 준다.

Note

Bartlett의 구형성 검정을 사용하면 모집단 상관 행렬의 단위행렬(Identity Matrix) 여부뿐만 아니라 다변수 정규성의 이탈 여부에도 민감하기 때문에 특별한 주의가 필요하다.

OK를 클릭하면 4개의 다른 워크시트에 정렬된 결과가 표시된다. Principal Components로 명명된 첫 번째 워크시트가 그림 6-4에 나와 있다.

Sheet 2 주성분 워크시트 : R 행렬과 그 행렬의 역

Principal Components 워크시트에는 PCA 분석의 결과가 대부분 들어 있다. 나머지 세 개의 워크시트에는 회전된 요인 적재(Factor Loading), 회전된 요인계수 및 회전된 요인 점수(상관행렬 대신 원시 데이터를 제공한 경우)가 포함된다.

Principal Components 워크시트의 첫 번째 부분에는 원본 변수의 상관 행렬과 역행렬이 들어 있다. 상관 행렬은 주성분의 정의에 없어서는 안 되며, 곧 이 문제에 대해 알아볼 것이다. 먼저 상관 행렬의 역에 관한 정보를 살펴보자.
행렬의 역은 단일 숫자의 역수와 유사하다. 숫자 9의 역수는 1/9이며, 역수로 숫자를 곱하면 숫자 1이 된다. 행렬 곱셈은 하나의 숫자에 다른 숫자를 곱하는 것보다 복잡하지만 그렇게 어려운 것은 아니다. 행렬에 역을 곱하면 단위행렬을 얻게 된다. 단위행렬은 주 대각선에 1을, 그 밖의 모든 곳에 0을 가진다. 즉, 1과 같은 단일 숫자 대신 1과 0의 행렬을 얻는다.

그림 6-4는 상관 행렬 **R**에 역행렬 $\mathbf{R}^{-1}$을 곱하여 형성된 단위행렬을 보여 준다(행렬을 작성할 때 굵은 글씨로 문자 기호를 표시하는 것이 일반적이다). 행렬 곱셈의 결과인 단위행렬은 그림 6-4의 범위 F6:H8에 있다.

Excel에는 행렬 곱셈을 수행하는 워크시트 함수인 MMULT()가 있다. 행렬 곱셈의 기본 규칙(다른 규칙도 있다)은 첫 번째 행렬이 두 번째 행렬에 있는 행과 동일한 수의 열을 가져야 한다는 것이다. 여기서 주성분 분석을 할 때는 대부분 같은 순서의 정방행렬(Square Matrix)로 작업하기 때문에 이 조건에 대해 걱정할 필요는 거의 없다(분석에서 하나 이상의 구성요소를 삭제하는 문제는 지금 걱정하지 않는다).

MMULT()에서 전체 결과를 얻으려면 먼저 적절한 크기의 셀 범위를 선택하고 Ctrl + Shift + Enter를 사용하여 수식을 배열로 완성해야 한다. Excel에는 유의해야 할 두 가지 다른 행렬 함수가 있다.

- MINVERSE()는 행렬의 역을 반환한다. PCA 통합문서의 코드는 이를 처리한다. 그러나 원한다면 그림 6-4와 같은 워크시트의 어딘가에 아래 수식을 3×3 범위로 배열할 수 있다.
  =MINVERSE(B3:D5)
  여기서 사용자는 정방행렬의 역만 계산할 수 있다.
- MDETERM()은 행렬의 행렬식(Determinant)을 반환한다. 행렬식은 행렬에 있는 값에 전적으로 의존하는 단일 숫자이다. 행렬이 역행렬을 가지려면 0이 아닌 행렬식을 가져야

한다. 어떤 행렬은 현실적인 문제로 0의 행렬식을 가지며, 이는 원시 데이터 행렬의 한 열이 하나 이상의 다른 열에서 완전 선형 함수(Perfect Linear Function)이기 때문이다.

따라서 PCA.xlsm 통합문서(또는 주성분을 분석하는 다른 것들)를 사용하면서 의미있는 숫자 대신 오류 값 집합을 얻는 경우 **R** 행렬의 행렬식을 조기에 확인해야 한다. 값이 0이면 원본 데이터에 문제가 있는 것이다. 그림 6-4의 A13 셀에서 행렬식을 찾을 수 있다. 다음 수식을 사용하여 결과를 복제할 수 있다.

```
=MDETERM(B3:D5)
```

R 행렬에서 역이 중요한 이유는 대체로 공유 분산의 개념에 적용 가능하기 때문이다. 주성분 분석과 요인 분석의 기본 기능은 직접 관찰되지는 않지만 양적 의미에서 관측변수와 밀접하게 관련된 변수를 유도하는 것이다. 관측 변수가 관측되지 않은 변수(주성분 또는 요인)와의 상당한 차이를 공유할 때 관측되지 않은 변수에 대한 이해를 돕기 위해 이 정보를 사용할 수 있다.

이제 그림 6-4의 예에서 Visit Length 같은 변수는 주성분 및 다른 관측변수와 일부 차이를 가진다. 또한 다른 변수와 공유하지 않는 분산이 있다. 많은 경우 분석을 Visit Length와 같은 공유 또는 공통 분산의 비율로 제한하고 공유되지 않은 고유한 분산은 따로 설정하고자 한다.

관측 변수 집합에서 표준 상관 행렬을 만들 때 일반적으로 행렬의 주 대각선에 1.0의 값이 표시된다. 숫자 변수는 자체적으로 1.0의 상관관계가 있다. 그러나 1.0에는 각 변수에 고유한 가변성이 포함된다. 일부 분석은 상관 행렬의 주 대각선에서 1.0 대신 변수의 공통 분산 그리고 다른 변수와 공유되는 변수의 분산 비율을 사용한다.

공유 분산을 측정하는 한 가지 방법은 변수를 다중 회귀 분석에서 예측된 변수로 처리하는 것이다. 그 다음 다중 회귀에서 R^2 값은 예측자의 최적 조합과 공유되는 분산 비율을 나타낸다. 이번 Part의 예제에서 R^2은 Page Views와 Pages의 Visit Length 값을 예측하는 것과 관련이 있다.

그러나 분석에서 각 변수에 대한 다중 회귀를 조정할 필요는 없다. R^2 값은 **R** 행렬의 역행렬 $\mathbf{R}^{-1}$에서 구할 수 있다. 그림 6-5를 참조한다.

그림 6-5

B13:D15의 대각선 값을 B19, F19 및 J19에 있는 LINEST()의 R^2 값과 비교한다.

B13 | =1-(1/B9)

	A	B	C	D	E	F	G	H	I	J	K	L
1	**R Matrix**											
2		Visit Length	Page Views	Pages								
3	Visit Length	1.0000	0.6651	-0.1156								
4	Page Views	0.6651	1.0000	-0.2123								
5	Pages	-0.1156	-0.2123	1.0000								
6												
7	**R Inverse**											
8		Visit Length	Page Views	Pages								
9	Visit Length	1.7956	-1.2045	-0.0481								
10	Page Views	-1.2045	1.8552	0.2545								
11	Pages	-0.0481	0.2545	1.0485								
12												
13		0.4431										
14			0.4610									
15				0.0462								
16												
17		0.0268	1.0305	3.1341		-0.0893	0.4227	0.7315		-0.3729	0.0459	5.4776
18		0.1852	0.2845	1.4001		0.1167	0.1167	1.0048		0.4873	0.3172	1.6068
19		0.4431	1.8858	#N/A		0.4610	1.2077	#N/A		0.0462	2.4678	#N/A
20		6.7625	17	#N/A		7.2690	17	#N/A		0.4120	17	#N/A
21		48.0961	60.4539	#N/A		21.2045	24.7955	#N/A		5.0186	103.5314	#N/A

따라서 $\mathbf{R}^{-1}$ 행렬을 사용하면 R^2 값을 빠르고 쉽게 얻을 수 있다. 주성분 및 요인 분석에서는 이를 다중 상관 제곱(Squared Multiple Correlations) 또는 SMC라고도 부른다. LINEST()를 사용하여 워크시트의 SMC를 계산할 경우 데이터 집합의 모든 변수에 대해 LINEST()를 한 번 실행해야 할 뿐만 아니라 K−1번 데이터 집합을 복제해야 하며, 여기서 K는 변수의 수를 나타낸다(LINEST()는 모든 예측변수가 인접해야 하므로 예측변수에 예측된 변수를 넣을 수 없다).

이게 $\mathbf{R}^{-1}$을 주성분 워크시트에 넣는 주된 이유이다. 대부분의 경우, 이것 없이 분석을 매우 잘 진행할 수 있다. 그러나 R에서 예상했던 것보다 조금 벗어난 결과를 얻는다면 어떨까? R 문서에 표시된 것처럼 모든 인수를 제공했거나, 혹은 결과가 크게 다르진 않지만 일부 기준에서 크게 어긋나면 어떻게 될까? '조금 벗어난'과 '지나친 불일치' 모두 용인할 수 없지만, 명백한 오류는 때로 문제가 어디 있는지 알려 주는 단서가 된다. 그리고 고유값, 패턴 행렬 및 구성요소 가중치 목록과 작업해야 하는 경우 문제의 원인을 추적하는 데 많은 어려움이 있을 수 있다.

R의 PCA 패키지에서 사용할 수 있는 많은 함수 중 하나는 관례적으로 $\mathbf{R}^{-1}$을 반환한다고 확신하며, PCA를 수행하는 R 함수에서 수행되기 때문에 이를 찾기가 어렵다. R을 사용하여 역행렬(앞에서 설명한 것처럼 정방행렬이어야 함)을 반환하려는 경우, R의 제공 패키지 MASS에서 역행렬을 반환하는 solve 함수를 이용할 수 있다. mymatrix가 정사각형이고 완전히 채워진 행렬이라면 MASS 패키지를 적재한 후 다음 명령을 실행한다.

```
matinv <- solve(mymatrix)
```

이 명령어는 matinv에서 mymatrix의 역을 저장한다.
이제 고유값과 고유벡터로 이동해 보자.

Sheet 3 주성분 워크시트 : 고유값 및 고유벡터

주성분 분석에서 각 구성요소는 처음에 1.0의 분산을 가진 것으로 가정하며, 이는 평균은 0이고 분산은 1.0을 가지는 단위 정상 분포(Unit Normal Distribution)와 매우 유사하다. 이 Part의 예제는 세 가지 관측변수를 사용하여 최대 세 가지 주성분이 있으므로 총 분산은 3이다. 이 값을 'trace'라고도 한다.

여기서 단기적인 목표는 서로 직교하는 세 가지 구성요소를 유도하는 것이다(도식화된 경우 서로 직각을 이루기 때문에 상호 관련이 없고 독립적이다). 상관 행렬에서 주성분을 추출하는 과정은 다음과 같은 두 가지 값 집합을 얻는다.

- 각 주성분에 대한 하나의 고유값(Eigenvalues) 집합. 각 고유값은 구성요소와 관련된 전체 분산의 양을 나타낸다. 주어진 주성분 분석에서 고유값 분석의 총합은 구성요소의 수와 같다. 각 구성요소는 공분산 행렬이 아닌 상관 행렬일 때 1.0의 초기 분산을 가진다. 서로에 대해 구성요소를 보다 완전하게 정의하고 방향을 지정하는 프로세스는 각 구성요소에 기인한 분산의 양을 변경하여 고유값을 변경한다. 이 예제에서 고유값은 약 1.7, 0.9, 0.4이다. 이 값들의 합은 trace의 3.0과 같다.
- 고유벡터(Eigenvectors) 집합. 첫 번째 구성요소에 기인한 분산을 최대화하고 두 번째 구성요소에 대한 나머지 분산을 최대화하기 위해 주성분 구성요소를 재조정한다. 그러나 구성요소는 항상 서로 직각으로 유지한다.

> **Note**
>
> 고유값의 합은 행렬의 trace이고, 고유값의 연속적인 곱은 행렬의 행렬식이다.

고유값과 고유벡터는 모두 요인 적재(각 구성요소와 각 변수의 상관관계) 및 요인계수(레코드의 요인점수를 얻기 위해 각 변수의 각 레코드의 표준화 값을 곱한 값)와 밀접하게 관련된다. 그림 6-6에는 주성분 워크시트의 몇 가지 추가 정보가 포함되어 있으며 고유구조에서 계수를 계산하는 방법을 보여 준다.

Note

고유구조(Eigenstructure)는 고유값과 고유벡터의 조합이다.

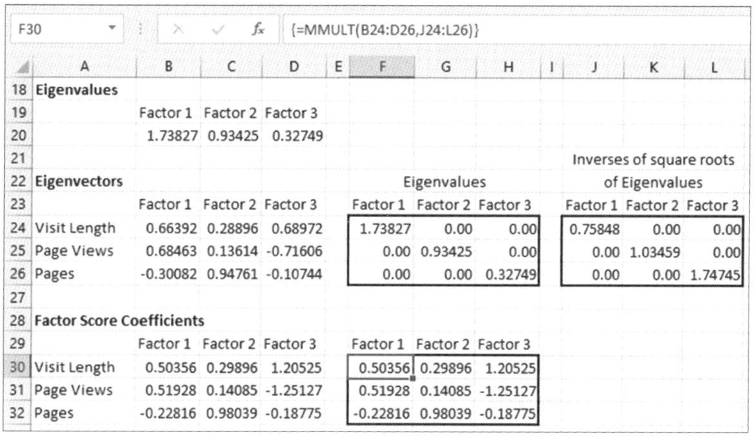

F30 {=MMULT(B24:D26,J24:L26)}

	A	B	C	D	E	F	G	H	I	J	K	L
18	**Eigenvalues**											
19		Factor 1	Factor 2	Factor 3								
20		1.73827	0.93425	0.32749								
21											Inverses of square roots	
22	**Eigenvectors**						Eigenvalues				of Eigenvalues	
23		Factor 1	Factor 2	Factor 3		Factor 1	Factor 2	Factor 3		Factor 1	Factor 2	Factor 3
24	Visit Length	0.66392	0.28896	0.68972		1.73827	0.00	0.00		0.75848	0.00	0.00
25	Page Views	0.68463	0.13614	-0.71606		0.00	0.93425	0.00		0.00	1.03459	0.00
26	Pages	-0.30082	0.94761	-0.10744		0.00	0.00	0.32749		0.00	0.00	1.74745
27												
28	**Factor Score Coefficients**											
29		Factor 1	Factor 2	Factor 3		Factor 1	Factor 2	Factor 3				
30	Visit Length	0.50356	0.29896	1.20525		0.50356	0.29896	1.20525				
31	Page Views	0.51928	0.14085	-1.25127		0.51928	0.14085	-1.25127				
32	Pages	-0.22816	0.98039	-0.18775		-0.22816	0.98039	-0.18775				

그림 6-6
작은 행렬 대수는 고유 구조에서 요인 계수에 이르게 한다.

그림 6-6에서 범위 B20:D20, B24:D26 및 B30:D32는 PCA.xlsm의 코드로 제공된다. 필자는 F:L 열에 행렬을 제공하여 요인점수 계수가 고유 구조에서 사용 가능한 방법을 제시하였다.

범위 F24:H26은 B20:D20에서 계산된 고유값을 가져와서 F24:H26에서 대각행렬로 다시 정렬한다. 이것은 단순히 행렬 곱셈에 사용하기 위해 고유값을 올바르게 배치하는 것이다.
그 다음 범위 J24 : L26은 각 고유값의 제곱근을 취한 다음 결과의 역을 취하여 F24:H26 범위의 고유값을 수정한다. 예를 들어 셀 J24에서 사용되는 공식은 다음과 같다.

```
=1/SQRT(F24)
```

Note

Excel의 많은 워크시트 함수는 빈 셀을 간단하게 무시한다. 예를 들어, SUM(A1:A5)은 A3가 비거나 0.0을 포함하였어도 동일한 결과를 반환한다. MMULT()는 이와는 달라서 MMULT()의 인수에 있는 빈 셀에 0.0을 넣어야 한다.

범위 F30:H32에는 아래 배열 수식이 포함된다.

```
=MMULT(B24:D26,J24:L26)
```

이 식은 고유값의 제곱근의 역으로 고유 벡터를 곱한다. 결과는 B30:D32 범위의 PCA.xlsm에 의해 반환된 값과 같다. 이 Part의 뒷부분에서 R의 주성분 함수가 동일한 계수 집합을 반환하는 것을 보여 주겠다.

요인점수 계수 집합은 기본 데이터의 각 레코드가 각 요소에 해당하는 위치를 계산하려는 경우 유용하다. 원시변수에 대한 요인을 차트로 표시하는 일은 종종 이해하는 데 도움이 된다.

유사한 계산을 사용하여 고유구조에서 요인구조 행렬로 이동할 수 있다. 그림 6-7을 참조한다.

그림 6-7

그림 6-6과의 차이점은 역을 취하지 않는다는 것이다.

F30 | {=MMULT(B24:D26,J24:L26)}

	A	B	C	D	E	F	G	H	I	J	K	L
18	**Eigenvalues**											
19		Factor 1	Factor 2	Factor 3								
20		1.73827	0.93425	0.32749								
21												
22	**Eigenvectors**										Square roots	
23		Factor 1	Factor 2	Factor 3			Eigenvalues				of Eigenvalues	
24	Visit Length	0.66392	0.28896	0.68972		1.73827	0.00	0.00		1.31843	0.00	0.00
25	Page Views	0.68463	0.13614	-0.71606		0.00	0.93425	0.00		0.00	0.96656	0.00
26	Pages	-0.30082	0.94761	-0.10744		0.00	0.00	0.32749		0.00	0.00	0.57226
27												
28	**Factor Structure**											
29		Factor 1	Factor 2	Factor 3		Factor 1	Factor 2	Factor 3				
30	Visit Length	0.87533	0.27930	0.39470		0.87533	0.27930	0.39470				
31	Page Views	0.90264	0.13159	-0.40977		0.90264	0.13159	-0.40977				
32	Pages	-0.39661	0.91593	-0.06149		-0.39661	0.91593	-0.06149				

그림 6-6과 6-7 사이에서 실질적인 차이점은 J24:L26에서 대각행렬의 값이 고유값의 제곱근의 역이 아닌 고유값의 제곱근이라는 점이다. F30:H32에서 행렬 곱셈의 결과가 요인 적재이며, 이는 각 요소와 각 변수 사이의 R^2 값이다.

두 변수 간 상관관계의 제곱인 R^2을 계산하는 Excel의 RSQ() 함수를 사용하여 이 관계를 직접 검증할 수 있다. 변수 중 하나의 원본값과 요인 중 하나에 대해 회전되지 않은 점수를 RSQ()에 인수로 제공한다. 결과는 요인 구조 행렬에 표시된 대로 해당 요인에 대한 변수의 적재값이다.

Note

종종 '요인 구조 행렬(Factor Structure Matrix)' 대신에 '요인 패턴 행렬(Factor Pattern Matrix)'을 보게 된다. 두 용어는 동의어이다.

다시 말하면, 그림 6-7에서 PCA.xlsm에 의해 반환된 B30:D32의 요인구조는

F30:H32의 행렬곱셈으로 반환된 요인구조와 동일하다는 점에 유의한다.

Sheet 4 변수 공통성

공통성(Communality)의 개념은 주성분과 요인분석에서 중요한 요소이다. 공통성은 일반적으로 백분율로 표시되며 하나의 변수 및 하나 이상의 주성분과 연관된다. 종종 h^2으로 상징되는 공통성은 요인으로 설명되는 주어진 변수에서 분산의 비율을 표현한다.

그림 6-8은 각 변수에 대한 공통성을 보여 준다. 주성분 분석이 기본 데이터의 변수만큼 많은 구성요소를 반환하면 해당 변수의 모든 분산이 고려되며 각 변수의 공통성은 100%이다. 그러나 그림 6-8에서 볼 수 있듯이 두 가지 요소만 유지한다면 Visit Length에 대한 공통성은 77% + 8% = 85%가 될 것이다.

공동체는 구조 행렬에서 적재 제곱(Squared Loadings) 합으로 계산된다. 그림 6-7과 구조체 행렬을 포함하는 범위 B30:D32를 다시 참조하면 적재 결과의 제곱은 그림 6-8의 범위 B41:D43에 있는 공통성이 된다.

그림 6-8
요인의 수가 변경될 때 공통성은 변하지 않는다. 요인이 제거됨에 따라서 전체 합계가 감소한다.

	A	B	C	D	E
39					
40	**Variable**	**Communalities**			**SMCs**
41	Visit Length	77%	8%	16%	0.443077712
42	Page Views	81%	2%	17%	0.460967699
43	Pages	16%	84%	0%	0.046233327

SMCs는 그림 6-8의 E41:E43에 나와 있다. 이들은 나머지 변수를 예측된 변수로 사용하여 다중 회귀 분석에서 예측자로 각 변수를 처리할 때 발생하는 R^2 값이다(이는 '주성분 워크시트 : R 행렬과 그 행렬의 역' 섹션의 앞부분에서 논의되었다).

Sheet 5 요인점수

그림 6-1에 나와 있는 20개 레코드 각각에는 세 가지 각 요인점수가 있다. 이러한 요인점수를 계산하는 방법은 기계적으로는 조금 복잡하지만 개념적으로는 간단하다.

그림 6-9는 원본 20개 레코드 각각에 대한 세 가지 요인점수를 보여 준다. 요인점수는 PCA.xlsm에 의해 산출된다.

그림 6-9

요인점수는 평균이 0이고 분산이 1인 표준화 점수로 계산된다.

	A	B	C	D
45	Factor Scores			
46		Factor 1	Factor 2	Factor 3
47	1	0.628176578	-0.504953895	-0.346807632
48	2	-1.48233671	0.899087256	0.160233401
49	3	-0.107146868	0.099782322	-0.203977604
50	4	1.697232512	-1.019166481	-1.293811792
51	5	0.790757721	1.351314887	-0.960943353
52	6	-0.6120307	1.775003842	0.790234939
53	7	-0.126909625	-0.845627829	-0.551117913
54	8	0.905977529	1.886557539	-0.535252096
55	9	0.437262477	0.315381105	-0.50390953
56	10	0.266845513	-0.971093506	1.844333786
57	11	1.478719832	-0.574447461	-0.063946403
58	12	0.934310487	-0.790046243	0.235985523
59	13	0.38206532	-0.435850854	2.270025043
60	14	0.457025234	1.260791256	-0.156769221
61	15	-1.311185366	-0.866657895	-0.02980501
62	16	-1.215728315	-1.276825395	0.048745939
63	17	-0.11498269	0.669576494	1.530129991
64	18	-1.494263645	-0.616117067	-1.921014503
65	19	-1.597556518	0.363844604	-0.265457857
66	20	0.083767233	-0.720552678	-0.046875707

그림 6-10은 요인점수 계산 방법을 보여 준다. 이 그림의 데이터와 계산된 값은 다른 곳에서 함께 가져 왔지만 사실 이전 그림에서 모두 보았던 것들이다.

그림 6-10

Excel MMULT() 함수는 요인점수를 계산하는 편리한 방법이다.

O2 =MMULT($F2:$H2,K$3:K$5)

	A	B	C	D	F	G	H	J	K	L	M	O	P	Q
1	Visit	Visit Length	Page Views	Pages	Standardized Scores			Factor Score Coefficients				Factor Scores		
2	1	7	4	3	0.2719	0.6427	-0.6903		Factor 1	Factor 2	Factor 3	0.6282	-0.5050	-0.3468
3	2	4	1	8	-0.9832	-1.2854	1.4015	Visit Length	0.5036	0.2990	1.2053	-1.4823	0.8991	0.1602
4	3	6	3	5	-0.1464	0.0000	0.1464	Page Views	0.5193	0.1409	-1.2513	-0.1071	0.0998	-0.2040
5	4	8	6	1	0.6903	1.9281	-1.5271	Pages	-0.2282	0.9804	-0.1878	1.6972	-1.0192	-1.2938
6	5	8	5	7	0.6903	1.2854	0.9832					0.7908	1.3513	-0.9609
7	6	7	2	9	0.2719	-0.6427	1.8199					-0.6120	1.7750	0.7902
8	7	5	3	3	-0.5648	0.0000	-0.6903					-0.1269	-0.8456	-0.5511
9	8	9	5	8	1.1087	1.2854	1.4015					0.9060	1.8866	-0.5353
10	9	7	4	5	0.2719	0.6427	0.1464					0.4373	0.3154	-0.5039
11	10	8	2	2	0.6903	-0.6427	-1.1087					0.2668	-0.9711	1.8443
12	11	9	5	2	1.1087	1.2854	-1.1087					1.4787	-0.5744	-0.0639
13	12	8	4	2	0.6903	0.6427	-1.1087					0.9343	-0.7900	0.2360
14	13	9	2	3	1.1087	-0.6427	-0.6903					0.3821	-0.4359	2.2700
15	14	8	4	7	0.6903	0.6427	0.9832					0.4570	1.2608	-0.1568
16	15	3	1	4	-1.4015	-1.2854	-0.2719					-1.3112	-0.8667	-0.0298
17	16	3	1	3	-1.4015	-1.2854	-0.6903					-1.2157	-1.2768	0.0487
18	17	8	2	6	0.6903	-0.6427	0.5648					-0.1150	0.6696	1.5301
19	18	1	2	5	-2.2383	-0.6427	0.1464					-1.4943	-0.6161	-1.9210
20	19	3	1	7	-1.4015	-1.2854	0.9832					-1.5976	0.3638	-0.2655
21	20	6	3	3	-0.1464	0.0000	-0.6903					0.0838	-0.7206	-0.0469
23	Means	6.35	3	4.65										
24	SDs	2.3902	1.556	2.3902										

그림 6-10의 내용은 다음과 같다.

- A2 : D21. 이 범위에는 원본 데이터 집합이 포함된다. 이는 먼저 그림 6-1에서 볼 수 있다. A2:A21의 값은 레코드 ID일 뿐이며 분석 자체에는 아무런 영향을 미치지 않는다.
- A23 : D24. 세 가지 원본 변수 각각에 대한 평균 및 표준편차. 표준편차는 표본 형태로 제곱합을 n 대신에 (n-1)로 나눈 값이다.
- F2 : H21. 원본 데이터의 표준 점수 양식. B2:D21의 각 값과 해당 변수의 평균값의 차이가 계산되고 그 차이가 변수의 표준편차로 나뉜다.
- K3 : M5. 요인점수 계수. 이들은 PCA.xlsm에 의해 반환되며 그림 6-6에서 이미 확인하였다.
- O2 : Q21. 계산된 요인점수는 그림 6-9에 나와 있는 PCA.xlsm에서 반환된 점수와 비교할 수 있다.

O2:Q21의 요인점수를 계산하는 방법은 다음과 같다. 각 요인은 세 개의 계수를 가진다. K3:M5를 참조한다. 각 레코드에 대한 세 가지 표준화된(Standardized) 변수 점수를 관련 계수로 곱하고 결과를 합하여 점수를 얻는다. 따라서 첫 번째 요인에 대한 첫 번째 기록의 점수는 다음과 같이 계산할 수 있다.

```
=F2*K3+G2*K4+H2*K5
```

이러한 방법으로 각 요인점수를 계산할 때 잘못된 여러 방법이 있다. 이때 MMULT() 함수는 도움을 줄 수 있다. 다음 수식은 첫 번째 요인에서 첫 번째 레코드의 점수를 반환한다.

```
=MMULT($F2:$H2,K$3:K$5)
```

혼합된 참조를 만들 때 달러 기호를 사용한다. 첫 번째 MMULT() 수식을 입력한 후 오른쪽으로 드래그하여 두 번째 및 세 번째 요인의 점수를 가져온다. 다음 첫 번째 세 개의 수식을 드래그하여 나머지 19개의 레코드에 대한 세 가지 요인점수를 얻는다. 혼합된 참조는 선행 셀을 표준화된 점수의 올바른 열과 요인점수 계수의 올바른 행에 유지한다.

Chapter 02

Excel의 회전된 요인

PCA.xlsm 통합문서는 표준 요인 회전을 수행한다. 회전은 베리맥스 회전(Varimax Rotation)이며, 요인구조 행렬을 단순화하는 정렬로 주성분 축을 회전시킨다. 이러한 종류의 요인 단순화는 주어진 요인에 대해 0.0에 가깝거나 1.0에 가까운 요인 적재를 목표로 한다. 이런 종류의 패턴은 종종 단순 구조(Simple Structure)로 불리며 어떤 변수가 그 변수에 강하게 적재되는지 명확히 하여 요인의 의미를 해석하기 쉽게 만든다.

Note

PCA.xlsm 통합문서는 쿼티맥스(Quartimax)라고 하는 또 다른 유형의 순환을 수행한다. 베리맥스 회전은 구성요소 또는 요인의 구조를 단순화하는 경향이 있다. 베리맥스 회전 이전에 개발된 쿼티맥스 회전(Quartimax Rotation)은 변수를 단순화하는 경향이 있어 하나 또는 두 가지 요인에 강하게 적재되고 다른 요인에는 약하게 적재된다. 경험에 의하면, 베리맥스 회전과 단순화된 요인구조가 쿼티맥스 회전 및 단순화된 가변구조보다 연구 목적에 더 유용했다.

이 책에서는 요인 회전이 어떻게 작동하는지 그리고 회전 방법이 어떻게 구조화된 요인을 다르게 초래하는지에 대해 자세히 설명하지 않을 것이다. 다뤄야 할 주제가 많다는 점을 이미 언급해 왔으며 단순히 축을 서로 직각으로 유지하는 베리맥스 같은 직각회전(Orthogonal Rotation)이 아닌, 축을 예각(Acute Angles)으로 정렬할 수 있게 해 주는 사각회전(Oblique Rotation)은 언급하지 않았다. Excel에서 먼저 분석을 수행하고 R에서 이러한 분석을 수행하는 방법에 초점을 맞추고 싶다. 요인분석 및 회전에 대해 참고할 만한 훌륭한 정보 자료가 많이 있다. 필자는 그 중 두 가지가 Predictive Analytics : Microsoft Excel 및 Decision Analytics : Microsoft Excel(둘 다 Conrad Carlberg에 의해 쓰여졌으며 Que에서 발행)이라고 생각한다.

회전이 완료되면 적재(Loadings)가 변경된다. PCA.xlsm은 회전된 해의 요인구조 행렬을 Rotated Loadings라는 자체 워크시트에 저장한다. 그림 6-11을 참조한다.

그림 6-11
회전된 적재(Rotated Loading)는 간단한 구조를 나타내는 경향이 있다.

	A	B	C	D	E
1		Rotated Loadings			
2			Factor 1	Factor 2	Factor 3
3		Visit Length	0.93580	-0.04435	-0.34973
4		Page Views	0.35919	-0.11187	-0.92654
5		Pages	-0.04171	0.99481	0.09282
6					
7		Unrotated Loadings			
8			Factor 1	Factor 2	Factor 3
9		Visit Length	0.87533	0.27930	0.39470
10		Page Views	0.90264	0.13159	-0.40977
11		Pages	-0.39661	0.91593	-0.06149

그림 6-11은 베리맥스 방법으로 회전된 요인 적재량을 보여 준다. 편의상 주성분(Principal Components) 워크시트에 표시되며 그림 6-7의 B30:D32 범위에서 이미 보았던 회전되지 않은 적재를 추가했다.

그림 6-11에서 C9:E11 범위의 회전하지 않은 적재가 많은 것을 명확히 하지는 않는다. Visit Length와 Page Views 모두 Factor 1에서 높은 적재(Loadings)를 보여 준다. Pages는 Factor 2에 강한 적재를 가지며 Factor 3에는 변수 적재가 강하지 않다.

데이터 포인트가 축에서 다른 투영법을 갖도록 축을 회전시킴으로써 요인구조를 정리할 수 있다. 그림 6-11의 C3:E5 범위에서 회전된 적재는 구조를 상당히 단순화한다. Visit Length는 Factor 1에 높게 적재되는 유일한 변수이다. Pages는 Factor 2에 강하게 적재할 수 있는 유일한 변수이다. Page View는 Factor 3에 강하게 적재할 수 있는 유일한 변수이다.

베리맥스 회전이 요인구조를 단순화했지만, 많은 정보를 알려 주지는 않는다. 여기에는 분명히 세 가지 요인이 있으며, 각각은 원본의 세 가지 변수 중 하나를 나타낸다. 이제 다시 처음 시작한 곳으로 돌아 왔다.

그러나 이 시점에서 우리는 여전히 3개의 회전된 요인을 다루고 있다. 분석은 조금 후에 수행할 것이다. 이번 Part를 끝내기 전에 회전된 요인의 수를 3개가 아닌 2개로 제한한 분석을 살펴볼 것이며, 그 결과는 약간 다를 것이다.

Sheet 1 회전된 인자 계수 및 점수

회전은 그림 6-11과 같이 요인구조를 필연적으로 변화시키므로 각 요인에 대한 레코드의 점수를 계산하는 데 필요한 인자 점수 계수(Factor Score Coefficients)도 변경된다.

PCA.xlsm은 이러한 회전된 계수를 Rotated Coefficient라는 개별 워크시트에 보고한다. 그림 6-12를 참조한다.

그림 6-12

회전된 계수는 회전되지 않은 계수와는 항상 다르다.

	A	B	C	D
1	Rotated Factor Coefficients			
2				
3		Factor 1	Factor 2	Factor 3
4	Visit Length	1.249673	0.007277	0.483577
5	Page Views	-0.47143	0.099108	-1.27401
6	Pages	0.002697	1.016688	-0.12171

그림 6-10과 같이 이러한 계수를 원본 값의 표준화된 값에 적용할 수 있다. 계산을 가장 빨리 하는 방법은 그림 6-12의 계수가 포함된 범위를 복사하여 그림 6-10의 회전되지 않은 계수 위에 붙여 넣는 것이다. 결과는 그림 6-13과 같다.

그림 6-13

추정된 요인점수는 회전된 구성요소를 기반으로 한다.

	A	B	C	D
1	Rotated Factor Scores			
2				
3		Factor 1	Factor 2	Factor 3
4	1	0.034994	-0.63616	-0.60327
5	2	-0.6189	1.290389	0.991555
6	3	-0.18259	0.147808	-0.08863
7	4	-0.0504	-1.35643	-1.93669
8	5	0.259352	1.131994	-1.42342
9	6	0.647728	1.788571	0.728793
10	7	-0.70768	-0.70594	-0.18911
11	8	0.783308	1.560392	-1.27202
12	9	0.037251	0.214548	-0.7051
13	10	1.162657	-1.18586	1.287543
14	11	0.776538	-0.99173	-0.9665
15	12	0.556693	-1.05847	-0.35003
16	13	1.686613	-0.75746	1.438939
17	14	0.562335	1.068299	-0.60463
18	15	-1.14624	-0.41407	0.992918
19	16	-1.14737	-0.83942	1.043838
20	17	1.16717	0.515555	1.083866
21	18	-2.49375	0.06889	-0.28142
22	19	-1.14286	0.861991	0.84016
23	20	-0.18485	-0.7029	0.013207

Chapter 03

R을 사용한 주성분 분석

이제 Excel 대신 R을 사용하여 주성분 분석을 수행하는 방법을 살펴보겠다. 이쯤 되면 R이 주성분 분석을 반환하는 다양한 패키지와 함수를 제공한다는 사실에 놀라지 않을 것이다. 그 중에는 princomp(stats 패키지), prcomp(stats 패키지), fa(psych 패키지) 및 principal(psych 패키지) 등이 있으며 그 밖에도 여러 가지가 있다.

psych 패키지의 principal 함수를 사용하여 좋은 결과를 얻었으며 여기에서 그 사용법을 설명한다. 이전 Part에서 설명한 것처럼 DescTools 패키지의 XLGet-Range 함수를 사용하여 Excel의 활성 워크시트에서 선택한 셀 범위를 데이터 프레임으로 가져온다.

Sheet 1 데이터 준비하기

이 예제를 위해 그림 6-1에서 Excel의 활성 워크시트를 열었고 B1:D21 범위를 선택했다. R이 B에서 D열까지 첫 번째 행에 있는 레이블을 변수 이름으로 사용하기를 원하기 때문에 XLGetRange의 header 인수를 TRUE로 설정한다.

Excel에서 선택한 범위에 해당 레코드 IDs가 있는 열 A가 포함되어 있지 않다. 이것은 분석에 필요한 변수가 아니며 XLGetRange 함수는 레코드에 번호를 매기므로 데이터 프레임에 A열을 포함시켜서 얻을 수 있는 것이 없다. 여기서 데이터 프레임의 이름을 PCAData로 지정할 수 있다. 그림 6-14를 참조한다.

그림 6-14

R이 제공하는 경고 중 일부는 주의해서 볼 필요가 있다.

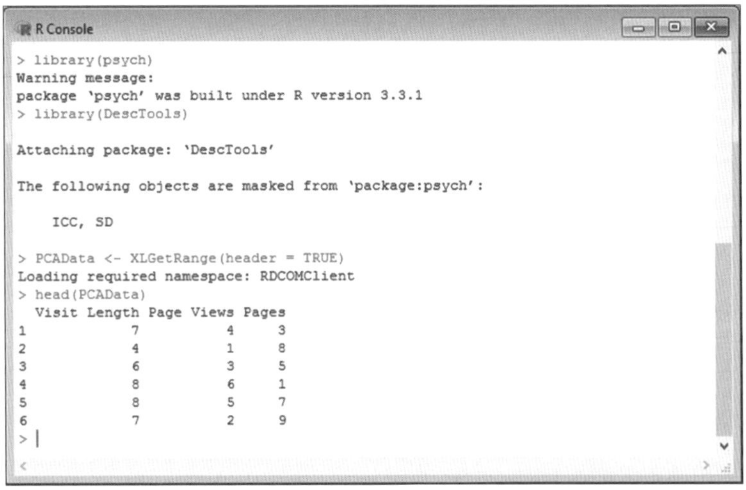

주성분 분석을 실행하기 전에 XLGetRange 함수를 사용하여 데이터 프레임을 만들고 principal 함수를 실행하기 위해 DescTools 패키지와 psych 패키지를 로드해야 한다.

이 책을 쓰기 시작했을 때 R 버전은 3.3.0이었다. 이번 Part를 쓰면서 현재 버전은 3.3.1이고 일관성을 유지하기 위해 버전 3.3.0을 사용하고 있다. 그러므로 현재 버전의 psych 패키지가 R 버전 3.3.1에 기반하여 작성되었으며, 불일치에 대비해야 한다고 R이 경고하고 있다.

이 경우에는 psych 패키지의 함수가 무엇을 반환해야 하는지 알기 때문에 걱정하지 않는다. 필요할 경우 R의 최신 버전과 사용하려는 패키지를 다운로드하여 설치한다. 3.3.0 버전으로 사용하면 아래처럼 R의 경고 메시지를 만날 수 있다.

그림 6-14에는 다음과 같이 경고 메시지가 표시되어 있다.

The following objects are masked from 'package:psych' : ICC, SD

DescTools 적재를 요청한 직후에 메시지가 나타난다. 이 경우 메시지는 Desc-Tools와 Psych가 둘 다 같은 이름의 객체(여기에서는 함수, 즉 Intraclass Correlations에 대한 ICC 및 Standard Deviation에 대한 ICC)를 제공한다는 것을 의미한다. 그러나 함수가 같은 것을 의미한다고 해도 같은 방식으로 동일한 작업을 수행하지는 않으므로 R은 두 패키지 중 하나에서만 중복된 이름을 인식하고 다른 패키지에는 masks를 적용한다.

이러한 종류의 충돌을 완전히 피하기 위한 한 가지 방법은 패키지를 사용한 후 충돌할 수 있는 패키지를 로드하기 전에 해당 패키지를 분리하는 것이다. 이 예제에서는 다음 작업을 수행할 수 있다.

① DescTools에 라이브러리를 로드한다.
② DescTools의 XLGetRange 함수를 사용한다.
③ 다음 명령으로 DescTools를 언로드한다.
detach("package:DescTools", unload=TRUE)
④ psych를 로드하고 계속한다.

패키지를 분리하는 대신 중복된 이름에 패키지의 이름과 2개의 연속된 콜론을 사용하여 한정하는 방법도 있다. 다음 예를 보자.

```
DTICC <- DescTools::ICC(arguments)
```

그리고

```
PICC <- psych::ICC(arguments)
```

Sheet 2 함수 호출하기

다음 단계는 psych 패키지의 principal 함수를 호출하고 몇 가지 인수를 제공하는 것이다. 그림 6-15에서 이 함수의 호출 방법은 다음과 같다.

```
PCAModel <- principal(PCAData, nfactors=3,
rotate="none", scores=TRUE)
```

결과는 PCAModel이라는 객체에 기록된다. 인수는 다음과 같다.

- PCAData : 분석할 변수가 들어 있는 데이터 프레임이다.
- nfactors : 데이터 프레임의 변수에서 추출할 요인 숫자이다.
- Rotate : 사용할 회전 유형이다. 여기서 회전하지 않으려면 'none'을 지정한다. 곧 보게 되겠지만 다른 방법으로 베리믹스(Varimax) 등을 지정할 수 있다.
- Scores : 함수의 설명서에 따라 구성요인 점수를 출력하려면 인수를 TRUE로 설정한다. 그러나 단순히 TRUE를 지정해도 함수에서 점수를 출력하지는 않는다. 별도의 구체적인 명령으로 호출해야 한다. 자세한 내용은 뒤에서 설명한다.

그림 6-15
요인 적재(Factor Loadings) 및 고유값은 그림 6-7과 동일하다.

	A	B	C	D	E	F	G
1	> PCAModel <- principal(PCAData,nfactors=3,rotate="none",scores=TRUE)						
2	> print(PCAModel, digits=5)						
3	Principal Components Analysis						
4	Call: principal(r = PCAData, nfactors = 3, rotate = "none", scores = TRUE)						
5	Standardized loadings (pattern matrix) based upon correlation matrix						
6		PC1	PC2	PC3	h2	u2	com
7	Visit Length	0.87533	0.27931	-0.39470	1	-2.22E-16	1.6197
8	Page Views	0.90264	0.13160	0.40977	1	7.77E-16	1.4444
9	Pages	-0.39662	0.91592	0.06149	1	-1.11E-15	1.3726
10							
11		PC1	PC2	PC3			
12	SS loadings	1.73827	0.93424	0.32749			
13	Proportion Var	0.57942	0.31141	0.10916			
14	Cumulative Var	0.57942	0.89084	1			
15	Proportion Explained	0.57942	0.31141	0.10916			
16	Cumulative Proportion	0.57942	0.89084	1			
17							
18	Mean item complexity = 1.5						
19	Test of the hypothesis that 3 components are sufficient.						
20							
21	The root mean square of the residuals (RMSR) is 0						
22	with the empirical chi square 0 with prob < NA						
23							
24	Fit based upon off diagonal values = 1>						

principal 함수를 사용하여 선택할 수 있는 회전 방법에는 다음이 포함된다(다른 종류도 있다).

- none
- varimax
- quartimax
- promax
- oblimin
- simplimax
- cluster

그림 6-15에서 B7:D9 범위에 표시된 적재(Loadings)는 Excel에서 반환되고 그림 6-7의 B30:D32에 주어진 적재와 동일하다. principal 함수는 이를 패턴 행렬(Pattern Matrix)이라 부르며, 이는 구조 행렬(Structure Matrix)의 다른 말이다. principal은 주성분에 PC1, PC2, PC3 등으로 레이블을 붙인다.

또한 그림 6-15의 B12:D12에서 고유값(각 구성요소에 기인하는 전체 분산의 양)을 찾는다. 이들은 제곱된 요인 적재의 합으로 계산되기 때문에 'SS loadings'라고 표시되어 있다. 예를 들어, Factor 1의 고유값은 1.73827이며 다음과 같이 계산될 수 있다.

```
=SUMSQ(B7:B9)
```

또는

$$= 0.87533^2 + 0.90264^2 + (-0.39662)^2$$

h2로 상징되는 공통성은 E7:E9 범위에서 주어진다. 변수가 있는 만큼 많은 구성요소를 호출하면 변수의 수와 동일한 전체 변동성이 고려되며 그 공통성은 1과 같아야 한다. 공통성의 다른 면인 고유성(Uniqueness)은 u2로 상징되고 F7:F9에서 발견된다. com이라는 열은 Hoffman의 복잡성 지수이다.

다음은 principal 결과와 관련된 세 가지 추가 항목이다.

- principal 함수는 표시할 소수점 이하 자릿수를 지정하는 인수를 인식하지 못한다. 결과의 해당 측면을 제어하려는 경우 먼저 R 객체에 결과를 저장해야 한다(그림 6-15). 이 객체의 이름은 PCAModel이다. 그 다음 print 함수를 사용하여 R 콘솔에 원하는 소수 자릿수로 결과를 표시한다. 그림 6-15에서 이 명령은 다음과 같다.
  `print(PCAModel, digits=5)`
- R 버전 3.3.0의 principal 코드는 결과의 끝 부분에 캐리지 리턴/줄 바꿈이 누락되었다. R의 명령 프롬프트는 principal 출력의 마지막 문자 바로 뒤에 따른다.
- scores 인수를 TRUE 또는 FALSE로 설정하거나 단순히 인수를 생략해도 principal 함수의 결과에는 영향을 미치지 않는 것으로 보인다. 요인점수 또는 요인계수가 principal의 결과에 나타나지 않는다. 점수와 계수를 모두 얻으려면 scores 인수를 원하는 대로 설정하거나 생략하고 principal의 결과를 PCAModel과 같은 객체로 보낸 후 factor.scores 명령을 입력한다.
  `> factor.scores(PCAData,PCAModel)`

그림 6-16과 같은 결과가 나타난다.

그림 6-16

요인점수는 레코드 ID 와 함께 표시된다.

	A	B	C	D
27	> factor.scores(PCAData,PCAModel)			
28	$scores			
29		PC1	PC2	PC3
30	[1,]	0.628178	-0.50495	0.346807
31	[2,]	-1.48234	0.899068	-0.16023
32	[3,]	-0.10715	0.099781	0.203978
33	[4,]	1.697235	-1.01914	1.29381
34	[5,]	0.790752	1.351326	0.960946
35	[6,]	-0.61204	1.774997	-0.79023
36	[7,]	-0.12691	-0.84563	0.551117
37	[8,]	0.905969	1.886571	0.535255
38	[9,]	0.437261	0.315387	0.50391
39	[10,]	0.266849	-0.97109	-1.84434
40	[11,]	1.478721	-0.57443	0.063945
41	[12,]	0.934313	-0.79003	-0.23599
42	[13,]	0.382067	-0.43585	-2.27003
43	[14,]	0.45702	1.260798	0.156771
44	[15,]	-1.31118	-0.86668	0.029804
45	[16,]	-1.21572	-1.27684	-0.04875
46	[17,]	-0.11499	0.669576	-1.53013
47	[18,]	-1.49426	-0.61614	1.921014
48	[19,]	-1.59756	0.363823	0.265458
49	[20,]	0.08377	-0.72055	0.046875

그림 6-16의 점수와 그림 6-10의 O2:Q21 범위에서 계산된 점수를 비교한다. factor.scores를 사용하여 점수를 다른 방식으로 계산할 수 있다. 이러한 방법에 대한 간략한 설명은 해당 문서를 참조한다.

Note

대부분의 R 기능과 명령에 대한 문서는 웹 브라우저를 통해 얻을 수 있다. R 명령 프롬프트에서 다음과 같이 입력한다.

```
>??factor.scores
```

이 경우에는 factor.scores에 대한 정보가 포함된 웹 페이지를 가져온다.

또한 factor.scores 명령은 요인계수를 표시한다. 그림 6-17을 참조한다.

그림 6-17

범위 B59:D61은 요인점수를 기반으로 한 상관 행렬을 나타낸다.

	A	B	C	D
51	$weights			
52		PC1	PC2	PC3
53	Visit Length	0.503563	0.298965	-1.20525
54	Page Views	0.519278	0.140859	1.251274
55	Pages	-0.22817	0.980389	0.187756
56				
57	$r.scores			
58		PC1	PC2	PC3
59	PC1	1.00E+00	-3.39E-16	-1.38E-15
60	PC2	-3.37E-16	1.00E+00	-2.17E-15
61	PC3	-1.42E-15	-2.18E-15	1.00E+00
62				
63	$R2			
64	PC1 PC2 PC3			
65	1 1 1			

B53:D55의 요인계수를 그림 6-6의 B30:D32 범위에 있는 계수와 비교한다. 상관 행렬로부터 주성분을 추출하는 방법은 구성요소가 직각이 되어 상관관계가 없도록 이끈다. 그러나 요인계수와 이를 통해 계산된 요인점수 자체가 완벽하게 상관되지 않음을 보장하지는 않는다.

그림 6-17에서 범위 B59:D61은 주성분의 요인점수 사이에서 계산된 상관관계를 보여 준다. 앞에서 언급한 요인 점수를 계산하는 여러 가지 방법은 주성분의 상관 행렬에서 약간 다른 결과를 가져올 수 있다.

Sheet 3 R의 Varimax회전

R에서 다양한 회전 방법을 쉽게 정렬할 수 있다. psych 패키지에서 principal 함수를 사용하는 구문은 다음과 같다.

```
> PCARotated<-principal(PCAData,nfactors=3,rotate="varimax")
```

rotate 인수가 'none'에서 'varimax'로 변경되었고 요인의 수는 3으로 유지되었다. 그림 6-18에서 print 명령을 사용하여 결과를 원하는 소수의 자릿수로 표시했다.

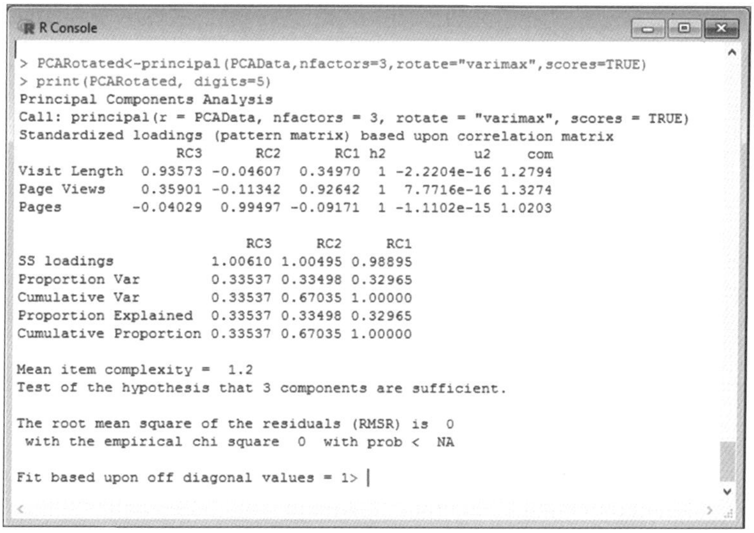

그림 6-18

PC 레이블은 회전된 구성요소임을 상기시키기 위해 RC 레이블로 대체된다.

그림 6-18에서 B7:D9 범위의 회전된 적재(Loadings)와 그림 6-11에서 C3:E5 범위의 회전된 적재를 비교할 수 있다. 소수점 셋째 혹은 넷째 자릿수에서 작은 차이가 발생한다. 이는 추출 프로세스에서 하나의 근이 수렴 중인지를 판단하

기 위한 기준의 정밀도 때문일 수 있다.

principal 함수는 회전된 구성요소의 고유값을 반환한다. 이 값은 PCA.xlsm의 Excel 통합문서에서는 수행하지 않는다. 그들은 그림 6-18에서 SS loadings로 분류된다. 3의 전체 분산은 물론 변경되지 않지만 각 구성요소에 기인한 분산이 이제는 세 구성요소에 거의 균등하게 분포된다. 또한 설명서에 변경 이유가 설명되어 있지 않지만 회전된 구성요소에 부여된 레이블의 순서가 반대로 표시됨을 알 수 있다.

그림 6-19는 factor.score 명령과 원본의 데이터 프레임 및 principal에 의해 생성된 모델을 함께 사용하여 회전된 요인점수와 계수를 선택할 수 있음을 보여 준다.

그림 6-19

라벨의 순서는 그림 6-18에서와 같이 여전히 반대임에 주의한다.

	A	B	C	D
26	> factor.scores(PCAData,PCARotated)			
27	$scores			
28		RC3	RC2	RC1
29	[1,]	0.03408	-0.63688	0.60256
30	[2,]	-0.61705	1.29238	-0.99012
31	[3,]	-0.18239	0.14797	0.08879
32	[4,]	-0.05237	-1.35852	1.93517
33	[5,]	0.26094	1.13003	1.42469
34	[6,]	0.65029	1.78846	-0.72678
35	[7,]	-0.70869	-0.70514	0.18831
36	[8,]	0.78551	1.55785	1.27378
37	[9,]	0.03754	0.21371	0.70535
38	[10,]	1.16099	-1.18607	-1.28885
39	[11,]	0.77511	-0.99391	0.96541
40	[12,]	0.55518	-1.05965	0.34886
41	[13,]	1.68556	-0.75825	-1.43976
42	[14,]	0.56384	1.06682	0.60583
43	[15,]	-1.14681	-0.41133	-0.99340
44	[16,]	-1.14854	-0.83662	-1.04480
45	[17,]	1.16792	0.51510	-1.08327
46	[18,]	-2.49365	0.07213	0.28145
47	[19,]	-1.14161	0.86456	-0.83922
48	[20,]	-0.18585	-0.70262	-0.01400

구성요소 점수 그 자체는 바뀌지 않지만 구성요소의 레이블은 여전히 뒤바뀐다. 회전된 점수를 그림 6-13에 표시된 것과 비교한다.

회전된 요인에 대한 회전된 계수와 상관 행렬은 점수 그 자체를 따르며 그림 6-20에서 볼 수 있다.

그림 6-20
weights가 PCA.xlsm의 결과와 일치하더라도 레이블의 순서는 반대이다.

	A	B	C	D
1				
2	$weights			
3		RC3	RC2	RC1
4	Visit Length	1.249691418	0.006037826	-0.4835469
5	Page Views	-0.47131385	0.098354716	1.2741138
6	Pages	0.004141826	1.016546322	0.122845
7				
8	$r.scores			
9		RC3	RC2	RC1
10	RC3	1.00E+00	2.67E-16	-8.75E-16
11	RC2	2.68E-16	1.00E+00	-1.99E-15
12	RC1	-8.62E-16	-1.97E-15	1.00E+00

그림 6-20에 보고된 weights와 그림 6-12에 표시된 weights를 비교한다. 두 수치는 베리맥스 기준으로 회전된 구성요소에 대한 weights를 나타내며, 이에 잘 대응한다.

주성분 분석과 요인분석의 목적 중 하나는 데이터 축소이다. 즉, 원본 변수의 수보다 적은 수의 구성요소로 가능한 한 많은 데이터 집합에 분산을 설명하고 있다. 이 Part에서 사용된 예제 데이터 집합에는 변수가 세 개뿐이며, 데이터 집합을 작게 유지하는 것이 더 명확한 설명을 제공한다. 따라서 3변수 데이터 집합을 단순화하는 개념은 무의미한 것처럼 보인다.

그러나 25개의 변수가 포함된 데이터 집합을 다뤄야 할 때가 있다. 이들 변수 모두가 명백하게 중요하며 강하게 상호 연관되어 있는 경우, 데이터 축소는 좋은 아이디어처럼 보인다. 여기서 하나의 문제는 보유할 구성요소의 수에 관한 질문이다.

Henry Kaiser는 요인회전의 베리맥스 방법의 개발에 전부는 아니더라도 대부분을 담당했다. 그는 적어도 1.0의 고유값을 가지는 유일한 구성요소가 이후의 분석을 위해 유지되어야 한다고 주장했다. Kaiser는 구성요소의 고유값은 특정 분산뿐만 아니라 공통 분산의 척도라고 추론하였다. 구성요소의 분산은 둘 이상의 변수가 제공하는 분산을 포착해야 한다. 이 장의 모든 예제처럼 구성요소가 공분산 행렬이 아닌 상관 행렬에서 추출되면 각 변수의 기여분산(Contributed Variance)은 정확히 1.0이다.

따라서 구성요소는 공통 분산을 나타내므로 구성요소의 고유값은 적어도 1.0이어야 한다. 이는 직관적인 인수이지만, 필자는 수치 객관성을 강조하면서도

Kaiser의 기준만큼이나 주관적인 스크리 테스트(Scree Test) 같은 도구보다는 매력적이라고 생각한다.

이 시점에서, 전체 분산의 상당한 부분을 차지하는 두 개의 구성요소를 가지고 있다. 그림 6-6을 살펴보면 구성요소 1과 2는 1.738과 0.934의 고유 값을 가진다. 세 번째 초기 구성요소의 고유값은 0.327로 다소 낮다. 두 번째 구성요소의 고유값이 1.0보다 작음에도 불구하고 거의 비슷하다. 실제 상황에서는 추가 분석을 위해 이를 혼합하여 남겨 두기를 강하게 추천한다.
그래서 이전처럼 회전 방법으로 베리맥스를 지정하여 PCA.xlsm을 다시 실행했지만 두 가지 구성요소만 유지하도록 선택하였다. 그림 6-21은 각 구성요소에 대한 적재와 함께 요인구조 행렬의 결과를 보여 준다.

그림 6-21

축소된 모델에서는 일반적으로 더 적은 수의 구성요소 또는 요인과 원본 변수 수를 찾는다.

	A	B	C
1	Rotated Loadings		
2			
3		Factor 1	Factor 2
4	Visit Length	0.918748	-0.01047
5	Page Views	0.898174	-0.15927
6	Pages	-0.08809	0.994213

그리고 감소된 베리맥스 해의 요인 계수는 그림 6-22에 나와 있다.

그림 6-22

각 요인에 대해 여전히 세 가지 계수가 있지만 각 변수에 대해서는 두 가지 계수만 있다.

	A	B	C
1	Rotated Factor Coefficients		
2			
3		Factor 1	Factor 2
4	Visit Leng	0.572077	0.125228
5	Page View	0.537218	-0.02978
6	Pages	0.092085	1.002369

요인 계수 행렬(Factor Coefficients Matrix)은 더 이상 정사각형이 아니지만, 그림 6-10에서 사용된 MMULT() 수식은 아직 축소되지 않은 해에 대한 요인점수를 얻기 위해 계속 사용할 수 있다. 요인점수의 결과는 그림 6-23에 나와 있다.

그림 6-23

구성요소가 두 개라서 축이 다른 정렬로 회전하기 때문에 요인 점수는 축소된 해에서 변경된다.

	A	B	C	D	E	F
1		Factor 1	Factor 2		Rotated Factor Scores	
2	1	0.437266	-0.67703			
3	2	-1.12391	1.320026			
4	3	-0.07029	0.12844			
5	4	1.290078	-1.50165			
6	5	1.175971	1.033666			
7	6	-0.0221	1.877423			
8	7	-0.38668	-0.76268			
9	8	1.453838	1.50542			
10	9	0.514317	0.16169			
11	10	-0.05244	-1.00572			
12	11	1.222683	-1.01075			
13	12	0.63808	-1.04401			
14	13	0.225423	-0.53397			
15	14	0.83071	1.052807			
16	15	-1.51736	-0.40982			
17	16	-1.55588	-0.82918			
18	17	0.10166	0.671728			
19	18	-1.61225	-0.11438			
20	19	-1.40178	0.848271			
21	20	-0.14734	-0.71029			

이 결과를 R의 principal 함수로 반환된 값으로 검정해 보자. 다음 두 명령은 요약 결과를 표시한다.

```
> PCARotated2 <- principal(PCAData,nfactors=2,rotate=
"varimax")
> print(PCARotated2,digits = 7)
```

결과는 그림 6-24에 나와 있다.

	A	B	C	D	E	F
1	> PCARotated2 <- principal(PCAData,nfactors=2,rotate="varimax")					
2	> print(PCARotated2,digits = 7)					
3	Principal Components Analysis					
4	Call: principal(r = PCAData, nfactors = 2, rotate = "varimax")					
5	Standardized loadings (pattern matrix) based upon correlation matrix					
6		RC1	RC2	h2	u2	com
7	Visit Length	0.918801	-0.00385	0.84421	0.15579	1.000035
8	Page Views	0.899299	-0.1528	0.832085	0.167915	1.057689
9	Pages	-0.09525	0.993553	0.996219	0.003781	1.01838
10						
11		RC1	RC2			
12	SS loadings	1.662006	1.010509			
13	Proportion Var	0.554002	0.336836			
14	Cumulative Var	0.554002	0.890838			
15	Proportion Explained	0.621888	0.378112			
16	Cumulative Proportion	0.621888	1			
17						
18	Mean item complexity = 1					
19	Test of the hypothesis that 2 components are sufficient.					
20						
21	The root mean square of the residuals (RMSR) is 0.0955395					
22	with the empirical chi square 1.095335 with prob < NA					
23						
24	Fit based upon off diagonal values = 0.9453229>					

그림 6-24

세 개 대신 두 개의 구성요소만 있을 때 두 개의 변수는 첫 번째 구성요소에 강하게 적재되고 세 번째 변수는 두 번째 구성요소에 강하게 적재된다.

축소 및 회전된 해의 결과를 보면 첫 번째 구성요소가 웹 사이트에서 보낸 시간과 관련이 있다고 생각한다. 사이트 방문 시간이 길어지면 Visit Length와 Page Views 변수가 모두 증가할 것이다. 페이지의 수가 다른 구성요소에 강하게 적재된다는 것은 방문 시간이 사이트의 페이지에 똑같이 나누어지진 않지만 일부 페이지에 머무르는 시간은 더 많이 필요하다는 것을 암시한다.

축소 회전된 해와 해당 계수에 대한 요인점수를 살펴보겠다. 먼저 그림 6-25의 점수를 살펴보자.
principal이 계산한 계수는 그림 6-26에 나와 있다.

그림 6-25

이 시점에서는 요인점수가 웹 사이트보다는 사용자를 설명하는 변수와 어떤 관련이 있는지 보고 싶을 것이다.

	A	B	C	D
1	> factor.scores(PCAData,PCARotated2)			
2	$scores			
3		RC1	RC2	
4	[1,]	0.44213	-0.67387	
5	[2,]	-1.13339	1.311899	
6	[3,]	-0.07121	0.12793	
7	[4,]	1.300859	-1.49232	
8	[5,]	1.168498	1.042105	
9	[6,]	-0.03562	1.877215	
10	[7,]	-0.38118	-0.76544	
11	[8,]	1.442961	1.515848	
12	[9,]	0.51314	0.165389	
13	[10,]	-0.0452	-1.00607	
14	[11,]	1.229931	-1.00192	
15	[12,]	0.645582	-1.03938	
16	[13,]	0.229263	-0.53233	
17	[14,]	0.823107	1.058761	
18	[15,]	-1.51437	-0.42073	
19	[16,]	-1.54987	-0.84036	
20	[17,]	0.096821	0.672443	
21	[18,]	-1.61139	-0.12599	
22	[19,]	-1.40785	0.838156	
23	[20,]	-0.14222	-0.71133	

그림 6-26

이 계수를 그림 6-22의 PCA.xlsm이 반환한 계수와 비교한다.

	A	B	C
1	$weights		
2		RC1	RC2
3	Visit Length	0.571161	0.129345
4	Page Views	0.537419	-0.02592
5	Pages	0.084865	1.003006
6			

Memo